세라형 인재가
미래를
지배한다

세라형 인재가 미래를 지배한다

2012년 9월 7일 초판 1쇄 발행

지은이 · 전하진
펴낸이 · 박시형
책임편집 · 김형필 | 디자인 · 이정현

경영총괄 · 이준혁
마케팅 · 권금숙, 장건태, 김석원, 김명래, 탁수정
경영지원 · 김상현, 이연정, 이윤하
펴낸곳 · (주)쌤앤파커스 | 출판신고 · 2006년 9월 25일 제406-2012-000063호
주소 · 경기도 파주시 회동길 174 파주출판도시
전화 · 031-960-4800 | 팩스 · 031-960-4806 | 이메일 · info@smpk.kr

ⓒ 전하진 (저작권자와 맺은 특약에 따라 검인을 생략합니다)
ISBN 978-89-6570-091-3 (03320)

• 잘못된 책은 바꿔드립니다.   • 책값은 뒤표지에 있습니다.

쌤앤파커스(Sam&Parkers)는 독자 여러분의 책에 관한 아이디어와 원고 투고를 설레는 마음으로 기다리고 있습니다.
책으로 엮기를 원하는 아이디어가 있으신 분은 이메일 book@smpk.kr로 간단한 개요와 취지, 연락처 등을 보내주세
요. 머뭇거리지 말고 문을 두드리세요. 길이 열립니다.

세라형 인재가
미래를
지배한다

· 전하진 지음 ·

쌤앤
파커스

CONTENTS

●
●

인간은 현재 가진 것의 합계가 아니라
아직 가지지 않았지만 가질 수도 있는 것의 총합이다.

— 장폴 사르트르 Jean Paul Sartre

1 | 당신은 세라형 인재인가?

2 당신만의
스토리로 승부하라 : 스토리Story

3 공감하는 사람이
승부에 강하다 : 공감Empathy

6 세라형 인재가 미래의 주인이다

다수가 공감할 수 있는
미래를 준비하자

　　　　　　대학을 졸업하고 사회생활을 시작한 지 벌써 30년
이 되어간다. 그동안 내 삶의 궤적은 우리 사회의 새로운 변화와 맥을
같이했다. 쉽지 않은 삶이었지만 매우 드라마틱했고, 그 가운데 운 좋
게도 나에게 미래를 보는 지혜를 엿볼 수 있는 기회도 주어졌다.

　지금 보면 장난감에 불과했던 컴퓨터를 대학에서 처음 접한 후 대기
업의 중형컴퓨터 시스템엔지니어로 사회에 첫발을 내딛었고, 벤처라는
용어조차 생소했던 1985년에 일본에서 벤처기업을 경험하기도 했다.
그 후 서른 살이 되던 1988년에 픽셀시스템이라는 소프트웨어 회사를
설립하여, 국내 최초로 온라인 홈뱅킹솔루션, 온라인 키오스크를 개발
했다. 첨단 기술이라고 열심히 개발했지만 새로운 패러다임인 인터넷
이 나타나 열심히 개발했던 솔루션들이 무용지물이 되는 것을 보고 크
게 실망하기도 했다.

　'이렇게 빨리 세상이 변하면 과연 개발을 지속적으로 할 수 있을

까?'라는 생각에 한동안 고민하고 난 뒤, 같은 기술이라도 큰 시장에서 사업을 해야만 빠른 기술변화에 대응할 수 있겠다는 생각에 해외 진출을 모색하게 된다. 이런 나의 혈기왕성했던 모험정신이 통했던지 'ZOI BLOCK'이라는 에듀테인먼트 소프트웨어를 개발해 국제대회에서 상을 받아, 비록 적은 매출이었지만 해외 여러 나라에 소프트웨어를 수출하는 등 특별한 길을 걷기도 했다.

이런 성과가 있은 지 얼마 안 있어 외환위기가 닥쳤고, 우리 사회가 망연자실해 있을 때 조그마한 소프트웨어 회사가 해외 수출을 하고 있다는 점 때문에 주목을 받게 되었다. 돌이켜보면 수입에 의존하던 많은 기업들에게 나의 해외 진출 경험이 참고가 되지 않았나 싶다. 아마도 이런 이유로 마이크로소프트에 팔릴 뻔했던 한글과컴퓨터의 구원투수 CEO가 되었다고 생각한다. 어쨌든 나는 그 일을 계기로 인생의 커다란 전환기를 맞이하게 된다. 풍전등화의 한글과컴퓨터를 맡아 3년 만에 아래아한글의 윈도우 버전을 출시했고, 다양한 인터넷 사업을 전개하며 재기의 기틀을 마련할 수 있게 되었다. 당시에는 개념이 생소했던 스톡옵션 100만 주를 받아 한때는 내 소유의 자산가치만 당시 돈으로 580억 원 정도가 되기도 했다. 한글과컴퓨터 CEO가 된지 불과 1년 반 만의 일이다. 이후에 불어닥친 IT벤처 거품의 붕괴는 나에게 천당과 지옥을 오가는 경험을 하게 해주었다. 얼마 전 한글과컴퓨터를 방문했던 적이 있는데, 아주 알찬 기업으로 꾸준하게 발전하고 있었고 또한 스마트시대를 맞이해서 다양한 소프트웨어를 해외로 수출하고 있는 것을 보며 큰 보람을 느꼈다.

한글과컴퓨터 이후 개인적으로 투자했던 네띠앙의 실패로 집도 잃고, 빚쟁이들에게 시달리는 고통스러운 나날을 보내면서 나는 또 다른 인생의 여정을 밟게 되었다. 비록 경제적으로 고통스러운 나날이 이어졌지만 그래도 끊임없이 새로운 도전을 하면서 이런 과정이 내 인생의 큰 훈련이 될 것이라고 생각하며 살았다. 하는 일마다 잘되는 것이 별로 없었다. 하지만 그 시기에 책을 세 권이나 출간했고, 기업가 정신에 관해 강연을 해달라는 곳에는 어디든 달려가 강연을 했다. 이 과정에서 나는 우리 젊은이들의 아픔을 보게 되었고, 이 사회의 어두운 면을 알게 되었으며, 비합리적이고 불공평한 여러 가지 사회 갈등도 경험하게 되었다.

하지만 이런 문제에 대한 해결책은 제각각이었다. 나는 지금껏 우리에게 닥친 많은 문제들의 근본적인 원인이 지구촌 전체의 혁명적인 시대변화에 기인한다고 본다. 긴 역사의 흐름을 살펴보면 한때 이 세상에 없어서는 안 되는 아주 중요한 일자리나 기술이 지금은 흔적도 없이 사라진 것들이 많다. 어찌 보면 그것은 그저 한 분야의 기술발전으로 인한 문제라고 볼 수 있을지 모른다. 하지만 지금 우리가 겪고 있는 변화는 산업혁명에 버금가는 아니, 그보다 더 큰 충격의 변화를 겪고 있다고 단언한다. 적어도 현존하는 인류에게는 단 한 번의 경험은커녕 생각지도 못한 변화를 받아들여야만 하는 상황이 온 것이다.

사실 지난 20여 년간 경험했던 충격은 거대한 태풍이 오고 있음을 알리는 신호에 불과한 듯하다. 이미 많은 미래학자들이 주장하고 있지만, 이런 급속한 사회 변화의 한가운데에 서 있던 나로서는 뼈저리게 확신한다. 독자들께서도 잠시 시간을 10년 전으로 돌려봐도 지금과는 너무나 다른 삶의 변화, 생각의 변화를 실감하게 될 것이다.

이젠 그때보다 더욱 많은 사람들이 산업시대가 제대로 작동하지 않고 있음에 당황하고 있으며, 더 이상 이대로는 미래를 장담하기 어렵다는 점에 공감하고 있다. 많은 경제학자들은 경제학원론을 다시 써야 한다고 생각하지만 어떻게 써야 할지에 대해서는 매우 혼란스러운 듯하다. 지금의 경영학 교과서도 스마트시대를 맞아 상당부분 수정되어야 할 것이다. 또한 우리의 흔한 논쟁거리인 좌우 이념대결도 가라앉는 배 안에서 벌이는 '좋은 자리' 타령에 불과하다. 민주주의나 자본주의 등 우리가 가지고 있던 모든 생각을 다시 새롭게 정립해가야 하는 상황인 것이다.

급속도로 다가오고 있는 새로운 혁명을 향한 만반의 준비를 누가 어떻게 하느냐에 따라 다가오는 100년의 리더십은 결정될 것이다. 안타까운 것은 준비를 마쳐야 하는 시간이 상상할 수 없을 만큼 빠르게 다가오고 있다는 점이다. 초기에 뒤쳐지면 따라가기가 매우 힘들어질 것은 자명한 일이다. 따라서 우리가 지금 해야 할 일은 기존 산업시대의 가치를 과감히 버리고, 혁신을 통해 새로운 시대에 맞게 창조적인 새

질서를 이루어내는 것이다.

　그렇다면 우리는 이러한 새로운 세상, 다시 말해 스마트세상을 어떻게 이해해야 할 것인가? 첫째는 인류가 하나 되는 과정을 이해해야 한다. 나는 집단지성의 사회가 되어 지구촌이 지금까지 해결하지 못한 지구의 문제, 이것은 이제 우리의 생존의 문제이기도 한 에너지 고갈, 지구온난화, 일자리 등을 해결하기 위한 지혜를 갖게 될 것이라고 믿는다. 둘째는 스마트 소통시스템과 함께 에너지의 분산화 등을 통해 새로운 일자리 창출은 물론, 완전히 새로운 사회가 등장하리라 기대한다. 마지막으로 이런 시대의 리더는 결코 지금 우리가 교육하고 있는 방식으로 육성되지 않는다는 점이다. 분명 다른 특징과 생각을 가진 사람들이 세상을 주도할 것이다.

　『제3차 산업혁명』의 저자 제러미 리프킨Jeremy Rifkin은 '역사상 거대한 경제혁명은 새로운 커뮤니케이션 기술이 새로운 에너지 체계와 결합할 때 발생한다.'고 주장한다. 새로운 에너지 체제는 상호 의존적인 경제 활동을 창출하며 상거래를 확대할 뿐 아니라 보다 밀접하고 폭넓은 사회적 관계를 촉진한다. 여기에 수반되는 커뮤니케이션 혁명은 새로운 에너지 체계에서 생성되는 새로운 시간적, 공간적 동력을 조직하고 관리하는 수단이다.

　제2차 산업혁명은 지난 200년간 인류에게 화석연료를 기반으로 하는 에너지의 중앙 집중을 통해 이루어져 왔고, 과학의 발전과 맞물려

갈수록 '대규모화' 되었으며, 이런 에너지를 퍼 나르는 각종 운송수단을 만들어냈다. 그리고 이런 산업발전은 결국, 대규모의 인원을 효율적으로 관리하기 위한 기법, 즉 피라미드 형태의 '경영'시스템을 탄생시켰다. 이런 피라미드조직은 의사결정을 하는 경영자Thinker와 그 결정을 받아 일을 수행하는 종업원Worker이 필요했다. 그래서 경영자가 만든 룰에 잘 따라줄 많은 종업원을 키우기 위해 지금처럼 '공장' 같은 학교시스템이 만들어지고 발전하게 되었다.

하지만 이 같은 수직적 사회구조로 인해 인류 전체는 결국 에너지위기에 봉착하게 되었고, 화석연료를 사용한 산업혁명은 결국 지구온난화로 이어져 각종 자연재해로 인한 피해는 늘고 있으며, 세대와 국가 간 양극화 문제는 국제사회의 불안을 초래하는 심각한 문제가 되고 있다. 결론적으로 이젠 기존의 학교시스템, 에너지시스템, 각종 비즈니스모델, 심지어는 국가시스템까지도 점진적인 개선을 통해 지금의 사회구조를 바꿔보겠다는 생각은 더 이상 의미가 없다고 본다. 혁신을 통해 과감하게 새로운 생각과 수평적인 스마트기술을 기반으로 우리 사회의 모든 것들을 다시 시작해야 할 때다.

스마트시대에 새로운 에너지체계가 추진되면 우리는 지금까지 경험하지 못했던 수많은 비즈니스 모델들을 만나게 될 것이다. 대표적인 예로, 앞서 밝혔듯이 모든 빌딩들이 에너지 소비처가 아니라 생산지로 바뀌게 될 것이며, 이로 인해 작은 공동체들이 살아나, 그들이 자급자족하며 살아갈 수 있는 미니 발전시설과 함께 잉여에너지 교환이 원활해지게 될 것이다. 혁신적인 카쉐어링Car-Sharing 시스템 도입으로 탄소배출은 줄고, 자동차 유지비용도 획기적으로 줄게 될 것이다. 클라우드 개념이 도입되면서 학교시스템도 개인의 의사를 중시하는 형태로 바뀔 것이다. 그야말로 '공감의 시대'가 열리고, 집단지성으로 인한 인류의 지적능력이 지금과는 비교할 수 없을 만큼 좋아질 것이며, 그로 인해 인류가 그동안 해결하지 못했던 수많은 지구문제를 해결할 수 있게 될지 모른다.

무엇보다, 인재에 대한 우리 사회의 화석 같은 개념이 바뀌면서 스마트시대에 맞는 새로운 인재에 대한 요구가 증가하게 될 것이고, 결국 그런 인재들에 의해 새로운 시대가 조만간 우리 앞에 펼쳐질 것이라 확신한다. 과거처럼 '소수의 천재'가 주도하는 세상이 아니라, '다수의 공감'이 리드하는 세상이 될 것이고, 이런 '다수의 공감'을 이끌어낼 수 있는 '룰 크리에이터Rule Creator'가 진정한 리더로 환영받는 세상이 될 것이다.

새로운 에너지 체계와 스마트워크, 스마트시스템, 클라우드 등 최신의 기술 인프라와 정책이 적극 추진된다면 개인별로 각자가 원하는 일을 하면서 이 사회에 기여하는 새로운 세상이 열릴 것이라 확신한다. 그래야 새로운 일자리도 만들어질 수 있다. 물론 시행 과정에서 여러 가지 논란의 여지가 있을 수 있다. 그런 부분에 대해서는 충분한 논의와 보완책을 만들어가야 할 것이다. 하지만 기술적으로는 빅데이터를 활용해 국민 한 사람, 한 사람에게 맞춤형 복지와 교육이 가능한 시대다. 국민 전체라고 해봐야 모집단은 5,000만에 불과하다. 지금의 정보기술은 5,000만이라는 국민 개개인이 무엇을 배우고 싶어 하고, 무엇에 관심이 있으며, 어떤 혜택을 제공하면 좋을지 충분히 판단하고 분석할 수 있다.

2012년 4월 11일 나는 국회의원이 되었다. 솔직히 나는 국회의원이 되는 것을 꿈꿔본 적이 없다. 다만 우리의 미래가 점진적이 아닌 혁명적으로 바뀌어야 한다는 주장을 끊임없이 한 것이 아마도 우연찮게 내게 주어진 기회를 국민들께서 선택해주신 이유인 것 같다. 매년 꾸준하게 백여 회 이상의 강연을 해오면서, 초등학생부터 대기업 임원들까지 부르는 곳이라면 어디든지 가서 새로운 세상을 준비해야 한다고 역설해왔다. 특히 우리 젊은이들에게는 지금 하고 있는 공부가 결코 미래에 그다지 큰 도움이 되지 않을 것임을 경고했다. 심지어 고교에 가서는 지금의 학교는 이미 죽은 것이나 다름없다는 주장도 서슴없이 했다. 같이 듣고 있는 선생님들께는 조금 미안한 감이 없지 않았지만 그래도 학생들에게 내 생각을 이야기하지 않을 수 없었다. 강의가 끝난 후에 안 사실이지만 선생님들도 이런 변화를 인식하고 학교시스템이 바뀌어야 한다는 사실에 동감하고 있었다. 놀라운 사실이었다.

나는 이런 놀라운 사회적 변화와 사실들을 젊은이들에게 들려줄 요량으로 지난해 『청춘, 너는 미래를 가질 자격이 있다』는 제목의 책 한 권을 내놓은 적이 있다. 그때 적지 않은 젊은 독자들이 뜨거운 호응을 해주었고, 새로운 변화에 나서길 희망했다. 하지만 이러한 시대적 변화와 인재의 새로운 조건 마련이 젊은이들의 변화만으로 가능한 것인지에 대한 의구심이 끊이지 않았다. 기성세대를 비롯한 기업과 범사회적인 이해 없이는 어려운 것들이었다. 그래서 나는 『청춘, 너는 미래를 가질 자격이 있다』에 그간 변화된 내용을 큰 폭으로 추가하고, 수정한 끝에 이 책을 내어놓는다.

이 책을 통해 필자는 이런 사회가 빠르게 우리에게 다가오고 있음을 이야기할 것이다. 그리고 이런 사회에서 어떤 인재가 진정으로 각광받는 인재가 될 것인지, 그리고 그런 인재가 많이 나올 수 있게 하려면 우리 사회가 무엇을 어떻게 준비해야 하는지 사회적 공감의 장을 마련하고자 한다.

아무쪼록 이 책이 이 시대를 살아가는 많은 젊은이들과 제2의 인생을 살아가야 하는 베이비붐 세대에게 미래를 위한 가이드가 되었으면 한다.

1

당신은 세라형
인재인가?

아무리 성적이 좋고 지능이 뛰어나도 자신의 스토리를 창조할 수 없다면, 또한 신뢰가 부족하고 사회성이 없다면, 그리고 어려움이 닥쳤을 때 이를 이겨낼 용기가 없다면 훌륭한 인재라고 보기 어렵다. 하지만 우리 사회는 이렇게 중요한 것을 제쳐둔 채 오로지 스펙 쌓기에 젊은이들을 내몰고 있다. 지식 충전소 같은 학교에서 머리에 지식만 잔뜩 담고 있는 인재를 미래 인재라고 착각하는 일이 계속되어서는 우리의 미래를 장담할 수 없다.

● ● ●

변화를 야기하면 리더가 되고
변화를 받아들이면 생존자가 되지만,
변화를 거부하면 죽음을 맞이하게 될 뿐이다.

— 레이 노다 Ray Norda

왜 세라형
인재인가?

스마트혁명을 통해 인간관계가 마치 뇌의 뉴런처럼 빠르게 연결되고 있다. 그러다 보니 집단지성으로 움직여지는 세상이 도래하고 있다. 집단지성은 분산된 의견이 고정된 방향이 아니라 마치 새 무리의 자유비행처럼 이리저리 왔다갔다하며 집중되는 특징이 있는데, 그 과정에서 부가가치를 창조하거나 사회적 중지衆智를 모아내는 역할을 한다.

과거에는 생각할 수조차 없었던 스피드와 거대한 규모로 이런 것들이 가능해진 세상이 바로 스마트시대다. 앞으로 이런 시대는 더욱 빠르게 기하급수적으로 영역을 넓혀갈 것이다. 이러한 과정은 흡사 우리 뇌와 닮아가고 있는데, 우리 모두의 뇌가 어마어마한 하나의 집단지성으로 조직화되어 인류가 아직 해결하지 못했던 전 지구적 문제를 기적적으로 해결해낼 수 있을 것이다.

　스마트시대는 한 마디로 홀론형Holon 구조라고 생각하면 된다. 홀론은 그리스어로 홀로스(holos, 전체)와 온(on, 부분)을 합쳐서 만든 신조어다. 부분이면서 전체가 될 수 있는 홀론의 개념은 스마트시대를 살아가는 삶의 방식이 될 것이다. 산업시대는 부분과 전체가 비교적 명확하게 구분되었지만, 스마트시대는 완벽한 객체인 사람들이 집단을 형성하고 그렇게 형성된 집단지성이 세상을 리드하는 현상이 상식이 될 것이다. 즉, 스마트환경은 지금까지 너와 나로 구분되어 있던 인간관계를, 너와 내가 지극히 밀접하게 연결되는 것을 실감하는 시대로 만들어나갈 것이다. 과거 같으면 감히 상상할 수 없었던 일들이 우리 주변에서 심심치 않게 일어나고 있으며 앞으로는 이런 스마트한 환경이 상식이 되는 세상이 이미 빠르게 우리 곁으로 다가오고 있다.

학교를 떠나
스스로 멘토가 되다

하나의 예를 들어보자. 내가 아는 학생 중에 최훈민이라는 학생이 있다. 그 학생과 전에는 일면식도 없었지만 트위터를 통해 알게 되었다. 그는 고등학교 2학년 재학 중에 입시위주의 교육에 저항하며 학교를 자퇴했다. 자퇴 문제로 고심하며 방황하던 시기에 내 강연을 듣고 자퇴 결심을 하게 되었다는데, 트위터로 내 강연을 잘 들었다는 이야기와 함께 자퇴를 알리는 쪽지를 보내왔다. 자퇴를 권하는 강연 내용은 아니었지만 내 강연을 듣고 그런 '위험천만'한 행동을 했다는 그의 쪽지는 나를 당황스럽게 하기에 충분했다. 그러던 중 우연히 만나게 되어 이야기를 나누었는데 걱정했던 것보다는 자존감이 강한 친구였고, 또 자신의 미래에 대한 확신을 갖고 있었다. 더욱 놀라웠던 것은 그런 아들의 도전을 응원해준 부모였는데 이 친구의 부친은 만화가라고 했다.

최 군은 자퇴 후 74일 만에 학생이 주인이 되는 '희망의 우리학교 www.urischool.org'를 설립했다. 고교 2학년 자퇴생에 의해 학교가 설립된 것이다. 현재 15명의 학생이 이 학교에서 공부를 한다. 비록 아직은 보잘것없는 학교지만 내용은 기존 학교와 판이하게 다르다. 우선 커리큘럼을 학생들이 다 계획한다. 그리고 자원봉사자나 학생들이 스스로 멘토가 되어 함께 공부해나간다. '희망의 우리학교' 친구들은 학교 시스템이 자신들을 만족시켜주지 못한다는 이유로 스스로 기존 질서를 박차고 나온 '다른 방식'의 인재들이다. 그들은 단 한 번밖에 살지 못하는 자신들의 삶에 대해 스스로 책임지려고 한다. 이미 이 학교를 응원하는 카페에는 1,500여명이 넘는 회원이 가입해 있다.

반면에 많은 학생들이 오늘도 엄청난 스트레스를 받으며 학교에서 천편일률적인 교육시스템 속에 버티며 살아가고 있다. 부모 때문에, 혹은 사회의 압력 때문에 말이다. 하지만 최 군을 비롯한 '희망의 우리학교' 친구들은 자신들의 행복할 권리를 되찾고자 과감하게 도전을 감행했다. 이들은 기존질서에 저항하는 일종의 개혁주의자들이다.

이 친구들은 얼마 전 새누리당 19대 국회의원 연찬회에 연사로 등장해 150여 명의 국회의원들 앞에서 기존의 학교 문제를 신랄하게 비판하여 기존 정치인들에게 신선한 충격을 안겨주기도 했다. 기성세대의 선입견 속에 있는 17세 고교 자퇴생이라고 하기에는 학교 문제에 대해 명쾌한 문제의식을 갖고 있었다.

어떻게 74일 만에 학교설립이 가능했을까?

최 군은 학교를 자퇴하자마자 팻말을 들고 교육과학기술부 앞에서 '입시위주의 학교 교육을 폐지하라'는 1인 시위를 시작했다. 그리고 그 상황을 트위터에 실시간으로 올렸다. 그런 그의 행동은 트위터로 빠르게 확산됐고 순식간에 80명이 넘는 사람들이 최 군을 돕겠다고 나섰다. 조계사는 강의실을 내주고, 또 다른 분들은 강의를 기부하는 등 다양한 사람들이 모여 학교를 만들어가게 된 것이다. 나를 비롯한 많은 이들의 관심 속에 급기야 2012년 5월 12일 100여 명이 참석한 가운데 '희망의 우리학교'를 개교하기에 이르렀다.

이 학교에 참여하고 있는 한 여학생은 고3을 10개월 정도 남긴 시점 자퇴를 했다. 그녀는 "몇 개월 동안 죽은 입시공부를 하는 것도 그렇지만 새로운 세상과의 만남을 놓친다는 사실이 나중에 크게 후회될 것 같았다."고 말했다. 고교 졸업장보다도 새로운 세상에서 자신이 하고 싶은 것을 한다는 흥분을 포기할 수 없었던 것이다. 그녀는 학교설립을 준비하는 그 과정이 너무 재미있고 하루하루가 행복하다고 좋아했다.

이미 우리 사회에는 제2, 제3의 최훈민이 자라고 있다. 그들은 자신의 삶에 대한 사랑을 온몸을 던져 도전하고 이뤄보려고 한다. 비록 기존 프레임으로 바라보면 고교 2학년 자퇴생에 불과하지만 새로운 프레임으로 바라보면 스마트시대에 맞는 새로운 학교를 창조하는 모험가인 것이다.

이미 세상에 잘 알려진 천재 기타리스트 정성하www.sunghajung.com는 세 살 때 기타를 만지기 시작하여 초등학교 3학년 때부터 본격적으로 기타를 치기 시작했다. 그의 부모가 정성하의 연주하는 모습을 10살 때부터 인터넷에 올리기 시작했는데, 이 동영상이 전 세계 네티즌들에 의해 1억 회 이상 조회 수를 기록했다. 그렇게 알려지면서 미국의 유명한 기타리스트 트레이스 번디Trace Bundy와 함께 미국 서부 5개 도시 투어를 하기도 했고, 핀란드 5개 도시를 돌며 단독 공연도 했다. 국내에서도 전국을 돌며 공연을 했고 음반도 출시했다.

이렇게 되기까지 그가 한 일은 자신의 열정에 이끌려 열심히 기타를 친 것뿐이다. 그는 유명한 음악대학 출신도 아니고 권위 있는 대회의 수상 경력도 없었다. 기획사가 뒤에서 후원을 해준 것도 아니고 누군가가 열심히 홍보를 한 것도 아니다. 그저 자신의 기타 실력만으로 많은 사람의 공감을 불러일으킨 것이다. 불과 십여 년 전만 해도 이 같은 일은 상상도 할 수 없었다. 하지만 이미 지구촌 1/6의 인구가 거대한

'인터넷 광장'에 모여 있기에 가능한 일이다. 그는 이 넓디넓은 광장에서 연주가로서 많은 사람들의 공감을 얻은 것이다. 최근에는 미국의 유명가수 제이슨 므라즈Jason Mraz가 극찬을 하며 정 군에게 러브콜을 보내서 화제가 되기도 했다. 현재까지 약 4억 8,000건의 유튜브 조회수를 기록한 그는 현재 학업을 중단한 채 홈스쿨링을 하며 음악에 매진하는 열정을 보이고 있다.

이 두 사람의 특징은 자신의 열정과 삶에 대한 도전을 과감히 실천하면서 자신의 스토리Story를 만들고, 스마트시대의 인프라를 활용하여 자신들의 스토리에 대한 공감Empathy을 확산시켜 자신들이 원하는 삶을 추구하고 있다는 점이다.

이젠 지하철을 타면 많은 사람들이 스마트폰이나 태블릿 PC 등을 들여다보는 모습이 낯설지가 않다. 반면 신문을 읽고 있는 사람을 찾아보기가 힘들어졌다. 불과 2년여 전만 해도 볼 수 없었던 광경이다. 이런 변화는 삶의 방식뿐만 아니라 우리의 생각도 변하게 할 것이다. 어떤 이는 기존 방식을 고집하며 변화에 저항할 것이고, 어떤 이는 이 변화를 기회로 삼아 큰 성공을 거두기도 할 것이다. 기업 전략이나 마케팅 개념도 바뀔 것이고 삶의 의미나 목표도 달라질 것이다.

따라서 이런 변화에 흔들리지 않고 자신의 행복을 추구하려 한다면, 자신이 누구이며 무엇에 이끌리고 또 어떤 일을 통해 삶을 의미 있고 행복하게 만들 것인가에 대한 깊은 성찰이 무엇보다 필요할 때다. 과거에는 앞선 세대를 따라가면 별 문제 없이 살 수 있었다. 하지만 지금은 다르다. 12세, 13세의 기업가가 활약을 하는 시대다. 자리나 스펙과는 상관없이 폭넓은 인맥을 관리하며 영향력을 가진 실력자들이 속속 등장하는 시대다. 지난 10여 년 사이에 큰 성공을 거둔 사람들은 미래를 저항 없이 받아들인 세대였다. 그들은 세상이 다 그렇다고 생각하는 방식으로 살지 않았다. 그들은 내면의 이끌림에 더욱 충실한 가운데 자신감을 가지고 변화를 적극적으로 수용하였다.

하지만 미래를 예측하는 일도 그래서 삶의 방식을 바꾸는 일도 그리 만만한 일이 아니다. 발 빠르게 변화해야 하지만 동시에 자아를 굳건히 할 필요성도 더욱 커진다. 그러므로 과거나 현재, 또 미래에도 우리를 지탱해줄 몇 가지 변하지 않은 키워드는 새겨둘 필요가 있다. 사실, 늘 우리에게 중요한 키워드였지만 어찌 보면 그다지 주목받는 키워드는 아니었다. 하지만 앞으로는 우리의 삶에 매우 중요한 의미로 다가설 요소들임에 틀림없다. 스마트시대의 위너가 되기 위해 꼭 필요하다고 생각하는 4가지 키워드는 바로 '스토리Story', '공감Empathy', '회복탄력성Resilience', '성취Achievement'다. 이 네 가지 키워드의 첫 글자를 딴 것이 바로 '세라SERA'이다.

세라형 인재,
자기 존중에서 시작한다

／

결국 인생이란 하루하루 자신이 행한 것들이 반복, 축적되는 과정이라고 할 수 있다. 마치 매일 돌을 쌓아 만든 돌탑 같은 것이다. 그것이 낮게 쌓여 있을 수도 있고 높게 쌓여 있을 수도 있다. 어떤 것으로 쌓느냐에 따라 달라지기도 한다. 하루하루를 잘사는 것, 그 반복된 결과가 바로 자신의 삶이다. 분명한 것은 크다고 좋은 것도, 높다고 좋은 것도 아니라는 점이다. 그저 쌓여진 대로 의미가 있으면 된다. 그리고 그 존재감으로 스스로를 인정하고 자연과 함께하면 된다.

따라서 하루하루의 삶을 의미 있게 살아가는 것이 매우 중요한 일이며 그것을 위한 네 가지 키워드 즉, 세라의 실천은 우리의 삶을 좀 더 풍요롭게 만들 것이다. 이것은 물질적인 필요나 보상이 없어도 되는 인생의 자전거 같아 페달을 밟아 달리고 달리면 자신이 원하는 목적지에 다다르게 해줄 것이다.

첫 번째로, 여러분이 해야 할 일은 자신의 삶을 멋진 이야기Story로 만들어 그 주인공이 되는 것이다. 스토리의 구성 요소에서 위기와 갈등, 반전은 필수적이다. 그 어떤 삶도 위기와 고난, 갈등과 반전이 없는 삶은 존재하지 않는다. 다만 이런 요소를 고통으로 받아들이거나 애써 외면하는 사람이 너무 많을 뿐이다. 성과에 치중하고 과정을 무시하는 수많은 사람들에게 위기와 고난은 자신의 삶을 망가뜨리는 방해꾼에 불과하다. 하지만 자신의 삶을 이야기로 창조할 수 있는 자에게는 이런 요소가 오히려 아주 훌륭한 소재가 된다.

두 번째는, 이런 이야기를 바탕으로 많은 사람들과의 공감Empathy을 확대하여 삶의 의미를 깊게 다지는 일이다. 앞서 설명한 바와 같이 스마트시대의 인프라는 전 인류를 하나로 묶어내고 있다고 해도 과언이 아니다. 이제 화려한 포장으로 자신의 내면을 감추는 것은 갈수록 어렵게 될 것이다. 따라서 반복된 훈련을 통해 진정성을 키워야 한다. 그렇게 자연스러운 자아는 공감을 불러일으킨다. 많은 사람과의 공감, 그것이 바로 삶의 든든한 지원군이 된다.

세 번째로, 늘 닥치는 고난을 슬기롭게 극복할 수 있는 회복탄력성Resilience을 어릴 때부터 훈련하여 역경을 이겨내야 한다. 이것이 바로 삶을 성공적으로 사는 힘이기도 하다. 사실 회복탄력성이 약하다면 그 인생은 실패의 순간 멈출 수밖에 없다. 하지만 회복탄력성이 강한 사람들은 인생의 매순간을 해피엔딩으로 장식할 수 있다.

마지막으로, 무엇인가를 성취Achievement한다는 것에 대한 정의를 새롭게 해야 한다. 성취감은 어떤 것으로도 얻을 수 있다. 동시에 그것은 물질적인 것에 의한 것이 아니라 궁극적으로 내면의 만족이기 때문에 물질적인 성과에 크게 의존하지 않아도 된다. 따라서 진정한 성취를 위한 노력이 필요하다. 이런 노력을 통해 우리는 무의미한 허세를 줄일 수 있을 것이다.

미래사회의 힘은 피라미드 구조의 정점에서 나오는 것이 아니라 새

무리 같은 네트워크의 중심에서 나온다. 이 중심에 있는 자는 멋진 스토리의 주인공이어야 하고, 그 스토리에 많은 사람이 공감해야 하며, 역경을 스스로 이겨낼 수 있어야 하고, 성취를 자주 경험하며 스스로 자가 발전하는 동력을 갖추고 있어야 한다.

그러므로 세라형 인재란 자신의 스토리Story를 창조할 수 있는 능력, 진정성과 전문성으로 공감Empathy을 확대할 수 있는 사회성 그리고 역경을 극복할 수 있는 역량Resilience을 갖추고 존재적 성취Achievement를 추구하는 사람을 의미한다.

아무리 스펙이 좋고 지능이 뛰어나도 자신의 스토리를 창조할 수 없다면, 또한 신뢰가 부족하고 사회성이 없다면, 그리고 어려움이 닥쳤을 때 이를 이겨낼 용기가 없다면 훌륭한 인재라고 보기 어렵다. 하지만 우리 사회는 이렇게 중요한 것을 제쳐둔 채 오로지 스펙 쌓기에 젊은 이들을 내몰고 있다. 지식 충전소 같은 학교에서 머리에 지식만 잔뜩 담고 있는 인재를 미래 인재라고 착각하는 일이 계속되어서는 우리의 미래를 장담할 수 없다.

대학 입시에
목숨 거는 사회

우리 젊은이들은 취업을 못해 난리지만, 정작 인사 담당자들은 쓸 만한 인재가 없다고 아우성이다. 그들이 찾는 인재란 어떤 사람들인가? 현 교육제도가 인정한 인재들이 과연 미래에도 필요한 인재라고 말할 수 있을까? 안타깝지만 과거의 방식과 생각으로 키워진 지금의 인재들은 미래에 적합한 인재라고 보기 어렵다. 그럼에도 불구하고 우리 사회는 과거의 관성에 이끌려 젊은이들의 귀중한 가능성을 너무 소홀하게 다루고 있는 것은 아닌지 모르겠다. 그들 중에 일부는 사정없이 내몰리고 또 다른 일부는 뒤처져 좌절하며, 많은 이들은 아예 이탈하여 삶 자체를 포기한 듯 살아가고 있는 형편이다. 그야말로 소수를 선택하기 위해 다수가 희생당하는 형국인 지금의 교육제도가 과연 언제까지 계속될 것인지 안타깝기만 하다.

'고3'이라는 이름의 하이패스

귀여운 아이들이 걸음을 걷기 시작하면서부터 엄마의 진한(?) 사랑이 노골적으로 드러난다. 남들이 보기에 멋진 엄친아를 만들기 위한 혹독한 훈련이 시작되는 것이다. 우선 말을 처음 시작할 때쯤 엄마들은 우리말과 함께 영어도 동시에 깨우치는 비범한 아이의 모습을 보고 싶어한다. 일찍 혀를 훈련시켜야 원어민과 같은 발음을 구사할 수 있음을 알고 있는 엄마들로서는 하루라도 빨리 원어민처럼 영어를 하는 아이로 만들겠다고 굳게 다짐한다.

하지만 이런 바람은 시작에 불과하다. 자기 아이가 천재일지 모른다는 희망을 가지고 여러 가지 기회를 일찍 제공할수록 좋다는 생각에 시간 경영을 강요한다. 예술적 감각을 익히기 위해 피아노도 쳐야 하고, 국기인 태권도도 배워야 한다. 제2의 김연아를 꿈꾸며 피겨스케이팅도 가르치고, 박태환이 될 수 있기에 수영도 가르친다. 올림픽 금메달 가능성이 높은 배드민턴, 축구, 야구도 남자아이들에게는 한 번쯤 도전해볼 만한 가치가 있다고 생각하고, 현대인의 필수인 컴퓨터도 미리 가르쳐야 뒤처지지 않을 거라 안심한다. 신지애 같은 프로 골퍼도 괜찮게 보이니 골프도 일찍 시켜보고 싶다. 남들보다 좀 특별하게 키우는 게 낫다고 하프, 바이올린, 우슈 등도 가르친다. 주산, 웅변, 미술도 가르쳐야 하고 발레, 재즈댄스, 논술, 노래, 연기, 글짓기, 만들기,

민속 악기, 전통 춤, 심지어는 마술까지도 가르치고 또 가르친다.

　아이들은 아침에 일어나 이렇게 몇 개의 학원을 돌고 저녁이 되어 돌아온다. 오늘 뭘 배웠는지 부모님 앞에서 재롱을 떨면 자식 키우는 보람에 흐뭇해한다. 이미 학교 선생님보다 마케팅 능력이 훨씬 앞선 학원 선생님들에게 익숙해진 아이들이 몇 년을 그렇게 학원을 돌며 세상 사는 데 그다지 필요는 없지만 그래도 알면 좋을 것 같은 잡기들을 미리 배우고 난 뒤에야 초등학교에 입학한다. 그런 아이들은 코를 흘리는 철부지 같은 일은 거의 하지 않을 정도로 성숙한 채 초등학교에 들어가고, 이미 내용을 뻔히 아는 수업을 받으며 지루한 시간을 보낸다. 이때부터 먼 미래의 경쟁자들에 대해 의식을 하게 된다. 어쩌다 친구가 생기기라도 하면 "그 아이 몇 평에 사니?"부터 "부모가 뭐하시는 분이냐?"는 등 엄마의 호구조사가 집요하게 이루어지며, 웬만한 아이들과는 사귀어서는 안 된다는 것을 학습하게 된다. 학교가 끝나면 쉴 틈 없이 이 학원에서 저 학원으로 바쁘게 살아간다. 어쩌다 내 아이만큼은 저런 학원 지옥에서 해방시켜야 된다고 다짐해보지만 혼자 덩그러니 남아 친구도 없이 지내는 아이를 보면 도저히 학원에 안 보낼 수가 없다.

　이렇게 초등학교를 거친 아이들이 중학교에 진학을 하면 본격적인 1등 경쟁이 시작되고 엄마들은 그동안 자기 아이가 천재라 착각한 것에 대한 보상이라도 바라듯 아이들의 성적에 대해 신경을 곤두세운다. 이제부터는 뒤처지는 것을 보강하기 위한 학원으로 바뀌긴 하지만 여전히 자기 시간을 갖지 못하는 생활이 계속된다. 학교에서 학원으로 그리고 집에 와서 잠깐 잠을 청하고 다시 학교에서 학원으로 이렇게 쳇바퀴 도는 일과가 계속되는 것이다.

고등학교에 들어가면 그야말로 본격적인 입시 경쟁이 시작되고 시간이 가면 갈수록 좋은 대학에 못 가면 인생의 낙오자가 된다는 협박 아닌 협박을 여기저기서 받게 된다. 우선 선생님들의 협박은 그래도 좀 나은 편이다. 사교육 기관은 마치 대학이 생존의 필수 관문이요, 이 관문을 통과하지 못하는 자들은 루저로 살 수밖에 없다고 치가 떨리는 협박을 일삼는다. 그 협박은 학생뿐만 아니라 부모들에게는 더 살벌하게 가해지기에 아이들의 미래에 대학이 과연 얼마나 실질적으로 도움이 되는 것인지 또한 그 목표를 위해 학원이 얼마나 역할을 하는 것인지 미처 고민해볼 틈도 없이 주머니를 다 털어 학원에 갖다 바친다.

드디어 고3이 되면 모든 가족이 초긴장 상태에 접어들고 텔레비전을 보거나 가족 여행을 간다는 것은 상상도 못 할 일이 된다. 고3 학생이 공부가 아닌 뭔가를 하거나 가족 행사에 참석하게 되면 아예 대학 입시를 포기한 아이로 여긴다. 그래서 공부를 하든 안 하든, 시간이 있든 없든 간에 고3 학생은 가족 행사에 참여하지 않는다. 이렇게 모든 것을 공부에 전념하라고 억지로 몰아붙이는 생활 속에 아이들의 긴장감은 최고조에 달하며 지난 세월 동안 엄청나게 받아온 협박의 결과를 두려움 속에 기다려야 하는 처지가 된다. 이런 공포에 시달리다 보니 너도 나도 돈이 있든 없든, 공부가 필요하든 안 하든 대학에 들어가려고 난리를 쳐 결국 84%에 달하는 고교 졸업자가 맹목적으로 대학에 들어가게 된다.

빚에 허덕이는
젊은이들

부모님의 등골이 휘도록 학원을 다니며 어찌어찌 대학에 입학을 했지만 한꺼번에 목돈을 내야 하는 등록금은 보통 가정에서는 만만한 돈이 아니다. 결국 학자금 융자라는 것을 선택할 수밖에 없어 대학 공부를 빚으로 시작한다. 취업포털 잡코리아www.jobkorea.co.kr가 2012년 2월 졸업 예정자 774명을 대상으로 '부채 현황'을 조사한 결과, 전체 응답자 중 '빚이 있다'고 답한 대학생은 67.7%로 조사됐다. 이들의 평균 부채는 2년 전 보다 183만 원 증가한 '1,308만 원'에 달했는데, 이 빚에 대한 부담 때문에 80.9%는 실제로 원하지 않는 회사에 지원한 적이 있는 것으로 나타났다. 취업이 어려운 현실 속에서 학자금 대출은 젊은이들에게 큰 짐이 아닐 수 없다.

한국장학재단에 따르면 2011년 말 기준으로 학자금 대출 신용 유의자(옛 신용불량자)는 32,902명으로 집계됐다. 2006년 670명이었던 신용유의자는 2007년 3,785명, 2008년 10,250명, 2009년 22,142명, 2010년 32,903명으로 해마다 크게 늘고 있다. 말 그대로 '학자금 신용불량자 3만 명 시대'가 도래한 것이다.

그런데 한 번 신용 불량자가 되면 좀처럼 빠져나오기가 어렵다는 것이 문제다. 그리고 그렇게 낙인이 찍히면 이 세상을 사는 것이 지옥같이 변해버린다. 그저 대학을 다닐 형편이 어려워 돈을 빌려 대학을 다닌 것뿐인데, 이들은 정식으로 사회인이 되기도 전에 신용 불량자로서 암울한 공기를 먼저 마시며 세상을 한탄하게 되는 것이다. 청년 실신, 그야말로 실직도 하기 전에 신용 불량자가 되는 어둡고 힘든 상황이 확대되고 있다.

이런 상황은 극소수 젊은이들만의 이야기가 아니다. 청년 대부분이 잠재적 청년 실신족 후보들이라고 해도 과언이 아니다. 그들이 아직 청년 실신족이 안 된 이유는 안정된 수입이 있거나 아니면 누군가에게 기대어 있거나 둘 중에 하나다. 하지만 우리 사회에는 그들을 청년 실신족으로 만드는 맹렬한 유혹이 너무도 많다.

그 유혹 중에 도저히 거부할 수 없는 유혹이 바로 신용카드다. 작은 마그네틱 카드가 마치 돈 나오는 기계처럼 사람들을 즐겁게 해준다. 또 다른 유혹은 직장을 다니면 은행에서 친절하게 만들어주는 마이너스 통장이다. 늘 그만큼은 여유가 있다는 착각을 하게 되고 급기야는 아예 통장에 찍힌 거래 명세에는 늘 마이너스가 붙는다. 여자 친구와 데이트라도 한 번 하려면 얇은 지갑 때문에 주저하다가 다음 달 월급날을 기대하며 화끈하게 카드를 긁지만 한 달에 한 번 어김없이 찾아오는 결재일마다 전쟁을 치르느라 진이 빠진다. '이번에 딱 한 번만'을 수없이 외치며 현금 서비스라도 받는 날이면 그 돈을 갚기 위해 한 달 내내 머리를 짓이기는 두통거리가 되고 만다.

청년 백수들에게는 좀 먼 나라 이야기가 될지 모르지만 어떻게 결혼 이라도 하게 되면 좀 규모가 큰 빚쟁이로 성장하는 계기가 된다. 물론 부모님 덕분으로 전셋집이라도 얻어 결혼을 하는 경우는 그나마 나은 경우라고 할 수 있겠다. 하지만 부모님이 자력으로 전셋집을 얻어준 것이 아니라면 결국 그 빚은 자신의 것은 아니지만 부모님이 갚아야 하는 빚이 되므로 그다지 기뻐할 일만은 아니다. 아마도 우리나라에서 그 큰돈을 빚 없이 현찰로 지불할 수 있는 사람은 그리 많지 않을 것이 기 때문에 대부분은 큰 빚쟁이로의 성장이 불가피하다.

2011년 말 가계신용 잔액은 912조억 원으로 집계돼 사상 처음 가계 빚 900조를 넘었다. 국민 1인당 1,798만 원의 빚이 있는 셈이다. 한 번 얻는 빚은 계속 눈덩이처럼 불어나게 되는 게 상식이다. 예를 들어 집을 사기 위해 은행에서 2억 원의 대출을 받았다고 가정하자. 그렇다 면 연간 1천만 원 이상의 이자를 부담해야 한다. 다시 말해 최소한 1천 만 원의 새로운 빚이 생기는 것이나 다름없다. 1년 가계 총수입에서 1 천만 원의 이자를 갚아낼 만큼 여유 있게 돈을 버는 가구가 얼마나 될 까? 그들이 기대고 있는 유일한 희망은 그동안의 이자를 다 부담하고 도 남을 만큼 집값이 올라주는 것인데, 그런 기대도 쉽지 않게 되었다.

결국 '하우스푸어house poor'라는 신조어가 만들어지는 상황까지 오고 말았다. 이와 같은 경제적 악순환의 조짐은 이미 우리 사회에 암운을 드리우고 있다. 부동산 가격 폭락으로 인해 '주택 구입자의 신용 불량 → 은행의 부실 → 기업의 도산 → 실업률 상승'으로 이어질 가능성이 높아진 것이다. 물론 여러 가지 정부 대책이 쏟아져 나오고 있지만 이미 이 수렁에 빠진 하우스푸어들에게 큰 힘이 되지는 못할 것이다. 단지 더 이상의 하우스푸어가 양산되지 않기를 바랄 뿐이다. 안타깝게도 정부의 부동산 대책이라는 것이 '아직도 우리 가계는 빚을 감당할 만하다'고 판단하여 더 빚을 내어 집을 사도록 유도하는 것뿐이다.

상위 1%는
정말로 행복할까?

어렵사리 게임에 승리한 자들을 빗대어 '엄마 친구의 아들'의 첫 자를 딴 '엄친아'라는 표현을 쓴다. "누구는 이번에 1등을 했네", "신의 직장에 취직을 했네", "집안 좋은 여자와 결혼을 하네" 등 엄마들이 얼마나 친구 자식들과 비교를 해댔으면 '엄친아'라는 단어가 유행하게 되었을까? 그렇다면 그런 엄친아들은 과연 이 사회가 인정하는 진정한 승리자일까? 그들이 그렇게 떠밀리다시피 좋은 자리를 차지했다고 과연 행복한 삶을 살고 있는 것일까? 학창 시절에 공부를 잘해서 의대에 합격을 했다면 아마 집안이 들썩거릴 정도로 잔치를 하고 만인의 부러움을 한 몸에 받았을 것이다. 그런데 「의협신문」의 최근 보도[1]에 따르면 의사 10명 중 6명이 의사 생활을 불만족스럽게 생각하고 있고 15%의 의사가 우울증이 의심된다고 한다.

지금도 수많은 학생들과 부모들의 로망인 의사가 이렇게 힘들게 산다는 것은 매우 충격적인 일이다. 우리나라 전체 수험생 중에 상위 0.5% 정도가 의대를 택하고 있으니 더욱 더 안타까운 일이다. 이들의 불만족은 우선 매달 시험을 보고 석차를 발표하는 식으로 이어지는 그야말로 석차로 시작하여 석차로 끝나는 공부 방식에서 오는 스트레스가 그 출발점이다. 어려서부터 늘 성적으로 남과 비교되는 것에 민감했던 학생들이 의대에 와서는 다시 한 번 상위 0.5% 안의 우수한 학생들 사이에서 치열한 경쟁을 한다고 상상해보라. "개원해서도 저쪽 의원과 누가 돈을 많이 버는지 비교합니다. 동창회에 나가 자기보다 성적이 떨어지던 녀석이 변호사가 돼서 좀 잘나간다고 하면 우울하고 잠을 못 이루는 경우도 있습니다." 한마디로 늘 자신과의 비교 대상을 찾고 우위를 확신해야 안심하는 습관에 익숙해져 좀처럼 만족하지 못하는 경향이 있다는 것이다. 고등학교 때는 우수했던 학생이 의대에 들어와 꼴찌를 하거나 교수가 기억하지 못하는 평범한 의대생이 되었을 때 그런 현실을 받아들이지 못하고 우울해하는 것은 당연한 일인지 모른다.

어렵게 이런 과정을 거치고 나서도 남들이 주당 40시간 근무를 하고 있을 때, 이들 의사들은 근무 시간을 주당 96시간으로 줄여줘야 한다고 주장하는 아이러니한 일이 벌어지고 있는 것이다. 「의협신문」의 조사에 의하면 전공의 1,808명을 대상으로 조사한 결과, 전체 전공의의 절반이 주당 100시간 이상을 근무하고 있으며, 30%가 120시간, 심지어 6.8%는 140시간 이상을 근무한다는 충격적 결과가 나왔다. 140시간 이상이라고 하면 매일 4시간만 자고 나머지 시간을 전부 업무에 할애할 때만 가능한 살인적인 근무 시간이다.

　그것도 실수가 용납되지 않는 사람의 생명을 다루는 일을 하는 의사들이 웬만한 사람은 견뎌내기 힘든 고된 업무를 소화해내고 있는 것이다. 보통 사람들에게는 감히 범접할 수 없는 강도의 업業인 것은 분명하다. 이렇게 오랜 시간 치열하게 노력했던 우리 사회 최고의 엘리트들 중에 60%가 불행하다고 한다면 뭔가 잘못되어도 크게 잘못된 것 아닐까? 최근에는 의사들의 안타까운 자살 소식이 심심치 않게 언론 보도를 통해 알려지고 신용 불량자가 된 의사들도 늘어나면서 의사들의 신용도가 하향 조정되고 있음은 눈여겨봐야 할 대목이다.

　강남에서 병원을 운영하는 한 의사에게서 "숨 쉴 틈 없이 환자를 치료하며 보람을 느끼다가도 환자들이 많아지면 임대료를 올려달라는 건물주나 옆에 있는 병원들과의 경쟁 때문에 임대료와 운영비, 이자 그리고 장비 대여료를 지불하기도 버거울 때가 있다."고 푸념 섞인 소리를 들은 적이 있다.

　실제로 의사들은 은행에서 대략 수억 원의 신용대출은 손쉽게 받을 수 있다. 따라서 본인이 개업을 하려고 마음먹으면 별 고민 없이 병원을 꾸미고 장비를 대여해서 개업할 수가 있다. 그런데 그렇게 개업을 하고 난 후에는 환자에게 의술을 제공하는 의사이기에 앞서 매달 지급해야 할 이자와 대여료, 임대료, 인건비 등을 고민하는 경영자의 처지가 되고 만다. 사실 병원은 의사가 아니면 법적으로 개업이 불가능하기 때문에 시장분석이나 사업계획 같은 경영학적 용어조차 생소하다. 그야말로 경영을 제대로 알지 못하는 의사들이 꼼꼼히 따져 보지도 않은 채 좋은 장비를 도입하고, 비싸게 임대료를 지불하며 개업했다가 신용 불량자로 전락하게 될 위험에 처하게 되는 것이다. 그토록 어렵게 공부한 의사들이 히포크라테스의 선서를 통해 '나는 이제 의업에 종사할 허락을 받으매 나의 생애를 인류 봉사에 바칠 것을 엄숙히 서약'하였던 숭고한 의사정신을 펼칠 수 있는 환경이 아니라, 의술이라는 기술로 경영을 해서 이익을 남기는 경영자로서 살아가는 의사들이 많아졌음을 의미하는 것이다.

이와 같은 일은 비단 의사들 세계에서만 벌어지는 것이 아니다. 행정고시, 사법고시, 외무고시 등 하늘에 별 따기처럼 어려운 시험에 합격한 엄친아들이 거의 비슷한 경험을 하게 된다. 수년간의 노력 끝에 사법고시에 합격을 하면 사법연수원에서 2년 동안 연수를 받게 되는데, 이들 역시도 뛰어난 수재들이 한자리에 모여 다시 한 번 치열한 석차 경쟁을 벌이고 그 석차에 따라 자신들의 진로가 대체로 결정되기 때문에 경쟁에서 뒤처지기라도 하면 그에 따른 좌절감을 이기지 못하고 우울증에 빠지는 이들도 있다고 한다. 인사철이 되면 자신이 어떤 자리에 가느냐가 바로 또 다른 서열의 바로미터가 되므로 늘 긴장하고 그와 같은 경쟁심에 엄청난 스트레스를 받게 되는 것이다.

공무원 사회나 군대 그리고 기업 등에서도 올라갈수록 줄어드는 자리를 차지하기 위한 치열한 경쟁은 불 보듯 뻔한 일이다. 선택을 위한 여러 가지 선별 기준이 마련되고 그 기준을 통과하기 위한 노력은 처절하기까지 하다. 심지어 부인들마저도 승진을 위한 노력에 동참하지 않으면 안 되는 것이 지금의 현실이다. 최고의 자리는 한 자리밖에 없다. 인생을 걸고 이 생존 게임에서 승자가 되기 위한 노력은 그야말로 처절한 싸움이 될 수밖에 없다.

조직에 몸담고 있는 대부분의 인재들에게 이런 경쟁은 삶의 방식이다. 그래서 남들보다 일찍 일어나야 하고, 부지런해야 한다. 무엇을 하더라도 최선을 다해 최고의 경지에 올라야 한다. 설사 힘이 부치더라도 수단과 방법을 가리지 말아야 한다. 그렇지 않으면 불안해서 견딜수가 없다. 그래서 쉰이 넘은 늦은 나이에도 승진을 위해 학원을 다니고 자격증을 따려고 한다. '대체 나의 행복은 어디서 오는가?'라는 근본적인 질문에 단 5분도 깊이 생각할 겨를이 없다. 그저 앞에 떨어진 일을 처리해야 하고 다가오는 장벽을 뛰어넘어야 한다. 늘 주변을 살피고 그들을 경계해야 한다.

대체로 이런 사람들은 누구라도 경쟁 상대로 보기 때문에 자신보다 못하면 은근히 깔보는 경향이 있고, 자기보다 잘하는 것 같으면 시기한다. 결코 상대에 대해 진정으로 존경하는 마음을 갖거나 교감하며 함께 즐거워하거나 슬퍼하지 않는다. 경쟁심이 충만한 이들에게 감성이라는 것은 약자들의 위로 같은 것이라 생각한다. 오로지 이겨야 하고 이겼을 때만이 자신이 존재한다고 생각한다.

기득권이 많아 높은 벽을 치고 있는 조직은 자신들의 치부를 잘 드러내지 않기 때문에 그저 막연하게 성 밖에서의 모습으로 판단하기 쉽다. 그들의 삶을 실제로 엿보기란 쉬운 일이 아니다. 그들의 겉모습만을 단편적으로 평가하여 직업적 윤리 의식이나 사명감 등은 소홀히 한채 안정된 자리라는 생각만으로 의사나 법조인이 되거나 흔히 말하는 좋은 직장에 합격을 했다면, 과연 그들 앞에 펼쳐질 험난한 과정을 어떻게 견디며 얻게 될 보상에 만족할 수 있을지 의심스럽다. 결코 물질적인 것만으로 행복할 수는 없기 때문이다. 적어도 직업의 특성을 충분히 고려하여 진정으로 자신의 업으로서 윤리적, 정신적, 사회적 보상을 기대할 수 있을 때라야 의사로서, 법조인으로서, 공무원으로서, 기업인으로서 성공할 수 있으리라 생각한다.

직장인,
오늘도 퇴사를 생각한다

/

남들에게 보여주기 위해서 또는 높은 연봉만을 따라 이것저것 따져보지 않고 일단 들어가고 보자는 식으로 일자리를 얻었다고 해서 삶이 안정되는 것은 결코 아니다. 이제 더욱 힘든 조직에서의 생존 투쟁이 우리를 기다리고 있다. 이 고통을 견디지 못하고 좌절할 수 있다는 점을 간과해서는 안 된다. 심한 경우는 스트레스로 인해 병을 유발할 수 있고, 겉으로 잘 드러나지는 않지만 삶의 의미를 잃은 채 노예 같은 삶을 살게 될지도 모르는 일이기 때문이다.

글로벌 컨설팅 기업인 타워스왓슨www.towerswatson.com의 '글로벌 인적 자원 보고서'에 따르면 한국, 미국, 중국, 일본 등 22개국의 직장인 2만여 명을 대상으로 '직원 몰입도'를 조사한 결과, 한국 직장인의 업무 몰입도 비율은 6%로 전 세계 평균인 21%에 비해 현저히 떨어지는 것으로 나타났다. 반면에 자신의 업무에 별로 몰입하지 않거나 마지못해 회사에 다니는 직원의 비율이 48%에 이르러 세계 평균 수준인 38%를 크게 웃돌았다.

'직원 몰입도'라는 것은 직원이 자신이 근무하는 회사를 위해 시간, 두뇌, 에너지 등을 얼마나 자발적으로 투자하는가를 나타내는 것인데, 이런 결과의 원인을 리더십에서 찾을 수 있다. 이 조사에서 경영진의 리더십에 대한 한국 직장인들의 만족도는 37%에 불과해 22개 대상국 중 최저 수준이었다. 직원들이 생각하는 리더십의 중요 요소로 '인재 육성', '조직의 비전 제시 및 실현', '직원에 대한 보살핌' 등으로 나타났는데, 우리나라 직장인들의 상당수가 상사에게서 이런 점을 발견하지 못하고 있음을 의미한다. 직장을 선택할 때 충분한 사전 조사와 직업에 대한 소명 의식 등을 가지고 자발적으로 선택한 비중이 낮은 것이 원인이 아닐까 개인적으로 추측해본다.

또한 상사들의 입장에서 보면 스스로 판단하고 자율적으로 업무를 추진하는 능력은 찾아보기 힘들고 끈기도 안 보이고 그저 시키는 일만 겨우 처리하는 부하 직원들에게 많이 실망했을 수도 있다. 어찌되었건 서로가 프로답게 서로의 능력을 인정하고 각자의 역할에 최선을 다하는 팀워크를 만들어야 하는데, 학창 시절에 그런 역량을 훈련할 기회가 제대로 제공되지 않았음이 안타까울 따름이다.

또 다른 조사에서도 이 같은 생각이 반영되었는데 취업인사 포털회사인 인크루트 www.incruit.com 조사에 의하면 직장인 76.8%가 '상사 때문에 퇴사를 생각한다.'고 한다. 문제의 유형은 업무 지시에 일관성이 없고 무능하거나 소홀하며, 부하 직원을 비인격적으로 대하고, 업무와 상관없는 일을 지시한다 등이었다. 그런데도 63.2%가 그냥 참는다고 대답했다. 이들의 '업무 몰입도'가 높을 수 없음은 당연한 일이다.

젊은이들이 취직을 하는 그날까지 쏟았던 시간과 노력을 돌이켜본다면, 수많은 경쟁을 뚫고 어렵게 얻은 일자리를 포기하면서까지 상사나 조직에 저항할 용기를 갖는다는 것이 얼마나 힘든 일이겠는가. 그러므로 그들은 오히려 그렇게 자신을 숙이고 상사의 뜻에 복종하는 것이 직장 생활을 잘하는 것이라고 체념해버릴 수 있다. 하지만 그런 삶이 행복을 주는 것 같지는 않다. 지난 2010년 경제협력개발기구OECD의 조사에 따르면, 한국 직장인의 연평균 근로시간은 2,193시간으로 OECD 국가 평균보다 1.2배나 많았다. 4년 전에 비해 112시간이나 줄어들었지만, 여전히 세계 1위에 해당하는 수치로 영국이나 스페인에 비하여

500시간이 많은 것으로 나타났다. 그렇기 때문에 직장에서 스트레스를 받는 사람 또한 많다. 지난 2010년 삼성경제연구소가 실시한 조사에 의하면 한국의 직장인이 느끼는 직무 스트레스는 OECD 국가 중 최고 수준이다. 반면, 직무에 대한 만족도는 최저 수준인 것으로 조사되었다. 또한 직장인의 87%가 신체에 영향을 미칠 정도의 심각한 직무 스트레스를 호소하고 있는 것으로 집계됐다. 우리의 미래를 책임져야 할 그들이 안타깝게도 스트레스가 가중되는 삶을 피하지 못하고 병들어간 다면 큰일이 아닐 수 없다.

해마다 갤럽은 얼마나 많은 기업들이 '심리적 병원증'에 시달리는지 조사한다고 한다. '심리적 병원증hospitalism'은 회사에 장기간 체류할 때 나타나는 발달지체와 발달장애의 한 형태로서, 냉정하고 사무적인 관계와 개인적 관심 부족(의욕 결핍과 애정 결핍)으로 인해 발병한다. 일방적인 업무지시, 중앙의 무성의한 관리, 가정과의 분리, 직원 학대 등을 통해 부하직원과 상사 사이에는 두려움을 동반한 회피나 반항을 특징으로 하는 애착관계가 나타나고, 직원들 간에 기본적인 신뢰가 파괴된다고 한다. 조사에 따르면 10명 중 9명은 자기 회사에 대해 거의 혹은 전혀 의무감을 느끼지 못하며, 67%는 지시받은 일만 처리하고, 의욕을 가지고 적극적으로 업무에 임하는 직원은 13%에 불과하다고 한다. 많은 이들에게 직장은 황량한 곳이다.[2]

청년 창업,
실패 후 재기가 어렵다

/

청년 창업은 우리나라의 미래를 위한 가장 역동적인 에너지원이다. 과거 근면 성실한 인재들이 우리를 가난에서 벗어나게 하였다면 이제는 도전적인 기업가 정신을 가진 인재들이 우리 미래의 부가가치를 만들어줄 것이다. 그렇기 때문에 정부는 새로운 부가가치를 창출하고 신규 일자리를 창출하기 위해서 벤처 산업의 육성을 더욱 더 과감하게 추진해야 한다.

그런데 안타깝게도 이런 근본적인 철학과 필요에 의해 정책이 추진되는 것이 아니라 단기간에 일자리 문제를 해소해보겠다는 정치적 판단에 따라 밀어붙이는 것이 아닌가 하는 의구심이 들 때가 많다. 우선 일자리 창출을 위해 노력하는 것은 긍정적이다. 창업 교육이나 경진대회 같은 것은 아주 바람직한 정책이라고 할 수 있다. 하지만 조기에 일자리를 늘려야 한다는 생각으로 가능한 한 많은 사람들에게 창업을 독려하고 그들에게 창업자금을 지원하는 일은 결과적으로 우리 사회의 귀중한 자원을 매장시키는 꼴이 되지 않을까 심히 우려되는 부분이다.

창업을 해서 성공할 확률은 현실적으로 매우 낮다. 대부분은 창업 후 1~2년 안에 실패를 경험하게 된다. 문제는 이들이 이런 실패를 값진 경험 삼아 다시 재기할 수 있는 제도적 장치가 너무나 미비하다는 점이다. 창업 후 실패를 경험했다는 것은 그동안에 투자되었던 돈을 날렸다는 의미다. 창업할 때 부족한 자금을 정부로부터 지원받았다면 이는 창업자가 연대보증을 했을 확률이 높고 이는 반드시 갚아야 하는 국민 세금이라는 점이다. 특히 벤처 기업의 경우 95%가 망한다는 이야기가 공공연하게 떠돌지 않던가. 창업 초기 기업들은 매출도 발생하기 전에 초기 투자금을 다 잃고 망할 확률이 높은데, 이럴 경우 대부분은 CEO가 회사 빚을 책임지게 된다. 특히 정부로부터 받은 창업 자금은 평생 갚아야 하는 아주 무서운 돈으로 돌변한다. 빚을 지면 당연히 갚아야 하는 것이 상식인데 무엇이 문제냐고 반문하는 사람도 있겠지만 문제는 2년 안에 대부분이 망한다는 사실을 예상하면서도 실패에 따른 대책도 없이 창업 전선으로 내몰아 신용 불량자를 양산하는 것은 창업자의 미래에 대한 대비가 전혀 없는 이른바 '약탈적 대출Predatory Lending'[3]과 다를 바가 없다는 생각이다.

이런 위험을 감수하고 창업을 한다는 것은 쉬운 일이 아니다. 따라서 창업 교육이 창업을 독려하는 교육이라기보다 창업을 포기하게 하는 교육이 되기도 한다. 어찌되었건 창업은 우리나라의 미래 전략산업으로서 적극적으로 육성해야 할 과제다. 따라서 과감한 투자와 실패를 자산화할 수 있는 제도적 뒷받침이 반드시 이루어져야 한다. 그럼에도 창업가에게 모든 책임을 전가하는 식의 창업 육성으로는 젊은이들의 꿈을 실현하는 삶의 트랙으로서 무리가 있어 보인다.

지금까지 우리 젊은이들의 진로를 대략 훑어봤다. 무조건 대학을 가야만 하고 좋은 직장에 취직하기를 원한다. 그렇게 되지 못한 사람은 백수로 지내면서 신세를 한탄하거나 창업의 가시밭길을 대책도 없이 걸어야 한다. 하지만 이 과정 자체가 문제가 되는 것은 결코 아니다. 대학 진학도 의미 있는 일이고 취업도 당연히 필요한 일이며 창업은 반드시 육성해야 할 일이다. 하지만 자신의 행복을 위해 하는 일치고 는 뭔가 내몰리는 것 같다는 생각을 지울 수가 없다. 백수가 되어도 자신의 문제라기보다 사회의 탓이 더 커 보이고 취업을 해도 뭔가 남의 옷을 입은 것 같고, 창업을 하면서도 그 시작이 활기차기보다는 어쩔 수 없다는 생각을 지울 수가 없는 것이다.

대체 우리 사회에서 행복하다고 느끼는 젊은이가 과연 얼마나 될지 참으로 궁금하다. 결과적으로 청년 백수는 말할 것도 없고 떠밀려 창업을 하게 되는 사람들의 어려움도 만만치 않으며 심지어는 원하는 것을 얻었다고 생각되는 사람들마저도 심한 스트레스에 시달리고 있다. 좀 과하게 표현하면 진정으로 행복을 느끼고 있는 사람을 찾기가 쉽지 않을 정도로 우리 사회의 집단 스트레스는 도를 넘고 있다는 생각이다.

안타깝게도 한국인의 자살률이 경제협력개발기구OECD 국가 중 가장 높은 것으로 나타났다. 2010년 기준 10만 명당 자살자 수는 31.2명에 달하고 1일 평균 42.6명꼴로 자살한다. 외환 위기 직후보다도 2배 넘게 증가한 수치다. 특히 20~30대의 사망 원인 1위가 자살이다.[4] 행복 지수 또한 다른 나라에 비해 매우 낮은 수준인데, 특히 청소년의 경우는 OECD 국가 중 최하위를 기록했다.[5]

더 이상 지금과 같은 상황이 확산되는 것을 막아야 한다. 사회적 노력도 중요하지만 그에 앞서 각자가 이런 시대 상황을 잘 파악하고 극복할 필요가 있다. 더 이상 맹목적으로 세상의 압력에 굴복하지 말고 자신의 삶과 직업에 대해 깊은 성찰의 시간을 가져야 한다. 무턱대고 자신의 자존심을 짓밟고 삶의 의욕도 느끼지 못하면서 당장 먹고 살아야 하기에 할 수 없이 일을 하고 있다면 얼마나 허망한 일이겠는가.

닫힌 조직에서
'성공'이란 무엇인가?

예전부터 많은 젊은이들이 바라는 자리는 매우 매력적인 자리들이었다. 소위 기득권층이라 불리는 바로 그 자리 말이다. 그들은 소수였고 폐쇄적으로 자신들의 권력을 향유할 수 있었다. 하지만 세상은 크게 변했고, 그 변한 세상에서 기득권층의 파워는 과거와 다르게 급격히 약화되고 있다. 그들 대부분은 과거를 회상하며 그때 그 시절을 그리워하고 있다. 하지만 아무리 발버둥 쳐도 과거로 되돌아가진 않을 것이다. 그것이 역사다.

그들이 기득권을 향유할 수 있었던 큰 이유는 바로 고급 정보의 독점에서 비롯되었다고 볼 수 있다. 그런데 더 이상 이런 정보 독점이 어려워지고 있다. 과거에는 자기들끼리만 공유하던 그들만의 정보가 점점 세상에 드러나는 일이 빈번해지고 있는 것이다. 그들의 비합리적이거나 상식을 뛰어넘는 권력 행사에 대한 저항이 곳곳에서 일어나고 있다. 과거 같았으면 거의 드러나지 않았을 사건들이 속속들이 파헤쳐지고 있음에 무척 당황해하고 있는 것이다.

만약 5·18 광주민주화운동과 같은 일이 지금 벌어진다면 그때처럼 미디어를 통제하고 대중을 속이는 일이 가능하겠는가? 지금도 우리는 정보를 독점하거나 왜곡할 수 있다는 유혹을 버리지 못하고 진실을 가려보겠다고 시도하다가 철퇴를 맞는 경우를 흔하게 볼 수 있게 되었다. 어디 이뿐인가. 검사들의 문제, 군 문제, 의료계 문제 등 사회 곳곳에서 과거에는 들을 수도, 알 수도 없었던 기득권층의 비리가 자꾸 불거져 나오는 것도 이런 사회 변화를 반증하는 것이다.

그토록 무소불위의 권력을 행사하던 자들도 지금은 마치 그라운드에서 있는 프로선수처럼 일거수일투족을 감시당하거나 또는 박수를 받는 상황이 되었다. 과거에는 어렵지 않게 정보를 왜곡하거나 차단할 수 있었기에 가능했던 은밀한 일들이 지금은 거의 불가능하다고 할 정도로 더 큰 위험을 감수해야 한다. 1인 방송국의 역할을 훌륭히 수행할 수 있는 스마트폰으로 무장한 개인들이 언제 녹음기와 카메라를 들이댈지 모를 일이다. 높은 담장 안에서 안주하며 호의호식하던 기득권층에게는 낱낱이 파헤쳐지는 세상이 오는 것을 어떻게든 막고 싶겠지만, 이 같은 추세는 점점 더 빠르고 촘촘하게 확대되어 진화하고 있다.

이런 변화를 피부로 느끼기 시작한 것은 길게 잡아도 20여 년 남짓이다. 인터넷이 발명되기 전까지는 기득권층이 권력을 독점적으로 누릴 수 있는 환경이었다. 그런 독점적 지위가 유지될 수 있었던 중요한 이유 가운데 하나는 폐쇄적인 정보 독점이 가능할 정도로 기술적 진화가 이루어지지 않았기 때문이다. 다시 말해 인류가 가진 소통 기술이라는 것이 매우 제한적이었으며 대부분은 일대일의 소통을 개선하는 수준이었다. 텔렉스나 팩스, 전화, 휴대폰 등 그 어떤 것도 인터넷과 같은 시공을 초월해 다수와 다수 간, 즉 n:n의 불규칙하고 집단적인 소통을 가능하게 해주진 못했다. 우리 삶에 지대한 영향을 끼친 매스미디어 역시도 다수를 향한 일방적 소통, 즉 1:n의 소통은 가능하였지만 인터넷과 같지는 않았다.

과거의 닫힌 조직은 자신들의 성벽을 굳게 걸어 잠그면 그 안에서 벌어지는 일을 도무지 알 길이 없었다. 그리고 조직원들 역시도 자신들의 기득권을 지키는 데는 모두가 일심동체가 되어 싸웠다. 하지만 상황이 변해서 무한대로 확장되고 있는 커뮤니케이션 기술은 이들의 성벽을 점점 허물고 있으며 결국은 통제가 불가능한 상황으로 옮겨가고 있다. 따라서 닫힌 조직은 급격하게 열리고 있으며 결국 어떤 조직도 이런 폐쇄적인 기득권을 유지하기가 힘들어지게 되었다.

닫힌 조직은 뭔가 큰일을 하기 위해서는 조직을 키워야 했다. 예를 들어 매출이 증가하고 일이 많아지면 당연히 구성원도 늘어나야 하고 조직도 커지게 된다. 따라서 이렇게 늘어나는 구성원을 통제하고 관리하기 위한 또 다른 인력이 필요하게 된다. 인력 관리, 정보시스템 운영, 감사 등등 그렇게 조직은 성장할수록 비대해지는 것이 상식이다. 그런데 과거에는 수십 명의 인원이 감당해야 할 일을, 이제는 그보다 더 많은 사람이 참여함에도 관리 인원을 거의 두지 않는 형태의 조직이 탄생하게 되었다. 이렇게 상식을 파괴하는 일이 너무나 흔하게 우리 주변에서 일어나고 있다. 내가 가진 물건을 중고 시장에 팔려면 고물상에게 싼 값에 넘기고 그것을 다시 필요로 하는 사람에게 고물상이 파는 과정을 거쳐야 했지만, 지금은 인터넷에 올려놓는 순간 필요로 하는 사람을 바로 만나 원하는 가격에 팔 수 있다. 중간 역할을 하던 고물상이 점점 사라지는 이유이다.

결국 우리가 그토록 들어가기 위해 수십 년을 노력한 닫힌 조직은 광속으로 변하는 시대 환경에 적극적으로 대처하지 못한다면 역사의 뒤안길로 사라지게 될 것이 분명하다. 붕괴는 이미 시작되었고 앞으로 그 규모는 더욱 커질 것이다. 비록 겉으로는 닫힌 조직처럼 보이지만 소통 구조는 개방되어 이른바 혁신적인 조직으로의 변신도 눈에 띄게 많아졌다. 어쨌든 닫힌 조직은 집단지성이 이끄는 열린 조직의 경쟁 상대가 되기에 역부족인 것만은 틀림없어 보인다. 예상컨대 기업이라는 조직뿐만 아니라 정부 조직, 즉 국가라는 개념도 지금과 같은 피라미드 형태를 계속 유지하기는 힘들 것이다.

닫힌 조직에
합류하려는 인재들

/

졸업을 앞둔 학생들에게 취업이라는 묵직한 압박감이 어깨를 짓누르고 있다. 대부분의 학생들은 안정된 직장이나 남들이 알아주는 기업 등 아주 제한된 자리만을 고집한다. 이들에게 취업이라는 것은 이미 어릴 때부터 귀가 따갑도록 들어왔던 몇 가지 시나리오가 전부일 수 있으며, 만약 이것이 이루어지지 않으면 삶의 목표를 잃어버리는 것 같은 상실감을 갖게 될지 모른다. 그것만이 안정된 삶을 영위할 수 있는 유일한 길이라 생각하기 때문에 대기업, 공무원, 자격시험 등을 목표로 취업 준비에 매달린다.

지금까지 너무나 많은 젊은이들이 한꺼번에 닫힌 조직에 합류하기를 바라고 있어 치열한 경쟁을 할 수밖에 없다. 일자리가 줄어들수록, 사회가 불안할수록 경쟁은 더욱 가열된다. 닫힌 조직이 좋은 인재를 선발하기 위해 쳐놓은 높은 장벽은 어찌 보면 불가피한 선택이다. 그 많은 지원자들을 소수의 인사 담당자들이 처리하기가 물리적으로 쉽지 않을 것이기 때문이다. 그렇다고 좋은 대학을 나와서 성적이 우수하고 영어도 잘하는, 흔히 말하는 엄친아들이 진정 조직이 원하는 인재들일까 하는 질문에는 많은 의문을 가지게 된다. 왜냐하면 엄청난 스펙으로 무장한 인재라 하더라도 조직이 바라는 역량을 갖추지 못하면 아무런 의미가 없기 때문인데, 그 역량이라는 것이 젊은이들이 생각하는 취업의 필터링 과정에서 요구하는 스펙은 아니라는 뜻이다. 다시 말해 스펙으로 필터링을 통과해 조직에 합류했다고 해서 그것이 조직 내에서 성공을 보장한다고 말하기 어렵다는 뜻이다.

일단 조직에 합류하면 그토록 공을 들여 포장했던 포장지는 다 구겨져 버려진다. 그렇다면 영어나 성적 그리고 좋은 대학 졸업장은 무엇에 필요한 것인가? 솔직히 영어를 잘한다고 치자. 조직 내에서 영어를 일상으로 사용하는 부서 말고 대체 그놈의 영어가 무슨 필요가 있을까? 그토록 생고생을 해서 쌓았던 성적이 실제 업무에 어떻게 활용되는가? 과연 그런 낡은 지식이 현업에 필요하기나 한가? 직장 생활을 하면서 명문대 나왔다고 이마에 붙이고 다니는 것도 아니고, 설사 붙이고 다닌다고 해도 충성심도 없고 실적이 부진하다면 과연 그 포장이 무슨 소용이란 말인가?

조직에 들어가는 것과 조직에서 성공하는 것은 전혀 다른 이야기다. 조직의 관점에서 들어오려고 안달하는 젊은이들을 보면 그들이 그토록 시간을 투자해서 쌓은 스펙이 과연 어떤 의미가 있는지 의아할 때가 많다. 솔직히 조직이 찾고 있는 인재에게 바라는 첫 번째 역량이 무엇이라 생각하는가?

취업 포털 잡코리아가 2010년 상반기 채용 계획이 있는 사원수 100명 이상 기업 255개를 대상으로 '신입 사원 선발 기준'에 대해 조사한 결과, 설문에 참여한 기업 10개 중 7개가 '지원자들의 업무 능력이나 스펙보다는 인성이나 태도에 더 비중을 두고 채용한다.'고 응답했다.

그밖에 많은 영향을 미치는 요건(복수 응답)으로는 실무 경험이 50.6%, 전공 24.7%, 첫인상 14.1%, 영어 및 외국어 실력 9.8%, 출신 학교 5.9%, 자격증 3.1% 등의 순으로 집계됐다.

한편, 이들 기업들이 가장 뽑고 싶은 신입 사원 유형으로는 고난을 잘 견디는 끈기 있고 인내심 많은 잡초형 인재가 18.4%로 가장 높았으며, 다음으로 지각 안 하고 궂은일도 묵묵하게 하는 성실형 인재가 15.3%, 다양한 아이디어를 갖춘 창의적 인재가 14.9%, 상황 대처 능력이 빠른 순발력형 인재가 12.9%, 회사를 신뢰하는 충성심 깊은 인재가 12.2%, 탁월한 커뮤니케이션 능력과 조직력 있는 인재가 11.0%, 전공 지식이 완벽한 전문가형 인재와 인턴십 경험 등 실무형 인재가 각각 5.9% 등의 순이었다.

반면, 채용을 가장 기피하는 신입 사원 유형으로는 불성실한 유형이 34.5%로 가장 높았으며, 다음으로 책임감 없는 유형이 18.0%, 자기 것만 챙기는 개인주의 유형이 10.6%, 시키는 것만 하는 수동형이 9.4%, 힘든 일은 금방 포기하는 나약한 유형이 9.0%, 인간관계가 좋지 않은 '모난 돌' 유형이 6.7%, 분위기 파악 못하는 눈치 없는 유형이 5.1% 등의 순이었다.

이 조사를 보면서 고개를 갸우뚱하는 사람들도 많이 있을 것이다. 우리가 그토록 준비하고 있는 스펙에 대해서는 어찌 이리 비중이 낮다는 것인지 이해하기 어려울 것이다. 여기서 말하는 신입 사원 유형은 일단 스펙을 통과하여 면접을 볼 수 있는 이들에게 해당되는 이야기다.

하지만 필터링 과정을 통과하지 못하면 아무런 의미가 없기 때문에 우선적으로 필터링을 통과해야만 앞에서 말한 조건들이 의미가 있게 된다. 스펙을 쌓아야 하는 이유이다. 결과적으로 스펙은 무엇보다 우선하여 중요하다는 의미가 될 수 있다. 문제는 이렇게 많은 시간을 들인 스펙이 취업 후 조직에서의 성공을 위해 과연 필요한 역량을 대변해주는 역할을 제대로 할 수 있는가 하는 점이다.

조직이 찾고 있는 인재의 첫 번째 역량은 스펙도 능력도 아닌 인성과 태도라고 조사되었는데, 이 의미를 잘 되새겨보면 그것은 조직에 대한 충성심이라고 말할 수 있을 것이다. 겉으로 어떤 기준을 들이대도 조직에 충성하겠다는 마음가짐이 없는 사람을 환영할 리 만무하다. 능력이 아무리 뛰어나더라도 인성이 아무리 좋아도 그것이 조직을 위하는 것이 아니라면 무슨 소용인가? 안타깝게도 이런 충성심은 취업 필터링 과정에서는 파악하기 힘들다. 그러므로 우리가 그토록 치열하게 치루는 취업 전쟁은 따지고 보면 조직이 원하는 핵심 인재들의 역량과는 좀 동떨어져 있다는 느낌이다. 그래서 많은 신입 사원들이 이직을 희망하고 있고, 상사들 또한 신입 사원들에게 대한 불만이 높은 것 아닌가 추측해본다.

그토록 중요하게 생각하는 영어나 학력 등의 스펙은 업무 역량이 있으리라 추정해볼 수 있는 바로미터 정도의 역할밖에는 하지 않는다. 영어 점수가 만점이라고 외국인과 인간적 교류를 성공적으로 할 수 있음을 의미하는 것은 아니다. 영어는 잘 못해도 인간성으로 그들과 관계를 깊게 만들 수 있는 사람들도 많이 있기 때문이다. 성적이 좋다고 주어진 일이 어려운 상황에 빠졌을 때 이를 극복해내는 위기 대처 능력이 있음을 보여주는 것도 아니다. 공부라는 한 분야에서 반복과 반전을 거듭하며 성취감을 얻은 이라면 다른 분야의 도전에서도 성공 가능성이 높다고 예상할 수 있기 때문에 상관관계가 전혀 없는 것은 아니지만, 오히려 위기 대처 능력은 성적과는 상관없이 역경을 이겨낸 경험자들이 더 뛰어날 수 있다. 문제는 이런 인재를 단시간 안에 찾아낼 최적의 방법을 찾지 못했다는 점이고, 인사 부서로서는 지금과 같은 방식으로 필터링된 인재들에게서 그런 역량이 있을 것이라 추정하는 정도에 만족하고 있다는 점이다. 그리고 조직이 원하는 인재는 조직 내에서 다시 육성되는 것이 일반적이다. 이때 충성심도 확인하게 된다.

어쨌든 지금의 스펙 전쟁은 조직이 진정으로 바라는 인재를 선발하는 데 매우 제한적인 바로미터 역할만을 하고 있어 엄청난 사회적 투자에 비해 비효율적임에 틀림없다. 또한 이런 과정을 어렵사리 통과해 조직의 구성원이 된 인재들도 그들이 꿈꾸던 안정된 직장이 아님을 깨닫게 되었을 때 심한 충격을 받게 되는 것 또한 사회적으로 큰 문제다. 많은 박수 속에 좋은 직장에 취직하면 세상을 다 얻은 느낌을 갖게 되겠지만, 조직에 대한 깊은 성찰이 없으면 후회나 불만 그리고 맹목적 기대에 대한 실망 등으로 이어질 확률이 높다. 최근에 중앙일보와 취업 전문 포털인 인크루트가 종업원 300명 이상 기업 1~3년차 신입 사원 492명을 설문 조사한 결과 99%가 이직을 고려하고 있는 것으로 드러났다. 회사 분위기가 입사하기 전에 막연하게 생각했던 것과는 많이 다르다는 불만이었다.[7] 직장 상사는 상사대로 의지도 약하고 주어진 일도 제대로 소화해내지 못하는 나약한 신입 사원들에게 불만이 높고, 신입 사원은 그들대로 그들이 꿈꿔왔던 직장이 아님을 깨닫고 실망하는 이런 악순환이 되풀이되고 있는 것이다.

닫힌 조직에서의 성공 조건

그렇다면 어렵게 입사 시험을 통과한 신입 사원들에게 바라는 역량은 무엇이고, 과연 어떻게 조직에서 성공할 수 있을까? 닫힌 조직의 인재는 조력형 인재들이 대부분이라고 할 수 있는데, 굳이 조력형이라고 부르는 이유는 이들의 자율권이 인사권자의 위임에 의해서만 발휘되기 때문이다. 자신의 상상력을 마음껏 발휘한다는 것도 인사권자의 위임 범위 안에서만 가능한 일이다. 따라서 얼마나 훌륭한 인사권자를 만나느냐에 따라 이들의 활동 범위는 크게 달라질 수 있다. 물론 훌륭한 인사권자를 만나도 그들에게 인정받지 못하면 아무런 소용이 없으니 인정받기 위해 노력하지 않으면 안 된다. 이런 과정에서 능력보다는 충성심에 의해 권한의 범위가 확대될 확률도 무시할 수 없다. 결국 닫힌 조직에서는 리더로부터 위임된 업무를 충실하게 수행하여 조직의 목표를 이루어내는 것이 일반적인 문화다. 따라서 의사 결정의 상당 부분을 스스로가 아닌 다른 사람에 의존하기 때문에 그에 따른 스트레스가 만만치 않다. 반대로 부하 직원에게 일을 제대로 시키는 것 또한 쉽지 않은 일이다.

만약 그들에게 조직의 정상을 향한 꿈이 있다면 그들만의 리그에서 성공하기 위한 치열한 전쟁을 치러야만 한다. 한 자리를 놓고 다투는 서바이벌 게임이다. 큰 조직일수록 정상을 향한 이들의 투쟁은 처절하기까지 하다. 확률적으로 수만 내지 수십만 분의 일을 추구한다. 그야말로 전형적인 레드오션red ocean 시장이다. 그들은 동료를 제치고 한 단계 한 단계 올라가기 위해 주어진 임무를 충실하게 완수하며 인사권자의 선택을 받아야만 한다. 이때 충성심이 요구되는 것은 당연한 일이다. 이런 충성심은 위로 올라갈수록, 주어진 역할이 클수록 더욱 중요한 변수가 된다. 따라서 리더가 신뢰하는 관리자 그리고 관리자가 신뢰하는 부하 이렇게 계층 구조가 형성되고, 이런 구조가 좀 더 끈끈해지면 파벌이라는 이름의 눈에 보이지 않는 조직을 통해 세력 싸움이 벌어지기도 한다.

닫힌 조직에서 성공하려면 이렇게 끌어주는 상사와 밀어주는 부하가 많이 존재할수록 생존 가능성이 높다고 볼 수 있다. 하지만 이런 파벌이 하나만 있는 것이 아니기에 파벌들끼리의 암투가 치열하게 벌어지는 곳 또한 닫힌 조직이다. 공기업에 사장이 바뀌면 낙하산 인사라고 시위하는 것을 본 적이 있을 것이다. 그런데 시간이 지나면 조용해지고 사장이 언제 그랬냐는 듯이 업무를 시작한다. 아마도 조직 내에서 그동안 설움을 받았던 파벌에게 새로운 기회가 만들어졌음을 의미하는 것인지도 모르겠다. 그러므로 그 사람의 능력이나 도덕성과는 상관없이 학연이나 지연 등 어떤 이유로든 충성심을 조금이라도 확인할 수 있는 것이라면 우선적으로 그런 연결 고리를 찾으려는 것이 인지상정이다.

출신 학교는 그런 인연에 아주 좋은 실마리를 제공한다. 같은 고향이라는 것도, 친구의 동생이라는 것도, 심지어는 같은 교회를 다닌다는 것도 충성심을 판단하는 데 일차적인 친밀감을 제공한다. 리더가 업무를 잘하는 사람보다 충성심이 강한 자를 찾으면 찾을수록 이런 실마리들은 매우 중요한 변수가 될 수밖에 없다. 안타깝게도 업무 능력이나 도덕성을 완전히 배제한 채 오로지 이런 친밀감으로 자리를 차지하기 위해 불철주야 노력하는 사람들도 우리 주변에는 많다. 이들은 이렇게 자리를 차지하는 것이 바로 닫힌 조직에서 승리하는 성공 방정식이라고 굳게 믿고 있는지 모른다. 따라서 구성원들이 조직의 목표나 비전을 마음에 담고 스스로 성과를 만든다기보다는 조직 내의 생존 방식에 따라 서로 경쟁하고 협력하다 보니 조직의 목표를 달성하게 되는 것이 닫힌 조직의 특징이다.

충성심이 전제된다면 그 다음은 책임감이나 원만한 대인 관계가 중요한 성공 요인이 될 것이다. 직장 동료들과 원만하게 관계를 유지하기 위해서 많은 시간을 투자한다. 경조사에 열심히 다니기도 하고 동료들과 회식을 하거나 스포츠를 함께하기도 한다. 정말이지 마음에서 우러나와 함께하는 것이라면 몰라도 정상을 차지하기 위해서 어쩔 수 없이 하는 일이라면 참 고역스러운 일이 아닐 수 없다. 하지만 정상을 향한 꿈이 있다면 이런 것을 마다해서는 결코 정상에 설 수 없을 것이다. 하지만 직장 생활 30년 동안 부지런히 줄기차게 노력해서 정상에 섰을 때 과연 그 정상이 자신의 삶에 어떤 의미로 다가올지 미리 예상해볼 필요가 있다. 높은 산 정상에 올라가 본 적이 있는가? 그렇다면 그 어려운 과정을 겪고 올라선 정상에서의 환희를 얼마나 오래 간직하였는가? 사실 정상에 서기 위해 힘든 과정을 이겨냈다면 허무함이 되돌아올 수도 있다. 등산이라는 과정 자체를 즐긴다는 것, 어렵고 힘든 산행, 정상에서의 환희, 하산 길의 여유 등을 모두 즐길 수 있어야 등산이 즐거운 것이다. 마찬가지로 하루하루 일상을 즐길 수 있을 때 성공적인 직장 생활이 될 것이다. 그렇지 않고 모든 것을 최고가 되기 위한 수단으로 여길 때 그 삶은 틀림없이 후회와 허망함에 고통을 겪을 것이다.

자신의 뜻을 마음껏 펼쳐보겠다는 생각을 가졌다면 닫힌 조직은 그다지 적절한 환경이 아닐 수 있다. 닫힌 조직은 동료들과 함께 주어진 임무를 훌륭히 수행하면서 자신의 삶의 의미를 찾는 인재들의 터전이다. 그러므로 닫힌 조직에 합류하기 전 쌓았던 스펙은 잠시 잊고 처음부터 다시 충성심으로 재무장하여 리더로부터 인정받는 조력형 인재로 거듭나야 한다. 다시 한 번 강조하지만 조직이라는 것은 여러분의 안식처이기에 앞서 자신이 맡은 기능을 완벽하게 수행해야 하는 노동의 현장이다. 그리고 그러한 일을 하는 데 있어서 여러분이 쌓아온 스펙은 아주 기본적인 것에 불과하다. 따라서 일단 닫힌 조직에 합류하기를 마음먹는다면 구성원들과 함께 조직의 비전을 실현하는 데 일조하는 조력형 인재가 되겠다고 생각하는 것이 맞다. 책임감과 성실함으로 조직에 충성하겠다고 마음먹는 일이 우선이다. 어떤 방법으로라도 들어가기만 하면 나의 판타지가 현실이 될 것이라고 착각해서는 안 된다. 만약 자신의 뜻이 그런 것이 아니라면 일찌감치 자신이 원하는 것을 향해 발걸음을 돌리는 것이 유리할 것이다. 그렇지 않으면 깊은 상처만 남긴 채 도태되거나 퇴출되고 말 것이다.

지금까지는 이런 조력형 인재가 되는 길 아니고는 별다른 선택의 여지가 없었다. 자영업을 하거나 전문가나 연예인 등 이른바 프리랜서들을 제외하면 그 어떤 조직에서도 이러한 조력형 인재가 필요했기 때문이다. 그런데 조력형 인재의 충성심은 조직 내에서 길러지는 것이므로 모든 교육제도가 첫 번째 관문 통과에 목표를 두고 있는 것이었는지 모른다. 닫힌 조직은 들어가는 것이 문제이지 들어가면 또 다른 생존법칙에 의한 서바이벌 게임을 전개해야 하는 그들만의 리그이기 때문이다. 따라서 젊은이들이 그토록 많은 시간과 공을 들인 스펙은 필터링에 쓰이는 포장지에 불과하다는 것이 참으로 안타깝다.

좀 극단적인 표현으로 닫힌 조직을 설명했지만 사실은 그 어떤 조직도 이런 전근대적인 인사 관리를 고집하며 멈춰 있지는 않다. 보다 효율적이고 투명한 성과 관리 등 다양한 방법으로 인사 관리가 진화되고 있다. 이런 인사 관리의 진화가 이루어질수록 또한 급격하게 변하는 외부 환경에 적응하는 조직일수록 파괴적 혁신을 통해 닫힌 조직을 뛰어넘어 열린 조직으로의 변화가 이루어지고 있다는 사실이다. 열린 조직이란 자신의 의사에 따라 스스로 역량을 발휘하는 주도형 인재들이 모여 팀플레이를 하는 조직이다. 혜성같이 나타난 구글Google이나 페이스북facebook 등은 열린 조직을 지향하고 있는 기업들이다. 따라서 앞으로는 충성심으로 승부하던 조력형 인재들조차도 조직에 구애받지 않고 스스로 내공을 다진 인재들과의 혈투를 벌여야 하는 시대로 가고 있음을 인식해야 한다. 이제 조직이 필요로 하는 인재는 주어진 일을 훌륭하게 처리하는 조력형 인재보다 스스로 일을 찾고 성과를 창조해내는 주도형 인재들이다. 이들은 무한한 상상력과 끊임없는 반복 수행을 통해 얻은 통찰력으로 스스로 판단하고 행동한다.

그러므로 닫힌 조직이 과연 시대적 변화에도 오래도록 안정적일 수 있는지 면밀히 따져봐야 할 것이다. 만약 미래에 대한 전망이나 닫힌 조직의 룰이 자신에게 맞지 않을 것 같다면 과감하게 다른 길을 선택하는 것이 좋다. 불필요하게 자신의 인생을 낭비할 이유는 없다. 어느 길을 가든 중요하게 생각해야 하는 것은 바로 자신의 삶을 의미 있게 즐길 수 있어야 한다는 점이다.

다시 한 번 강조하지만 지금 여러분이 그토록 애타게 원하는 조직의 상당수는 닫힌 조직일 확률이 높다. 그들은 지금 어떻게 열린 조직으로 변신할지 고민하며 생존을 위한 처절한 싸움을 하고 있는 중이다. 그런 조직이 여러분의 안정된 일터가 되리라 기대하기에는 사태가 매우 심각하다. 정부가 그토록 일자리 창출을 부르짖고 있지만 일자리가 늘어나지 않는 이유가 무엇인가. 시대 흐름에 대응하지 못하기 때문이다. 그 누구도 '되는 것을 창조'하는 데 익숙하지 않기 때문이다. 그럼에도 소수의 엘리트가 그들의 상상력으로 이 문제를 해결하려고 한다. 하지만 이제 5천만 모두가 나서 지구촌을 품에 끌어들이는 모습을 상상해야 한다. 그리고 그것을 실천할 때 비로소 우리의 미래가 열릴 것이고 여러분의 일자리가 만들어질 것이다. 이제 여러분은 이 변화에 적응해야 한다. 아니 적극적으로 앞서 나가야 한다. 그래야 모든 조직에서 환영받는 인재가 될 수 있다. 그들이 애타게 찾고 있는 인재는 비록 닫힌 조직이라 하더라도 변신을 주도해줄 주도형 인재들이기 때문이다.

닫힌 조직의
변신은 가능한가?

대부분의 닫힌 조직은 이런 급격한 변화에 당황하기 시작하였다. 그리고 어떻게 이 변화에 적응하느냐가 조직의 사활이 걸린 문제로 인식하고 있다. 앞서가는 조직은 이런 변화를 예민하게 읽고 적극적으로 대응하여 혁신하고자 노력할 것이다. 하지만 대부분의 조직, 특히 지금 그럭저럭 잘 나가는 조직은 변화에 적응하기보다는 변화를 애써 외면하고 있는 것이 현실이다. 겉으로는 교육과 제도 개선, 시스템 도입 등 변신에 최선을 다하고 있는 것 같지만 닫힌 조직의 개혁은 그다지 쉬워 보이진 않는다. 그 첫 번째 이유는 우선 자신들의 기득권을 내놓기가 쉽지 않기 때문이다. 조직의 발전을 위해 자신을 희생하는 사람이 과연 얼마나 될까. 아랫목을 따뜻하게 차지하고 있는 상황에서 이불을 걷어내고 다시 자리를 정리하자고 하면 어떤 생각이 들겠는가? 그들에게는 지금의 기득권을 포기하는 것 자체가 인생의 패배가 될 수 있기에 결코 호락호락 포기하지는 않을 것이다. 배가 가라앉은 후에 통한의 눈물을 흘리는 한이 있어도 스스로 그 안락함을 포기하고 새 배를 만드는 일에 동참한다는 것은 생각만큼 쉬운 일이 아니다. 그래서 역사는 늘 과거가 미래에 자리를 내어주는지 모른다. 기존의 문화가 변하는 것은 새롭게 창조되는 것보다 훨씬 더 어려울 수 있음을 역사는 말해주고 있다. 지금 잘나가는 조직일수록 변화에 대해 더욱 거세게 저항하게 된다. 새로운 방식의 청소년팀이 등장하고 매섭게 성장하는 것을 보고 그들이 적수가 되어 위협할 때쯤 어쩔 수 없이 변화를 선택하겠지만 그땐 이미 몰락의 길로 접어든 후일 확률이 높다.

닫힌 조직의 혁신에 가장 크게 영향을 미치는 것은 뭐니 뭐니 해도 조직의 리더다. 조직의 발전을 진지하게 고민하는 리더라면 대부분이 세상 변화에 대해 민감하게 반응하며 그에 따른 조직의 행동 변화에 대해서도 관심이 지대하다. 새벽 조찬회나 대학의 최고위 과정 등에 다니며 새로운 정보를 습득하는 데도 적극적이다. 그리고 구성원들에게도 새로운 변화에 대해 교육시키고 독려한다. 또한 컨설팅회사가 제시하는 다양한 프로그램을 실시하기도 한다. 그런데 왜 많은 기업이 변신에 성공하지 못하는 것일까? 『성공하는 기업의 8가지 습관』의 저자 짐 콜린스James, C. Collins는 최근 저서 『위대한 기업은 어디로 갔을까』에서 기업이 무너지는 단계를 설명했다. 우선 성공으로 인한 자만심이 생기고 그 다음에는 원칙 없이 더 많은 욕심을 부리며 위험과 위기 가능성을 애써 부정하고 구원을 찾아 헤매는 단계를 거쳐 유명무실해지거나 생명이 끝나는 단계를 밟으며 망하게 된다고 했다. 우리나라 기업들의 경우도 자만심과 욕심이 커지면서 위험에 대비하지 못하는 과정을 대부분 경험한다.

여기서 우리가 주목해야 할 것은 이렇듯 조직의 리더가 열정적으로 조직의 변화를 독려함에도 불구하고 왜 변화에 실패하는가이다. 조직 문화가 이런 리더의 혁신을 못 받아들일 수 있다. 또한 구성원들 개개인이 그럴 수도 있다. 하지만 가장 큰 문제는 바로 리더 스스로가 혁신에 참여하고 있지 않다는 점이다. 그토록 조직의 혁신을 주장하고 지휘하는 조직의 리더가 스스로는 전혀 변화되지 않은 생각과 행동으로 조직을 이끌고 있는 경우에 조직이 무너질 확률이 높아진다. 지나친 과욕을 부리기도 하고 이와는 반대로 현실에 안주하여 위기 가능성을 애써 부정하기도 한다. 조직에 대해서는 수많은 주문을 쏟아내지만 정작 본인 스스로는 혁신하지 않는다. 그리고 과거의 방법으로 과거의 생각으로 변화를 이끈다.

어떤 조직이 빠르고 자율적인 의사 결정을 위해 최신 경영시스템을 도입했다고 가정하자. 그런데 리더가 그것을 전혀 이해하지도 사용하지도 않으면서 구성원들에게 그것을 강요하고 독려한다면 그 시스템이 과연 제대로 운영되어 조직의 혁신에 기여할 수 있겠는가. 많은 리더들이 입으로는 자율적인 구성원이 되라고 주장하면서 자신의 말을 듣지 않는 사람을 배척한다면 과연 그것이 자율적이라고 말할 수 있을까. 위임전결규정을 아주 잘 만들어놓고도 의사결정권을 가진 구성원의 결정을 무시하고 이를 쉽게 번복해버린다면 그 다음에 과연 의사 결정이 위임될 수 있겠는가. 공정한 법 집행을 주장하면서 스스로가 법을 어기는 일을 서슴지 않는다면 과연 조직이 공정할 수 있겠는가. 닫힌 조직은 리더의 상상력과 역량을 뛰어넘을 수가 없다. 그것이 닫힌 조직의 한계다. 따라서 리더가 스스로 혁신에 성공하지 못하면 열린 조직으로의 변신은 실패할 확률이 매우 높다.

위키피디아의 창업자 중에 한 사람인 래리 생거Larry Sanger는 '최고 조직자 Chief Organizer'라는 직함으로 위키피디아 운영에 참여했는 데 초창기 자신의 권한에 대해서 '저는 영구 삭제할 권한을 가지고 있습니다.

장점이 별로 없는 글, 제 권한을 깎아내리고, 프로젝트를 훼손하려는 사람들이 올린 글이 이에 해당합니다.'라는 글을 올려 위키피디아 사용자들을 격분하게 만들었다. 그는 자신이 프로젝트에 관한 특별한 권리를 보유하고 있음을 자처하고 그런 특권이 곧 프로젝트의 성공과 직결된다고 본 것이다. 이로 인해 생거의 역할에 관한 마찰은 더욱 심화되었고, 그는 결국 2001년 말 정리해고되었다. 생거가 떠났지만 위키피디아의 성장은 멈추지 않았다.[8]

외부에서나 구성원들에게 이런 고착화된 리더가 결국 조직의 가장 큰 문제라는 것을 파악했다고 해도 그런 점을 지적하고 리더를 견제할 시스템이 갖춰져 있는 조직은 그리 많지 않다. 자신의 생사여탈권을 쥐고 있는 VIP에게 누가 감히 "우리 조직의 결정적인 문제는 바로 당신입니다."라고 이야기할 수 있겠는가. 초심으로 조직을 경영하던 리더도 성공에 도취되어 자만심을 키우게 되면 그것을 막을 방법이 별로 없다. 기업에 경우 이사회나 감사시스템 그리고 주주총회도 이런 역할을 제대로 하고 있는 것 같지 않다. 심지어는 우리 국가시스템도 권력의 성향에 의해 좌지우지되는 취약한 시스템을 벗어나지 못하고 있다. 삼권분립이라고 그럴듯하게 포장이 되어 있지만 권력의 의지대로 왜곡되고 비합리적으로 운영되고 있음은 안타까운 일이다. 변신에 성공하는 조직을 보면 새로운 리더가 지휘봉을 잡든가 아니면 리더 스스로가 뼈를 깎는 변신에 성공하는 경우이다. 하지만 지속적인 성장을 위해서는 이런 리더를 견제하는 시스템이 안정적으로 운영되어야 한다. 안타깝게도 대부분의 닫힌 조직은 이렇듯 리더의 독단적 판단에 의존하며 리더의 능력에 따라 흥망이 결정되어버린다. 이런 경우 구성원들은 영문도 모른 채 그저 주어진 일을 묵묵히 수행하다가 조직이 망해버리는 충격적인 상황을 맞이하기도 한다. 우리는 이미 수없이 많은 사례에서 이런 결과를 보아왔다. 따라서 조직이 혁신하기 위해서는 리더의 변신이 가장 큰 과업이다. 그것이 전제되지 않으면 구성원이나 조직 문화의 변신은 의미가 없다.

안정된 일자리는
세상 어디에도 없다

어렵게 기회를 잡은 인재들은 남들이 부러워하는 일자리에서 안정된 삶을 영위하고 있다고 생각하겠지만 그 직장이 자신의 삶을 책임질 수 있을지 불안해하고 있는 것이 현실이다. 또한 밖으로 잘 드러나지는 않지만 그 안에서 벌어지는 치열한 경쟁을 이겨내야 하는 고달픈 삶으로 힘들어하고 있다. 조직들도 이 변화에 적응하기 위해 안간힘을 쓰고 있다. 변화에 적응하지 못하고 쓰러진 수많은 기업들이나, 개발도상국에서 선진국으로 진입하지 못한 여러 나라들을 기억해보자. 특히 지난 산업혁명 이후 국가들의 서열이 뒤바뀌고 새로운 강국이 등장했던 과거 역사를 되돌아보자. 지금은 산업혁명보다 강도가 훨씬 큰 디지털혁명이 진행되고 있는 격변의 시대이다. 이후에 어떤 국가가 새롭게 미래의 강자로 부각될지 아무도 모른다.

확실한 것은 지금의 낡은 패러다임으로는 도저히 새로운 시대를 이겨낼 수 없다는 점이다. 그런데 우리는 새로운 배를 창조하기보다는 과거 세대로부터 물려받은 낡디낡은 배에 올라 좋은 자리를 차지하기만을 바라고 있는 것 같아 안타깝기 그지없다.

변하지 않는 진실은
세상이 변한다는 것이다

1985년 당시 28세의 혈기 왕성한 나이에 일본에서 1년 동안 연수 생활을 한 적이 있다. 해외여행이 자유화되기 이전이었기에 지금과는 비교가 되지 않을 만큼 설레던 때다. 당시 일본은 경제적으로 자신감이 충만하던 시기다. 우리와는 비교할 수가 없었다. 그 당시 전자 제품하면 전 세계가 일본 제품을 찾을 때였다. 일본을 다녀오는 여행객들은 카메라는 물론이고 당시 보통명사화됐던 워크맨(휴대용 오디오), 오디오, 텔레비전, 심지어는 전기밥솥, 전기면도기까지 하나라도 더 사가지고 오려고 난리를 쳤었다. 공항은 세관원들과 실랑이를 하는 여행객들로 늘 시끄러울 수밖에 없었다. 필자의 기억 속에 소니SONY는 세계 최고의 브랜드였다. 그토록 영원하리라 생각했던 소니가 삼성이나 LG에게 밀려나게 될 줄 누가 알았겠는가. 불과 25년 정도가 지났건만 요즘에 일본 전자 제품을 찾는 사람은 아마도 과거의 향수에서 벗어나지 못한 사람밖에는 없을 것이다.

그 당시 중국은 1979년 개혁개방 이후 경제성장을 하기 시작한 지 얼마 안 되었을 때였다. 일본에서의 한 끼 식사면 중국에서 한 달 집세를 대신할 수 있을 정도로 경제력의 격차가 심했던 때다. 그런 중국이 2010년 일본을 제치고 세계 2위의 경제 대국으로 올라섰다. 1인당 GDP가 30년 만에 20배 성장했고, 수출도 세계 1위 국가가 되었다. 외환 보유고 역시 세계 1위 국가다. 미국은 채권국인 중국의 눈치를 보는 상황이 되었다. 불과 30년 만의 일이다. 2015년이면 현 경제 규모의 두 배 정도가 될 전망이다. 우리가 중국을 두려워할 수밖에 없는 이유다.

이런 부침浮沈의 사례는 조금만 관심을 가지고 살펴보면 흔하게 찾을 수 있다. 1993년도 「포춘Fortune」 선정 글로벌 500대 기업 중에 중국 기업은 단 한 개도 없었다. 그러나 2011년에는 61개나 포함되었다. 반면에 미국은 2003년에 192개를 정점으로 계속 줄어들어 2011년에 133개가 되었다. 우리나라는 1993년 12개에서 2011년에는 14개로 늘었다. 이렇듯 국가나 조직은 계속해서 변하고 있다. 기업의 평균 수명도 1935년에 90년이었던 것이 1975년에는 30년, 그리고 2015년에는 15년으로 계속 줄어들고 있다. 1965년에 한국의 10대 기업은 현재 모두 사라진 상태다. 2006년 독일 월드컵 기간 중에는 세계 최대의 통신 회사인 AT&T가 미국 내 자그마한 지역 전화 회사인 SBC에 합병되는 일이 벌어졌다. AT&T가 어떤 회사인가? 전화기를 발명한 알렉산더

그레이엄 벨이 설립했고, 노벨상 수상자를 11명이나 배출했던 130년 역사의 AT&T였지만 자기 자산의 1/5밖에 되지 않는 회사에 인수를 당하고 만다.[9] 이런 거함巨艦의 몰락 역시도 시대 변화에 적극적으로 대응하지 못한 것이 원인 중에 하나임이 분명하다. 안정된 직장을 찾는 젊은이들에게 그런 자리는 결코 존재하지 않는다는 점을 다시 한 번 강조하고 싶다. 이 세상에 변하지 않는 진실은 그것이 오직 변화하고 있다는 사실뿐이다. 변화하지 않는 것은 암세포와 같다.

미래를 위한
재교육이 필요하다

이제는 시대를 읽고 변화해야 한다. 지속적으로 새로운 학습이 필요하다. 아마도 죽는 날까지 학습은 계속되어야 할 것이다. 학창 시절이 따로 있을 수 없다. 우리가 맞이해야 할 사회는 무한한 지식을 바탕으로 창조적인 가치가 승리하는 지식 사회요, 이 지구가 하나로 통합되는 사회다. 이런 미래를 위해 가장 중요한 것은 사고의 재무장이다. 따라서 교육 시스템이 재구축되어야 한다. 공장에서 생산되는 제품처럼 기능적 역할에 충실했던 인재들이 우리를 먹여 살렸던 향수를 과감하게 던져버려야 한다. 미래는 교육 시스템을 통해 얼마나 창조적인 인재가 육성되느냐에 따라 국가의 운명이 결정된다고 해도 과언이 아니다. 지금까지 근면 성실한 우리 선배들이 가난을 극복했다면 이제는 창의적인 인재들이 우리나라를 지식 강국으로 변모시켜야 한다. 다시 말해 미래를 위한 새로운 배를 창조할 수 있는 인재를 육성해야 한다. 과거로부터 이어진 낡은 배에 타려고 포장에 치중하는 인재는 별 쓸모가 없다.

안타깝게도 지금의 교육제도는 미래의 인재를 육성한다는 차원에서 이미 그 기능을 상실했다고 해도 과언이 아니다. 지금 학교교육이 하는 일이 무엇인가? 지식을 주입시키는 일에 대부분의 시간을 사용한다. 이미 인간이 외울 수 있는 용량의 70억 배가 넘는 정보가 인터넷에 공개되어 있다. 사실 미래 사회에서 지식이라는 것은 그다지 어렵게 얻어지는 것이 아니다. 자신이 마음만 먹으면 얼마든지 좋은 지식, 필요한 지식을 구할 수 있다. 마이크로소프트의 빌 게이츠는 얼마 전 인터뷰에서 앞으로 5년 안에 세계 최고 대학의 가장 훌륭한 강의를 안방에서 들을 수 있는 시대가 온다고 이야기하지 않던가. 이미 미국에서는 전체 학생의 10%가 홈스쿨을 하고 있으며 20%는 온라인 교육을 받는다. 세계 유수의 대학인 MIT 대학과 하버드 대학은 온라인으로 무료강좌를 개설해 운영하고 있다. 이뿐만 아니라 많은 대학들이 앞 다투어 지식을 무료로 제공하고 나서고 있는 것이다. 2020년에는 대부분의 교육이 온라인 포털에서 업데이트된 정보로 이루어지고 학교에서는 팀워크 등 커뮤니티 활동을 중심으로 학교생활이 이루어질 것으로 예상된다.[10]

그럼에도 지금의 교육 현실은 수십 년 전에 비해 크게 변하지 않은 내용으로, 세상의 변화에 둔감할 수밖에 없는 교사들이, 마음만 먹으면 무한한 지식 세계에 손쉽게 접근할 수 있는 학생들에게 권위적으로 수업을 하고 있는 것은 아닌지 모르겠다. 근엄한 표정의 교관이 레이저총으로 무장한 병사에게 창과 칼 사용법을 가르치고 있는 것과 무엇이 다른가.

성적순으로 줄을 세우고, 그 줄 앞쪽에 서 있는 학생들이 미래의 가치를 창조해낼 인재라고 착각하게 만드는 것이 지금의 교육이다. 지금의 교육제도에서 우수하다는 것은 다른 친구들보다는 지식을 조금 더 기억하고 있음을 의미한다. 그 정도 가진 사람을 미래의 인재로 인정하고 각종 학위나 자격증을 남발하고 있다. 그 줄 앞쪽에 서 있는 사람들 중에는 자신의 머리에 담은 알량한 지식이 무슨 대단한 것인 양 우쭐대기만 했지, 실제로 무한한 창조력이 필요한 일에는 역량을 발휘하지 못하는 경우도 흔하게 볼 수 있다. 그들은 어렵게 주입한 지식이 너무도 중요한 가치라고 생각하기 때문에 그런 지식이 무의미해지는 것에 대한 두려움을 느끼기도 할 것이다. 창을 잘 다루는 자가 레이저 총을 받아들이기가 쉽지 않은 것과 같다.

그러니 교사들도 학생들에게 지식을 전달하는 것 이상의 역할을 하지 않으면 그 위상은 갈수록 떨어질 것이 확실하다. 지식 전달자로서의 역할은 교사 외에도 상업적인 목적하에 훨씬 강력한 소통 능력을 가진 전문가들이 많기 때문이다. 방송이나 인터넷 그리고 학원 등이 그들이다. 이제 대학에서도 지식을 가진 교수보다 경험과 지혜를 가진 교수를 더 원하게 된다. 최근에 난타로 유명한 PMC의 송승환 대표가 성신여자대학교 융합문화예술대 학장이 된 것이나 이기태 전 삼성전자 부회장이 연세대학교 미래융합기술연구소 소장이 된 것도 이런 맥락에서 이해해야 한다. 이기태 교수가 비록 석사도 아닌 학사 출신이지만 삼성의 애니콜 신화를 창조하며 몸소 체험한 자신만의 풍부한 경험이 박사학위로는 도저히 얻을 수 없는 가치임을 학교가 높이 사준 경우이다.

변화를 읽는 자만이
미래를 얻을 수 있다

　　　　　　변화를 읽고 그에 대비하는 자만이 미래를 가질 자격이 있다. 세상이 늦게 움직이고 또한 내 생각과 다르다고 해서 비관하거나 좌절할 이유는 없다. 역사는 단 한순간도 우리 모두에게 만족한 환경을 제공했던 적은 없다. 전쟁이 멈춘 적도 없었고 변화 때문에 울고 웃는 사람들이 존재하는 것도 늘 있었던 일이다. 그러므로 우리 젊은이들은 비록 이 사회가 아직 과거의 틀에서 벗어나지 못했다 하더라도, 또한 불만족스러운 것이 하늘만큼 크더라도 그러한 세태를 비관하지 말고 자신의 미래를 스스로 찾아야 한다. 기존의 질서를 유지하는 기득권자들은 늘 변화를 꺼리기 마련이다. 그러므로 그들이 변화하길 기대해서는 안 된다. 오히려 그렇기 때문에 또 다른 기회를 그들이 아닌 우리가 가질 수 있다. 누가 뭐라고 해도 자신의 인생을 대신 살아

줄 사람은 이 세상에 아무도 없다. 부모님도, 사랑하는 아내도 자신의 인생을 대신 살아주지 않는다. 이 사회가 어떤 상황에 있더라도 결국 나의 인생을 위한 배경일 뿐, 내가 어떻게 사느냐는 전적으로 나의 문제임을 잊지 말아야 한다. 남들이 뭐라 하든지 내 인생의 주인공은 오직 자신뿐임을 명심하자. 유행에 휩쓸리고 사회적 편견에 자신을 매몰시키는 어리석은 자가 되지 말자.

미래는
변화를 읽는 자의 것이다

/

우수한 성적으로 안정된 직장에 들어가는 것이 목표인 요즘 젊은이들의 생각은 10년이 지난 후에는 완전히 달라져 있을 것이다. 안정된 직장에 합류하여 그저 이끌리는 대로 10년을 살았다면 그들은 치열한 야생을 경험한 친구들에 비해 훨씬 나약해져 있음을 발견하게 될 것이고, 새로운 배들이 돌아다니는 세상에서 낡은 배에 안주하고 있었음을 후회하게 될 것이다. 그런 상황이 끝이 아니라 다시 반세기 이상 남은 인생을 멋지게 살아야 한다면 여러분은 지금 어떤 삶을 선택하겠는가? 동물원의 안정인가? 아니면 야생의 치열한 자유인가?

이 책을 통해 광속으로 변하는 세상에서 일어나는 여러 현상들을 경험하게 될 것이다. 그와 더불어 변화된 세상에서 자신만의 삶을 개척해나가는 많은 사람들을 만나게 될 것이다. 여러분도 그들처럼 자신의 인생을 멋지게 설계할 수 있기를 바란다. 지금 여러분을 주눅 들게 만드는 포장에 대한 공포를 벗어던져라. 이른바 엄친아(엄마 친구의 아들)들 중에는 남들이 부러워하는 만큼 행복하지 않은 사람이 많다는 사실과 화려한 포장에 목숨 거는 자들이 결국 그 포장 때문에 허망한 삶을 살 확률도 매우 높다는 것도 알아야 한다. 이런 사회적 협박에 자신을 지키고 이겨내라. 그것이 바로 단 한 번밖에 없는 나의 인생을 나답게 사는 길이다. 무엇을 하든, 어디에 있든, 누구랑 있든 그 모든 것이 바로 내가 주인공인 스토리의 출연자요 배경일 뿐, 그 이상도 이하도 아니다. 많은 변화를 눈여겨보고 다른 이의 이야기에 빠져보자. 그리고 어떻게 이런 삶을 만들어갈 수 있을지 그 방법을 함께 고민해보자.

2

당신만의 스토리로
승부하라

: 스토리|Story

자신이 진정 바라는 것이 무엇인지 알게 된다면 그
것만으로도 여러분은 흥분되는 삶을 시작하게 된
다. 이제 우리 모두가 이렇게 심금을 울리는 휴먼
다큐멘터리의 주인공으로 거듭 태어나야 한다. 그
과정에 누구도 개입하지 않는다. 그러므로 최상의
스토리를 만들어 최고의 감동을 스스로에게 안겨
주면 된다. 스스로가 감동한 스토리는 바로 많은
사람의 공감을 이끌어 낼 것이 분명하다.

• • •

만약 당신의 삶을 화려한 이야기로 만들고 싶다면,
당신 자신이 작가이며 날마다
새로운 페이지를 쓸 기회가 있음을
깨닫는 것으로 시작하라.

— 마크 홀라한 Mark Houlahan

스마트 혁명,
스토리를 구축하라

1998년부터 약 10여 년 남짓 동안의 세월이 우리 사회에 가져다준 충격은 매우 큰 것이었다. 일상생활의 변화는 물론이고 기업의 생산성이나 경영에 있어서도 많은 변화가 있었다. 또한 새로운 환경에서 자란 벤처 기업들의 성장 또한 과거에는 상상할 수 없는 사건임에 틀림없다. 그런데 이런 변화는 2008년 세계적인 금융위기 전후에 다시 시작되었다. 우리나라는 안타깝게도 1998년 세계 최고 수준의 초고속 인터넷 서비스를 보급했을 때와는 달리 세계적인 변화에 한발 늦게 합류하게 되는 일이 발생했다. 그것은 바로 애플의 스티브 잡스가 주도한 아이폰이 기폭제가 된 모바일 시대다.

스마트폰,
삶을 새롭게 규정하다

2009년 11월 28일, 애플의 아이폰이 국내에 출시되는 역사적인 일이 벌어졌다. 오래도록 출시가 지연되어 고객들의 애간장을 태우던 아이폰은 출시된 지 불과 40일 만에 20만 대가 팔려나갔다. 당시 아이폰 출시로 무선 데이터 사용량이 폭발적으로 늘어났는데, KT의 조사에 따르면 아이폰 출시 이후였던 2009년 12월과 2010년 1월까지 두 달간 데이터 사용량은 월평균 5,086MB였는데 반해, 2009년 1월부터 11월까지 11개월간의 데이터 사용량은 월평균 41MB에 지나지 않아 데이터 사용량이 거의 122.4배 이상 증가한 것으로 나타났다.

이와 같은 현상은 우리나라 휴대폰 사용자들의 데이터에 관한 욕구가 이전까지 억제되었었다는 점을 반증한다. 여러 가지 이유가 있겠지만 가장 큰 이유는 역시 데이터 요금이었다. 과거 초고속 인터넷 서비스의 경우도 월 3만 원의 정액제 서비스 출시 이후 사용자가 급등했던 점을 감안해본다면 KT가 정액제와 거의 같은 요금제를 내놓기 전에는 요금을 감당하기 어려워 데이터 사용을 자제해왔던 것이다. 이미 2007년 7월에 20여 개국에 동시 발매되었던 제품이 무려 2년이 넘도록 국내에 출시되지 못한 이유는 바로 휴대폰 시장을 장악하고 있는 통신 사업자들의 기득권 유지 때문이었다.

산업적 측면에서 볼 때 세계 최고의 인터넷 강국이라는 자부심을 감안한다면 그 여세를 몰아 모바일 강국으로도 발 빠르게 전환이 가능했을 수도 있었지만, 안타깝게도 그 시작이 다른 나라보다 뒤처지고 말았다. 그들은 뛰면서 일하고 소통하는데 우리는 앉아서 뒤따라가는 것과 같았다. 그들은 새로운 세상을 선점하고 있었음에도 우리는 이 패러다임이 무엇인지조차 제대로 파악하지 못하는 실정이었다. 아마도 그 당시 KT가 중대한 결단을 내리지 않았다면 우리의 미래 따라잡기는 아직 시작도 못 하고 있을지 모른다. 역시 1위는 스스로 혁신을 주도하기가 어려운 모양이다.

이전에 나온 휴대폰 중에도 모바일 기기로서의 기능을 하는, 예를 들어 인터넷 접속이 가능하다거나 업무 처리가 가능한 제품들이 있었지만, 이용할 만한 콘텐츠가 그리 많지 않았고 사용법도 불편한 게 사실이다. 그러나 아이폰은 패러다임을 한 단계 뛰어넘어 그야말로 내 손 안에 컴퓨터를 가져다놓은 듯 쉽게 수십만 가지의 다양한 응용프로그램, 즉 앱[1]을 활용할 수 있게 만들었다. 무엇보다 손쉽게 이용할 수 있는 사용자 환경을 제공했다. 이미 수많은 스마트폰이 출시되고 있지만 대부분이 아이폰을 닮은 제품들인 것을 보면 스티브 잡스가 분명한 시대를 여는 기폭제 같은 제품을 창조한 것은 틀림없다.

스마트폰의 기능은 이루 헤아릴 수 없이 많다. 그리고 그것들의 역할은 컴퓨터에서 사용되는 소프트웨어처럼 무궁무진하다. 이미 앱스토어_{App Store}에는 수십만 가지의 앱이 사용자를 기다리고 있으며 하루에도 수십 수백 개의 앱이 끊임없이 개발되어 올라오고 있다. 이메일을 검색할 수 있는 앱이나 소셜 미디어를 지원하는 앱뿐만 아니라 녹음, 지도, 사전, 카메라, 교육 콘텐츠, 게임, 메모, 스케줄 관리, 인터넷 전화, 비디오 촬영 및 플레이, 내비게이션, 계산기 등의 기능을 하는 앱들을 손으로 다 꼽을 수도 없다. 물론 각 기업체나 조직에서 제공하는 특수한 기능을 하는 앱도 많이 있다.

아이폰 열풍이 불어닥치자 새로운 변화에 안일하게 대처했던 기업들은 초비상이 걸렸다. 스마트폰 전쟁이 더 이상 하드웨어가 아니라 소프트웨어라는 점을 인식하게 되면서 앱 개발자들을 모집하고, 앱 개발 회사들에게 선금을 줘가며 개발을 독려하고, 앱스토어를 앞 다투어 오픈하기 시작했다. 삼성도 예외는 아니어서 상당한 위기의식을 느끼고 소프트웨어에 주력하는 모습을 보였다. 이후 삼성은 짧은 시간에 놀라울 정도로 빠르게 변신하며 갤럭시S 시리즈를 출시하였다. 지금도 전 세계에 걸쳐 진행되고 있는 삼성과 애플의 소송전을 보더라도 삼성이 애플에게 얼마나 위협적인 존재로 성장했는지 알 수 있다. 스마트폰 시장에서의 소리 없는 전쟁은 앞으로도 계속되리라 생각된다.

스마트 라이프,
새로운 인재가 필요하다

/

이미 국내 스마트폰 가입자는 스마트폰이 처음 도입 된 2009년 말 81만 명에서 시작해 2010년 12월 720만 명을 넘어섰고, 2011년 10월 스마트폰 가입 2,000만 명 시대를 열었다. 초고속 인터넷 서비스가 4년 만에 천만 회선을 달성한 데 비해 스마트폰 가입자는 2년도 채 안 되어 2,000만 명을 넘어선 것을 보면 스마트시대로의 진입이 얼마나 빠른 속도로 이루어지고 있는지 실감할 수 있을 것이다.[2] 아마도 3년쯤 뒤면 우리의 라이프스타일은 인터넷 세상에서 모바일 세상으로 대세가 넘어가 있을 것이다. 그리고 스마트폰으로 대변되는 '스마트 라이프Smart Life', '스마트 웍스Smart Works'와 같은 용어에 익숙해질 것이다. 세계적으로도 스마트폰의 보급이 예상을 훨씬 뛰어넘는 빠른 성장을 하고 있는데 시장 조사업체인 IDC는 2009년 초만 해도 2010년 스마트폰 시장 규모를 1억 9,145만 대 정도로 전망했지만 그 예상치를 대폭 수정하여 실제 판매 규모는 2억 2,677만 대 정도가 될 것으로 예상하고 있다고 한다.

여기서 우리는 스마트폰의 보급이 주는 시대적 변화를 읽어야 한다. 그것은 지금까지 우리 삶의 변화를 주도했던 인터넷이 이제는 스마트폰으로 대변되는 모바일 시대로 빠르게 진입하고 있고 이 변화 속에 우리의 라이프스타일은 또 다시 일대 변혁이 이루어지리라는 점이다. 지금까지 컴퓨터 앞에 앉아서 인터넷 서비스를 즐기던 것이 이제는 손 안에 컴퓨터, 즉 스마트폰으로 인터넷을 즐기는 그야말로 'Anywhere, Anytime'이 가능한 세상이 되고 있음을 의미한다. PC의 보급이 10억 대 정도였다면 모바일 기기는 100억 대 이상이 될 것이라고 하는데 이는 사람을 스마트하게 만드는 것뿐만 아니라 기계들도 스마트하게 해준다는 의미이다. 스마트폰은 일종의 모바일 통신이 가능한 컴퓨터이다. 초창기 PC가 10MB 하드디스크를 장착해도 무척 대단한 일이었는데 지금의 아이폰은 무려 64GB의 하드디스크를 탑재하고 있으니 가히 혁명적이지 않는가! 이런 스마트한 소형의 컴퓨터가 냉장고에 장착되면 냉장고가 스마트해지고 자동차에 탑재되면 자동차가 스마트해진다. 그 어떤 기계도 과거처럼 제한된 기능을 수행하는 데 만족하지 않고 스마트한 기능을 탑재하여 무선통신을 통해 기능을 무한히 확장할 수 있는 가능성이 열리게 된 것이다.

이미 스마트폰으로 이메일을 검색해보거나 회사 앱을 통해 업무를 처리하는 모습은 일상이 되어버렸다. 언제 어디서든 모르는 것이 있으면 물어볼 수 있고, 처리해야 할 일이 있으면 처리할 수 있고, 대화하고 싶으면 대화할 수 있고, 공부하고 싶으면 공부할 수 있고, 즐기고 싶으면 즐길 수 있는 세상이 된 것이다. 따라서 정시에 출근하고 정시에 퇴근해야 하는 상식은 파괴될 것이며 회사에 출근하지 않으면 일을 안 하는 것이라는 상식도 파괴될 것이다. 일단 출근을 해서 상사의 승인을 받아 외출을 하는 광경도 박물관의 기록으로 찾아볼 수 있는 일이 될 것이다. 회사 직원들이 한 사무실에 한 자리씩 차지해야 한다는 개념도 점점 희박해지고 말 것이다. 일하는 장소가 멋진 바다가 보이는 카페든, 눈 떠서 바로 컴퓨터 앞에 앉을 수 있는 집이든, 멀리 미국에 있는 사무실이든 무슨 상관인가. 미래에는 시간과 공간을 초월하여 광범위하게 인재를 구하고 그 인재들과 함께 일을 할 수 있는 이런 조직이 경쟁력을 갖게 될 것이라 생각하지 않는가.

이제 한자리에 모여 얼굴을 맞대는 일은 갈수록 줄어들겠지만 함께하는 시간은 더욱 늘어날 것이다. 거의 실시간으로 축구를 하듯 서로가 서로를 파악하면서 업무를 수행할 수 있는 시스템이 가능하기 때문에 굳이 함께 모여 업무 진행 상황을 공유하고 논의할 필요가 줄어드는 것이다. 업무가 발생하는 순간에 관련자들과 공유하여 서로의 의견을 구하고 필요하면 의사 결정까지 가능한 형태로 진행될 것이기 때문이다. 따라서 수많은 회의를 위해 사용했던 시간을 여가를 위해 사용하거나 다른 일을 하는 데 사용할 수 있게 될 것이다. 스마트폰으로 인해 근로 시간이 1시간 이상 줄어들 것이란 보고도 있다.

여러분은 이런 미래를 어떻게 준비하고 있는가? 이런 변화를 예측하고 준비하고 있는가? 미래의 조직은 스스로 판단하고 자율적으로 업무를 처리해야 한다. 통찰력과 경험에 의한 역량이 더욱 필요하게 된다는 의미이다. 직장에 들어가기만 하면 '누군가 알아서 이끌어 주겠지.' 라는 안이한 생각을 하고 있다면 큰 오산이다. 지금 안정된 직장이라는 곳들은 발 빠르게 혁신하지 않으면 도태되고 사라지게 된다는 긴장감으로 하루하루 피 말리는 전쟁을 치루고 있다. 그들에게 필요한 것은 멋진 포장에 휩싸인 채 지시하는 일에 충실한 조력형 인재가 아니라 스스로 업무를 찾아나서는 주도형 인재들이다. 과연 여러분은 스스로 일을 찾아 나설 준비가 되어 있는가? 또한 그 일을 누구보다도 잘할 수 있는 지혜와 경험 그리고 역량을 갖추고 있다고 생각하는가?

스토리는
껍데기가 아닌 콘텐츠다

언제부터인가 우리 사회는 과대 포장된 사람들의 각축장이 되어버린 느낌이다. 성장 과정에서 가족이나 학교 혹은 사회가 성숙한 인간이 되도록 교육하고 자신만의 삶을 멋지게 살아갈 수 있도록 도와주는 것이 아니라, 내면과는 상관없이 얼마나 보기 좋게 만드느냐에 온 신경을 쓰도록 조장하는 것처럼 보인다. 물론 예쁘고 고급스러운 포장을 마다할 이유는 없다. 하지만 그것이 내면과 조화를 이루지 못할 때 오히려 역효과가 난다는 것은 우리 모두가 너무나 잘 아는 사실이다.

사라지고 줄어드는 일자리를 붙잡기 위해서는 어쩔 수 없이 과대 포장을 해야 한다는 푸념 섞인 젊은이들의 주장이 틀린 말은 아니다. 그들이 보기에 '88만 원 세대'의 굴레를 벗어날 수 있는 유일한 길은 안정된 직장(물론 이런 직장이 결코 안정적이지 않다는 것이 내 주장이지만)에 들어가는 것뿐이기 때문이다. 그래서 젊은이들 거의 대부분이 비슷한 삶의 목표를 가지고 안정된 일자리를 찾는 데 모든 것을 걸고 있다. 부모들도 아이들이 유치원도 들어가기 전부터 이런 목표를 위해 준비해야 한다는 강박관념에 시달린다. 그래서 그들은 미래를 볼 수 없다. 그저 닥친 일에 끌려갈 뿐이다. 마치 앞만 보고 달리는 경주마들처럼 우리 사회는 뭔가에 홀려 맹목적으로 그냥 마구 달리고 있는 듯하다.

당신의 스펙은
포장에 불과하다

경쟁이 치열할수록 포장 기술은 더욱 정교하고 화려해진다. 하지만 갖은 스펙으로 치장한 취업 준비생들이 어렵게 취업에 성공하는 순간부터 그토록 시간과 돈을 들여 꾸몄던 포장은 휴지통으로 들어가버리고 만다. 취업이 확정되고 나면 나름의 조직 문화에 따라 그들만의 룰에 의한 경쟁을 시작하게 되는 것이다. 대부분의 조직에서 구성원은 다음과 같은 역량을 요구받게 되는데, 첫 번째는 무엇보다 조직을 위한 충성심이고, 두 번째는 급변하는 상황에 능동적으로 대처할 수 있는 능력 그리고 기본적으로 주어진 업무를 충실하게 해결할 수 있는 역량

등이다. 경우에 따라서는 그토록 중요하게 준비했던 영어는 단 한 번도 사용하지 않고 쓸모없는 능력이 될 수도 있다. 어렵게 쌓아올린 학교 성적표를 앞세운 우수한 인재도 조직에 충성심이 없다면 아마도 오래가지 않아 조직이 그를 거부할 것이다. 화려한 포장은 앞서 조직이 요구하는 역량을 남보다 잘 갖추었다고 추정이 가능할 뿐 실제로 그 역량을 확인해주지는 못한다.

그럼에도 우리들은 이런 조직에서 수행되는 실제 게임의 법칙에 대해서는 그다지 관심이 없다. 그저 인사 담당자들이 내놓는 스펙에 맞추기 위해 무조건적으로 노력하고 있을 뿐이다. 비단 당사자뿐만 아니라 가족이나 학교조차도 일단 조직에 합류하는 것에 목표를 두고 있을 뿐 그 이후의 치열한 생존 경쟁은 당사자들 몫으로 넘기고 만다.

번쩍번쩍한 대형차나 화려한 사무실 그리고 스펙을 맹신하는 어리석은 사람들이 많으면 많을수록 우리는 엄청난 시간과 돈을 포장에 쏟아붓게 된다. 주위를 보면 이런 포장에 속아 힘들어하는 사람을 많이 만나게 된다. 설레는 마음으로 배우자를 선택했지만 과대 포장으로 부실한 내면을 감춘 사람임이 밝혀져 고통 받는 사람을 만나는 것이나, 스펙은 우수하나 직장 내에서 좋은 평판을 듣지 못하고 변방으로 떠도는 사람을 만나는 것도 그리 어려운 일이 아니다.

스마트 사회는
역량 중심의 사회다

/

세상은 광속으로 변화하고 있어 지금까지 우리 사회를 지배해왔던 산업사회 패러다임으로는 더 이상 미래의 흐름을 주도하기 어렵다. 따라서 우리가 그토록 몸담고 싶어 하는 조직들도 변하는 세상에 적응하기위해 안간힘을 쓰고 있다. 새로운 조직은 우리 교육제도가 만들어내는 현란한 포장 기술로 자신을 감싼 그런 인재들이 이끄는 조직이 아니다. 새로운 조직은 집단지성이 이끌어낸 가치를 추구하는 조직이다. 그래서 리더의 상상력에 의존하는 기존 조직과는 구분이 된다. 집단지성이 가능해진 미래 사회는 촘촘하게 얽히고 설킨 네트워크를 활용하여 지구촌 전체가 거리와 시간의 제약을 뛰어넘어 급속히 가까워지는 사회다. 한마디로 광장에 지구촌 사람들이 모두 모여 있는 듯한 사회다. 이런 모습의 미래 사회를 스마트시대라고 불러도 좋을 것이다. 이런 스마트시대는 포장이 아닌 진정한 역량으로 승부해야 하는 세상이다. 앞으로 충분히 설명하겠지만 이런 변화를 읽지 못하고 포장에 목숨 걸고있는 젊은이들이나 우리 사회를 보면 마치 이미 용도가 다한 껍데기들의 광란을 보고 있는 것 같아 안타깝다.

우리나라의 대졸자가 취업준비를 위해 스펙관리에 투자하는 비용이 4,269만 원이라고 한다. 게다가 대졸 신입사원이 최소 생활비를 제외하고 스펙비용을 벌기 위해서는 평균 5.6년은 들여야 한다고 한다. 이게 정상적인 상황인지 의문이다. 만약에 여러분들이 이런 우리 사회에 문제가 있다고 생각한다면, 또한 이런 과대 포장이 더 이상 통용되지 않는 세상이 오고 있다고 어렴풋이나마 느끼고 있다면 잠시 모든 것을 내려놓고 차분하게 정리할 필요가 있다. 분명히 말하지만 세상은 단 한 번도 멈춰 있던 적이 없으며 늘 새로운 것이 낡은 것을 대체해왔다. 그러므로 지금까지 인류가 살아온 방식이 미래를 주도할 것이라고 믿는 일은 없어야 한다. 차분하게 새로운 패러다임을 깊이 이해하고 학습하여 과연 내가 어느 방향으로 가야 할지에 대해 깊이 성찰해야 할 때다.

가슴 뜨거운 순간이
진짜 인생이다

한 편의 영화를 만든다고 할 때 가장 중요한 것은 그 영화의 제작 동기이다. 설레는 마음으로 사랑하는 사람을 만나러 갈 때와 아픈 몸을 이끌고 병원에 갈 때 그리고 혹시라도 죄를 짓고 조사를 받으러 갈 때 발걸음이 서로 다르듯 영화의 제작 동기에 따라 모든 것이 달라진다. 인생도 마찬가지다. 원대한 뜻을 품고 세상에 기여하겠다고 마음먹은 자와 그저 하루하루 닥치는 대로 살겠다고 생각하는 사람의 삶이 결코 같을 수는 없다. 그러므로 어릴 때부터 큰 꿈을 가지는 것이 매우 중요하다. 아마도 많은 사람들에게 꿈이라는 것이 그리 강렬하게 와닿지 않을지 모른다. 하지만 좀 더 일찍 자신의 꿈과 희망에 대해 귀 기울이고 용기를 내서 도전하는 삶을 이어간다면 언젠가는 그 꿈을 향해 열심히 달리고 있는 자신을 발견하게 될 것이다.

내 인생 최고의
가슴 뜨거웠던 순간

이런 꿈을 어떻게 찾을 수 있을까. 솔직히 필자도 구체적으로 내 꿈이 뭐라고 정해놓고 살지는 못했다. 다만 늘 내가 하고 싶은 것을 하려고 노력한 것만은 사실이다. 누가 시켜서 하는 일에 대한 기억이 별로 없다. 그 결과가 어떻든 내가 선택한 일을 하며 살아왔다. 지금 돌이켜봐도 참으로 다행스러운 삶이었다고 생각한다. 물론 그 과정에서 남들보다 훨씬 좋거나 어려운 경제적 상황에 처하기도 했고 여러 가지 곡절이 있었지만 그 여정 모두가 내가 선택한 일이었기에 누구를 원망할 수도 없었다. 오히려 그 흔적들 모두가 삶 속에 그대로 쌓여 나를 만들어가고 있다. 늘 자신이 선택하고 있다고 생각하며 살아왔지만 그 가운데서도 머리가 원하는 것과 가슴이 원하는 것이 다를 수도 있음을 알았다. 머리로는 돈을 벌어야 한다고 하지만 가슴으로는 그렇지 않았다. 한때는 수백억대 부자라는 소리도 들어봤고, 다른 이에게 주목받는 CEO가 되기도 했지만 결국 내 가슴이 뜨거워지는 순간은 돈을 벌었을 때가 아니었다. 물론 그런 관심사가 일시적으로 변하기도 한다. 하지만 오랜 시간 지속적으로 나의 관심을 붙잡는 것은 다름 아닌 강연과 글쓰기였다. 그리고 새로운 세상을 만드는 일에 나서는 것이 내 삶의 의미인 것 같다. 겉으로는 돈을 벌고 있는 듯 보이지만 실제로는 내 관심사에 더 집중하고 있었던 것이다. 사실 주변을 살펴보면 이런 사람들을 심심치 않게 발견할 수 있다. 고교 시절 휴식 시간에 자신이 직접 만든 예상 문제를 반 학생들에게 돌리며 영어 가르치는 일에 푹 빠져 있던 학생이 있었는데, 그는 현재 아주 유명한 어학원 원장이다. 지금도 강남, 분당 등 곳곳에서 그 어학원의 버스를 볼 수 있을 정도로 크게 성공을 하였다. 자신이 하고 싶은 일을 꾸준히 하며 얻은 결과이니 얼마나 행복하겠는가.

고교시절 밴드활동을 함께했던 친구가 있었다. 그는 졸업 후 군대에 가서 신병 때 사격훈련을 받는 데 단 한 발도 명중되지 않아 수 없이 얼차려를 받던 그 친구는 용기를 내어 총을 바꿔 달라고 했다. 실력도 없는 놈이 연장 탓한다고 더욱 혼이 났지만 그는 뒤로 물러서지 않았다. 그렇게 기어코 총을 바꿔들은 그 녀석은 결국 마지막으로 기회를 얻어 20발 모두를 명중시키고 말았다. 결과를 못미더워 한 조교가 다시 쏘라고 한 20발이 또 다시 다 명중을 하고, 그 이후 또 20발을 더 쏜 것이 다 명중해 도합 60발이 명중한 그 친구는 이후 사격선수로 발탁이 되어 인생이 바뀌고 만다. 만약 그때 총을 바꿔달라는 용기가 없었다면 지금 그 친구의 삶은 전혀 다른 방향으로 흘러갔을 수도 있을 것이다. 하지만 얼차려를 받으면서도 훈련병으로서는 감히 말하기 어려운 요구를 해 얻은 기회가 결국 자신의 짜릿한 엘리먼트를 발견하는 순간이 된 것을 보면 지금 생각해도 얼마나 기특한지 모르겠다. 그는 군 생활 동안 늘 사격연습을 하며 지낸 끝에 각종 대회에 출전하게 되었고, 결국 국가대표 선수 및 감독까지도 하게 되었다.

우리나라 최고의 프로골퍼인 최경주 선수도 고향인 완도에서 고교에 입학해 골프가 뭔지도 모르고 골프부에 들어갔다가 처음 친 공이 멋지게 하늘을 날아갔던 그 흥분을 세계적인 프로가 된 지금도 잊지 않고 있다고 한다. 짜릿한 첫 경험을 시작으로 꾸준한 연습을 통해 세계 최고의 선수가 된 그의 삶 역시 너무나 부러운 삶이 아니겠는가.

나를 관찰할 때, 나를 발견할 수 있다

자신의 관심사를 유심히 살피며 소비한 시간을 파악하면 자신이 진정으로 꿈꾸는 삶이 무엇인지를 가늠할 수 있다. 어떤 경우에는 자신의 꿈을 향해 삶을 개척해가는 것이 아니라 주어진 일을 반복하면서 익숙해지는 과정을 통해 꿈이 만들어지기도 한다. 처음에는 힘들고 귀찮고 어렵지만 꾸준하게 반복하는 가운데 반전이 일어나고 그동안 느끼지 못했던 희열을 맛보게 되고 그러면서 또 다른 도전을 하고 이런 반복을 통해 꿈이 만들어지고 또 그것을 실현해가는 것이다.

자신이 진정으로 바라는 것이 무엇인지 알게 된다면 그것만으로도 여러분은 흥분되는 삶을 시작하게 된다. 사실 많은 사람들은 그런 것도 모른 채 그저 사회가 요구하는 대로 이끌려 살아간다. 어떻게 사는 것이 진정한 행복인지도 어떤 행위가 나의 자존감을 확인시켜주는 일인지도 잘 모른다. 그저 생활비를 벌어야 하고 아이들을 키워야 하고 남들 하는 만큼 뭔가를 해야 되는 줄 안다. 진정한 기쁨을 모르기에 쾌락을 추구하기도 한다.

하지만 그 상황을 조금만 달리 해석할 수 있어도 완전히 다른 삶을 살 수 있다. 다시 말해 주어진 환경이나 과업을 어떻게 받아들이느냐에 따라 자신을 노예같이 만들 수도 있고 주인처럼 행세할 수도 있다. 군 입대를 앞두고 필자도 어쩔 수 없는 선택에 대해 나름대로 해석을 했던 기억이 난다. '군대는 이 사회의 구성원 중에 일부가 모여 있는 곳으로 외계인들이 사는 곳이 아니다. 따라서 이 작은 사회에서의 성공은 진짜 사회생활에 큰 도움이 될 것이다.' 이런 나의 군대에 대한 해석은 주효했다. 전차부대에서 전차병으로 근무를 했었는데, 사실 편하거나 좋은 환경의 부대는 아니었다. 하지만 지상의 왕자 탱크를 조종할 수 있다는 것은 어찌 보면 또 다른 행운이기도 했다. 군대생활을 하면서 여대생들의 위문을 두 번이나 주선하여 사기 충전에 도움을 주며 색다른 추억을 만들기도 했고 전차라는 괴물의 매력에 푹 빠지기도 했다. 만약 내가 '지지리도 운이 없어 남들 다 가는 편한 부대 놔두고 그렇게 힘들다는 전차부대에 와서 기름때 묻히며 조종을 하게 되다니.' 라고 생각했다면 나의 군대 생활은 무척 힘들었을 것이다. 하지만 그 반대로 생각하고 군대 생활을 한 결과 나는 누구도 갖지 못한 멋진 추억을 만들 수 있었다. 지금도 난 전차병이었음을 자랑스럽게 생각한다.

당신의 영혼에
투자하라

영화의 재미와 감동은 결코 제작비와 같은 물질적 조건에 의해 좌우되는 것이 아니라는 점을 기억하자. 우리는 계속 이런 착각 속에 빠져 있다. 그래서 많이 투자하면 좋은 작품이 나온다고 생각한다. 진정으로 많이 투자해야 할 것은 영혼이다. 혼을 바칠 때 좋은 작품이 만들어진다. 그러므로 제작자의 제작 동기와 그 작품에 임하는 마음가짐이 무엇보다 중요하며 이것이 완성도에 가장 큰 영향을 미치는 변수다. 영화 『워낭소리』가 관객과 공감할 수 있었던 이유는 제작비나 화려한 출연진 때문이 아니었다. 그 영화는 사람의 마음을 울렸다. 드러나 보이지는 않지만 감독이 몇 년에 걸쳐 영혼을 바쳤음을 미루어 짐작할 수 있을 것이다. 이제 우리 모두가 이렇게 심금을 울리는 휴먼다큐멘터리의 주인공으로 거듭 태어나야 한다. 그 과정에 누구도 개입하지 않는다. 그러므로 최상의 스토리를 만들어 최고의 감동을 스스로에게 안겨주면 된다. 스스로가 감동한 스토리는 많은 사람의 공감을 이끌어낼 것이 분명하다.

삶의 모든 것이
스토리의 소재다

멋진 주인공이 되기 위해서는 주어진 무대, 즉 환경을 창조적으로 해석할 필요가 있다. 대체로 스토리는 위기나 갈등이 있어야 재미있다. 어려운 가정환경이나 어릴 적에 경험한 엄청난 시련 등은 어찌 보면 드러내기 싫은 과거라고 생각할 수 있다. 하지만 그것은 스토리 측면에서는 더할 나위 없이 좋은 소재다. 따라서 과거에 큰 성취감을 주었던 사건이나 크게 실패했던 일 그리고 그것을 극복하는 과정을 소상하게 다시 정리해보자. 이런 과정을 통해 자신이 어떻게 어려움을 극복했는지 되돌아볼 필요가 있다. 또한 그동안 처박아 두었던 아픈 기억 속에서 반전의 스토리를 찾아내야 한다. 그것이 바로 삶의 중요한 가치이기 때문이다.

여러분은 이런 위기와 갈등을 극복함으로써 스토리의 주인공이 될 수 있다. 그 과정이 힘들고 어려울수록 그것을 이겨내는 것 자체가 바로 멋진 스토리다. 우리는 이런 감동적인 스토리의 주인공을 좋아한다. 그리고 그들을 따른다. 리더들의 삶을 들여다봐도 대부분은 굴곡 있는 삶의 주인공들이다. 그런데 왜 우리는 편하고 안정된 삶을 추구하려는 것일까. 안정적인 삶이란 것이 존재하기는 하는 것인가. 이 세상 어느 누구도 안정적인 삶을 사는 사람은 없다. 그것은 사실이다. 이 세상 그 누구도 예외 없이 삶의 굴곡을 만나게 된다. 오르막이 있으면 내리막이 있고 내리막이 있으면 오르막이 있다. 이런 상황을 어떻게 받아들이고, 어떻게 이해하고, 어떻게 대처하느냐 하는 것이 다를 뿐이다.

어린 시절 간디는 힌두교에서 금하는 고기를 몰래 먹기도 하고, 남의 돈을 훔친 일도 있었는데, 어느 날 간디가 자신의 잘못을 글로 써서 아버지에게 용서를 구했다. 혼이 날 것을 예상했던 간디에게 아버지는 뜨거운 눈물을 보이시며 용서했다. 아버지의 눈물은 간디에게 아버지의 사랑을 깨닫는 계기가 되었고 훗날 비폭력저항의 바탕이 되었다고 한다. 이처럼 한순간의 중요한 사건이나 깨달음은 인생에 있어 큰 변화의 계기를 만들어주기도 한다. 스토리는 이런 내면의 변화를 주의 깊게 살핀다. 감동은 물질에서 얻어지는 게 아니라 마음에서 얻어지는 것이기 때문이다.

감동의 휴먼스토리는
올림픽에만 있는 게 아니다

젊은이들에게 자신의 경험을 이야기로 적어보라고 하면 의외로 특별한 경험을 가진 친구들이 많지 않다. 그 이유는 독자들이 더 잘 알 것이다. 하지만 다양한 경험을 통해 성취감을 느껴본 친구들은 삶의 태도가 다르다. 직접 몸으로 부딪혀 일하는 과정에서 세상에 눈을 뜨고 자신을 다시 되돌아보는 시간을 중요하게 생각한다. 스스로 만든 동아리에서 뭔가를 이루어냈을 때 짜릿한 성취감을 맛보기도 한다. 부모님 말을 안 듣고 속을 썩이다가 병환으로 쓰러지신 부모님 때문에 새롭게 태어나 전혀 다른 모습의 자신을 발견하기도 한다.

하지만 상당수의 젊은이들이 좋은 성적을 받았을 때와 대학에 합격했을 때 성취감을 느꼈다고 했다. 본인이 선택하지 않은, 그래서 끌려가 듯 대학교에 진학하고 과를 선택한 친구들이라면 과연 큰 성취감을 가질 수 있을까. 더욱 놀라운 사실은 남들이 부러워하는 학교에 합격하고도 만족하지 못하는 학생들도 많다는 점이다. 아마도 자신이 진정으로 원해서 스스로 전공과 대학을 선택했다면, 또한 그것을 이루기 위해 열심히 노력한 학생이라면 열등감을 갖게 되는 일은 없었을 것이다. 안타깝게도 많은 학생들은 그저 더 좋은 스펙을 갖고자 하기 때문에 상대적인 박탈감을 느끼게 되는 것이 아닌가 싶다. 성취감이라는 것은 오래가는 것이 아니다. 어떤 성취든 자존감으로 이어질 때 의미가 있다. 감동의 휴먼 스토리는 금메달리스트에게만 있는 것이 아니다. 꼴찌에게도 멋진 성취는 있기 마련이다. 비록 성적은 꼴찌라도 그 과정이 자신에게 의미 있는 스토리가 되었을 때 그것은 금메달보다 오히려 더 진한 감동으로 다가올 수 있다.

자존감은 일을 해낼 수 있는 능력이 있을 때 또한 무언가를 통해 행복해질 수 있을 때 강화된다. 그런데 우리는 행복을 추구하는 것보다는 능력을 쌓는 것만이 자존감을 높이는 것으로 오해하고 있는 것 같다. 그로 인해 가정이나 사회에서 행복에 대한 가치가 과소평가되고 있다. 능력만큼이나 행복을 중시할 때 보다 균형 잡힌 자존감을 가질 수 있을 것이다.

삶 속에 얽힌 여러 가지 사건들을 가슴으로 들여다보면 실제 아무것도 아닌 듯 한 일이 개인적으로는 잊지 못할 매우 중요한 사건이 될 수 있다. 그리고 그런 것을 중요하게 다룰수록 삶은 풍요롭게 변한다. 뜨거운 가슴으로 삶의 매순간을 의미 있는 스토리로 창조할 수 있다면 그 인생은 누구와도 비교할 수 없는 값지고 풍부한 삶이 될 것이다.

나만의 시나리오를
구축하라

인생은 늘 불규칙하여 어디로 튈지 알기 어렵다. 갑자기 병을 앓거나 사업에 실패하거나 또는 하루아침에 유명인이 되기도 한다. 하지만 어느 정도 예측 가능한 시나리오를 가지고 이것을 기준으로 변화에 대응할 수 있다면 훨씬 효율적으로 대처해 나갈 수 있으리라 생각한다. 학생들에게 질문해보면 그들도 5년 뒤의 모습, 20년 뒤의 모습 그리고 50년 뒤의 모습을 꽤 구체적으로 상상한다. 다만 아쉬운 점이 있다면 자신만의 시나리오라고 하기에는 서로들 너무 닮아 있다는 점이다. 대부분이 자격증 시험에 합격하기를 원하거나 또는 남들이 좋다는 직장에 합류해서 안정된 삶을 살고 있으리라 기대하고 있었다. 아마도 진정으로 내면의 이끌림에 귀 기울인 결과는 아닌 듯하다. 대학에 합격한 기쁨이 얼마나 오래가던가. 뭔가 새로운 것을 가졌을 때 쾌감은 또한 얼마나 가던가. 결국 자격증도 안정된 직장도 우리에게 오랜 감동을 주는 일은 아니다. 뭔가 시계추처럼 꾸준하게 반복되는 일 가운데서 우리의 영혼을 담는 그런 것을 찾았을 때 우리는 진정한 기쁨을 맛볼 수 있을 것이다. 결코 자격증이, 좋은 자리가, 많은 돈이 주는 쾌감과는 다른 것이다. 그렇다면 '내 영혼이 어떻게 기쁠 것인가?'라는 주제를 가지고 만든 시나리오가 진정 감동적인 삶이 아닐까.

당신의 묘비명에
새겨질 글귀

시나리오를 작성하기 위해서는 우선 고정 관념을 극복해야 한다. 자신이 바라는 인생을 살기에는 부족한 것이 많다고 지레 겁먹을 수 있다. 제작 동기가 아직도 불확실해서 '많은 투자가 있어야 좋은 영화를 찍을 수 있다.'는 환상에서 깨어나지 못한 경우이다. 예를 들어 "자신이 진정으로 원하는 것을 하기 위해서는 직장을 그만두어야 하는데 당장 수입이 끊어지면 먹고 살길이 막막하다."와 같은 이유다. 그래서 할 수 없이 직장을 다닌다. 물론 쉽지 않은 문제이다. 하지만 불과 몇 십 년 전에는 상상할 수 없을 만큼 가난한 환경 속에서 모두가 살아왔음을 깨닫는다면 지금의 경제적 어려움은 상대적인 것임이 분명하다. 좀 더 꼼꼼하게 이 부분에 계획을 수립한다면 영혼의 기쁨을 위해 충분히 극복할 수 있는 문제일 수 있다. 만약 자신을 감동시키고 주변과 공감하는 삶을 살고자 한다면 그 어떤 환경도 문제될 것이 없다.

따라서 멋진 삶을 위해 제일 먼저 해야 할 일은 지금의 모든 상황을 '있는 그대로' 받아들이는 것이다. 자신감을 갖고 현실을 받아들이면 세상은 달리 보이기 시작한다. 사실 우리가 하는 고민 중에 상당수는 비교에 의한 것이다. 남들과 비교하고 내 자신의 허상과 비교하면서 만들어지는 고민들이다. 나를 '있는 그대로' 받아들이는 순간 이런 비교의 상당 부분이 사라지게 되고 그렇게 되면 고민거리가 대부분 날아가버린다. 그리고 나면 멋진 창조가 시작될 수 있다. 지금의 이 어려운 상황을 어떻게 멋진 스토리로 만들어낼 것인가, 이것만 고민하면 된다. 이것은 마음먹기에 따라 쉽게 해결될 수 있는 일이다. 그리고 과거와는 다르게 수많은 관객을 불러 모을 수 있는 일이기도 하다.

자신을 있는 그대로 받아들이고 나면 한발 내딛는 길이 온전히 자신의 길이 될 수 있다. 그렇다면 그 길의 종착역이 어디인지 방향을 잡고 가는 것이 좋지 않을까. 젊었을 때는 흔히 사람이나 현상에 대해 과장되게 평가하는 경우가 많은데, 그것은 본질에 대해 잘 모르기 때문이다. 그러므로 경험이 부족한 상태에서 무모한 도전도 감행하게 된다. 하지만 이것이 경우에 따라서는 아주 먼 길을 헤매고 돌아다녀야 하는 과정이 될 수도 있다. 물론 그 과정 자체를 즐기면 문제는 없겠지만 적어도 자신이 원하는 삶의 궁극적 목표를 위해 좀 더 합리적인 길을 원한다면 확실한 방향성을 가지는 것이 혼란과 낭비를 줄이는 길이다. 그런 의미에서 자신의 묘비명을 미리 작성해보라고 권하고 싶다. 진심으로 작성한 자신의 묘비명을 통해 과연 자신이 가족이나 친구들에게 어떤 사람으로 인정받기를 바라는지를 알게 된다.

실제로 자신의 묘비명을 작성해본 경험을 가진 사람은 별로 없을 것이다. 대학생들에게 이와 같은 주문을 했더니 '주변을 사랑했던 사람' 또는 '자신을 사랑한 사람' 그리고 '주변의 사랑을 듬뿍 받은 사람'으로 또한 '이 사회를 위해, 인류를 위해 큰일을 한 사람'으로 기억되기를 바랐다. 어느 누구도 자신의 묘비에 '돈을 무척 많이 벌었으나 남한테 베풀 줄 몰랐던 사람'이라든가, '지도자로서 부지런히 일했지만 결국 사회에 해를 끼친 사람'이라고 평가받기 원하지는 않았다. 하지만 방향 없이 더 벌고, 더 쓰고, 더 가지는 생활을 추구하다 보면 결국 본인이 원치 않아도 이런 묘비명의 주인공이 될지 모를 일이다. 멋진 묘비명을 만드는 데 몇 주가 걸릴 수도 더 오랜 시간이 걸릴 수도 있을 것이다. 하지만 내가 누구이고 어떻게 살아왔으며 그 과정에서 무엇을 극복했고 무엇에 관심을 가지고 살았는지를 파악하면서 궁극적으로 이 세상에 어떤 사람으로 남기를 원하는지 묘비명에 적어보면 아마도 인생의 등대를 가진 듯 앞으로 해야 할 일과 불필요한 일들이 좀 더 명확해질 것이다. 단 한 번의 시한부 인생을 살아가는 우리 모두에게 지금 이 순간은 무엇과도 바꿀 수 없는 것이며, 바로 이 순간이 쌓여 우리의 삶이 된다. 결코 어느 순간의 지위와 재산이 우리 삶을 대변하는 것이 아님을 깨달아야 한다.

이제 자신의 멋진 시나리오를 완성할 자신이 생겼는가. 그토록 많은 시간을 들여 스트레스를 받아가며 하고 있는 일들 중에 상당 부분은 삶의 기쁨과 그다지 관계없는 일이라는 것을 알게 되었는가. 그렇다면 더 이상 사회의 협박과 다른 이의 유혹에 휘둘리지 말고 자신의 영혼을 감동시키는 일에 나서라.

스토리는 우리의 삶 자체를 의미 있게 만들어주는 마법의 힘을 가진다. 주어진 것만으로도 자신을 주인공으로 하여 멋진 휴먼다큐멘터리를 창조할 수 있기 때문이다. 내가 서 있는 바로 이곳이 무대요 내가 주인공이기 때문에, 이 상황을 어떻게 극적으로 해석하고 이 배경을 무대로 멋지게 자신을 연출하느냐 하는 문제만 남는다. 그리고 자신의 영혼을 감동시키며 행복한 삶을 창조한다. 이것이 바로 살아 있음을 선언하는 것이며, 진정한 자유를 만끽하는 길이다. 그것이 곧 스마트시대의 승자가 되는 길이기도 하다.

우리의 두려움에는
실체가 없다

무언가 내면의 꿈틀거림이 용솟음치며 당장에 그 길을 향해 뛰어가고 싶지만 사실은 그렇게 하지 못하는 사람들이 대부분이다. 왜냐하면 두렵기 때문이다. 지금 당장 틀을 벗어나는 것도 두렵고 또 부모님이나 남들이 다 정답이라고 이야기하는 것을 벗어나는 것도 두렵다. 그래서 가슴으로는 이해했지만 실제 행동으로는 옮기지 못하고 주저앉을 확률이 매우 높다. 어쩌면 그런 자신에게 심한 자책을 하게 될지도 모르겠다.

대체로 두려움을 느끼는 원인은 크게 두 가지라고 볼 수 있는데 첫 번째는 미지의 것에 대한 두려움이고 두 번째는 실패에 대한 두려움일 것이다. 사실 젊은이들에게는 실패보다 더 무서운 것이 미지에 대한 두려움이다. 태어나서부터 성인이 될 때까지 가정과 사회가 만든 담장 밖을 기웃거리는 것조차 하기 어려운 상황에서 20대가 된 사람이 너무나 많다. 그러니 귀가 따갑도록 들어온 길이 아니면 낭떠러지 같은 생각이 드는 것은 당연하다. 하지만 주변을 살펴보면 대부분 사람들이 우리가 두려워하는 그런 직업을 가지고 살고 있음에 놀랄 것이다. 누구나 가려고 하는 안정된 일자리라는 것은 아무리 크게 잡아도 14% 정도이다. 나머지는 다 그들이 바라는 자리가 아니다. 문제가 있다면 실제 자리가 아니라 그 자리를 바라보는 인식의 문제다. 모두가 각자의 자리에서 열심히 훌륭하게 살아가고 있음에도 스스로 자존감이 부족할 따름이다. 뭔가 이것보다는 더 나은 행복이 저 멀리에 있을 것 같다는 생각을 하지만 결코 그런 행복은 존재하지 않는다.

두려움을 아주 정밀하게 분석해보면 상당 부분은 논리적으로 해결할 수 있는 것이다. 200만 원을 주는 직장 A와 300만 원을 주는 직장 B

가 있다고 하자. 남들 보기에는 당연히 B가 좋다. 하지만 A는 자신이 하고자 하는 일을 할 수 있고 B는 그렇지 않다면 여러분은 어느 직장을 선택하겠는가. 금전 또는 남들의 시선을 의식해서 내면의 이끌림을 포기하느냐 하는 것이다.

내면의 행복을 축적하는 것은 내공을 키우는 길이다. 내공은 오래 축적되면 감히 누구도 범접할 수 없는 아우라를 갖게 된다. 그것은 정년이 없는 평생의 업을 가지게 되는 것과 같다. 하지만 남들 시선 때문에 돈 좀 더 받고 원치도 않는 일을 하게 되면 시간이 갈수록 일에 흥미를 잃고 자리를 보전하기 위해 눈치를 보게 되고 그러다 혹시라도 직장을 잃게 되면 다시 갈 곳을 찾기가 어렵게 된다. 하루하루의 삶이 축적되는 과정에서 내공이 쌓이는 게 아니라 스트레스가 쌓이게 된다.

많은 학생들은 흔히 이야기하는 3D 업종을 기피한다. 요즘은 아예 대기업이 아니면 거들떠도 안 본다. 그렇다면 그렇게 3D 업종을 두려워하는 이유가 무엇일까. 더럽고Dirty, 위험하고Dangerous, 어려워서Difficult 라고? 그래서 그런 직장은 아예 갈 생각을 하지 않는다. 그런데 가만히 생각해보면 사시사철 땀 흘리며 공을 차는 축구선수나 매일 밤을 새가며 촬영에 임하는 방송인들도 3D라면 3D 업종이다. 사실 막연한 두려움으로 3D를 회피하겠다고 하지만 실제로는 그 어떤 직업도 3D가 될 수 있음을 알아야 한다. 바로 본인 스스로 선택하지 않은 일은 모두 3D이다. 운동이라고는 숨쉬기밖에 할 줄 모르는 책벌레에게 격투기를 시키면 그것이야말로 지옥의 묵시록이 된다. 책이라고는 베개

대용으로나 쓸 줄 아는 친구에서 하루 종일 책과 씨름하라고 하면 아마 병원에 실려 갈지 모른다. 이 세상 어떤 일도 스스로 선택하지 않은 것은 모두 3D가 될 수 있다. 그렇다면 안정되게 보이는 대기업이나 공무원 자리도 본인의 선택 여부에 따라 충분히 고통스러운 자리가 될 수 있음을 이해해야 한다.

두려움은 실체 없는 허상이다

사실 두려움의 실체는 없다. 그것은 단지 내면에 생긴 허상에 지나지 않는다. 그러므로 이 허상은 우리의 마음먹기에 따라 없앨 수 있다. 그 방법은 두 가지인데 하나는 조금씩 반복하여 공략하는 것이다. 뭔가를 하는 데 있어서 한꺼번에 하려면 힘이 든다. 하지만 조금씩 반복하면 힘도 적게 들고 두려움도 그만큼 줄어든다. 그렇게 반복하다 보면 어느덧 그 두려움을 극복할 수 있게 된다. 도로 위를 기듯이 엉금엉금 가는 초보 운전자는 일부러 저속으로 달리는 것이 아니다. 두렵기 때문에 그렇게 한다. 그런데 시간이 지나고 두려움이 사라지면 과속을 한다. 무엇이 그들로부터 초보 때의 두려움을 사라지게 했을까. 우선 반복되는 훈련으로 자신감을 갖게 되었고 두려움의 실체가 경험을 통해 파괴된 것이다. 모든 것이 그렇다.

두 번째는 알면 사라지게 된다. 두려움은 불확실성이나 잘 모르기 때문에 생기는 것이 많다. 우리가 학습해야 하는 이유도 바로 두려움을 잠재우기 위한 수단이기 때문이다. '아는 것이 힘'이라고 하지 않던가. 두려움의 대상을 도마 위에 올려놓고 하나씩 분해하여 이해하면 두려움을 극복할 수 있다. 처음 비행기를 탔을 때, 만 피트 이상의 상공에서 비행기가 흔들리면 그 공포감은 이루 말할 수 없다. 혹시 이 비행기가 떨어지는 것은 아닌가 하는 두려움에 식은땀을 흘렸을 것이다. 하지만 이것은 그 두려움의 실체를 세분화하여 이해하지 못한 결과이다. 국제항공운송협회IATA 보고에 따르면 2009년도 항공기 사고율은 '비행 140만 회에 1회'였다고 한다. 이는 1년 동안 3,500만 회의 비행에서 23억 명을 실어 나른 중에 90건의 사고가 발생한 것을 의미한다. 보험업계에 따르면 우리나라 자동차가 사고율이 20%가 넘는 것으로 나타났는데 비행기 사고율과 비교하면 엄청난 사고율이다. 만약 이 확률적 데이터를 신뢰한다면 비행기보다 자동차를 더 두려워해야 한다. 이처럼 보다 정교한 분석이나 학습을 통해 두려움을 잠재울 수 있다. 두려움은 마음먹기에 따라 생기기도 하고 사라지기도 하는 신기루 같은 것임을 명심하자.

통념에 맞서
당당하게 싸워라

멋진 스토리의 주인공이 되기 위해서는 창조력이 필요하다. 사실 최근에 자주 듣는 단어 중에 하나가 '창조'라고 해도 과언이 아니다. 예술 분야는 물론이고 학교나 기업이나 스포츠 등 모든 분야에서 창조적인 가치를 필요로 한다. 그것은 하드웨어나 소프트웨어적 차별성만으로는 세상을 리드하기가 쉽지 않음을 인식한 결과이다. 특히 지구촌에 닥친 문제들은 극단적인 해결책을 필요로 하는 일들이다. 좀 더 잘 만들고, 좀 더 잘하면 되는 일이 아니라 무엇을 해야 할지, 어떻게 해야 할지 근본부터 다시 시작해야 하는 일들이다. 지난 200년 이상 우리 생각을 지배해왔던 것들을 지워버리고 새롭게 다시 써야 할 것들로 넘쳐난다. 따라서 우리 삶을 근원적으로 재검토할 창조력이 필요한 것이다. 그런데 이 같은 창조력은 천재의 머리에서 섬

광처럼 만들어지는 게 아니다. 풍부한 상상력으로 끊임없는 성공과 실패를 경험하는 가운데 다시 말해 지루한 반복을 통해 얻어지는 결과물이다.

풍부한 상상력이라는 것은 기존의 통념을 파괴하지 않고서는 얻을 수가 없다. 따라서 창조력을 갖추기 위해서는 뇌 구조에 대한 기본적인 이해가 필요하다. 저명한 뇌과학자이자 신경경제학 교수인 그레고리 번스Gregory Berns는 "남들은 할 수 없다고 말하는 일을 해내는 사람들인 상식파괴자들은 다른 사람들과 다른 두뇌를 가지고 있는데 다시 말해 지각, 공포 반응, 사회 지능 이 세 가지의 기능과 그 기능을 수행하는 회로가 남들과 다름을 의미한다."고 주장한다.

창조력은 상식과
통념 밖에 있다

인간의 두뇌는 에너지를 많이 사용하기 때문에 가능한 한 에너지를 절약하는 방향으로 움직이게 되어 있다. 따라서 두뇌는 눈으로 받아들인 정보를 이해하기 위해 과거의 경험이나 다른 정보 자원을 모두 끌어내야 하는데, 가령 다른 사람들에게 들은 말도 자원의 하나가 된다. 이런 일은 매순간 일어난다. 두뇌가 효율성을 추구하기 위해 택하는 것이 바로 지름길이다. 그것은 너무나 매끄럽고 순식간에 이루어지기 때문에 우리는 그 과정을 눈치 채지 못한다. 결국 의식의 표면에 떠오르는 것은 '마음의 눈'이 산출한 이미지일 뿐이다. 우리는 세상에 대한 자신의 '지각perception'이 당연히 진짜일 것이라고 믿지만, 사실 상상의 망령이자 우리가 진짜라고 믿는 생물학적이고 전기적인 허상에 지나지 않는다.[3]

덕수궁 돌담길을 걸으며 누구는 과거의 아름다웠던 추억을 상상하고 누구는 아픈 기억을 떠올린다. 그런 자신이 가진 경험적 범주에 따라 덕수궁 돌담길이 매우 을씨년스러운 장소로 인식되기도 하고 서울에 이토록 아름다운 곳이 달리 있을까 생각할 수도 있다. 그것은 모두 경험적 범주하에서 인식된 지각 즉 허상이다. 그 어떤 것도 실체라고 그대로 받아들일 수는 없다. 따라서 세상은 모두 자신의 해석에 의한 허상일 뿐이다. 그러므로 경험과 지식이 축적되어 있는 정도에 따라 각자의 지각은 크게 달라질 수 있다.

그렇다면 상식을 파괴하고 창조적인 가치를 만들어내기 위해서는 범주의 확대가 필연적이다. 퇴근을 하고 집으로 운전을 하고 오다가 길이 막히면 그에 순응하고 그대로 따라가는 사람들이 있다. 아마 대부분은 그렇게 할 것이다. 왜냐하면 자신의 범주에 그 길만이 집에 가는 길로 입력되어 있기 때문이다. 하지만 상식 파괴적 생각을 가진 사람이라면 곧바로 다른 길로 들어서 새로운 세계를 경험할 것이다. 이는 두려움이 따르는 일이다. 일단 그 길을 잘 모르고 또 막다른 골목이라

다시 되돌아올 위험도 있으며 또한 그 길이 지금보다 더 막혀 더 많은 시간을 소비할지도 모르기 때문이다. 따라서 대부분의 사람은 그렇게 시도하지 않는다. 그냥 늘 다니던 길에서 멈춰 있을지언정 옆길을 쳐다보지도 않는다. 그리고 다음날도 그 다음날도 늘 막히는 길에서 시간을 버린다.

이처럼 자신이 이미 가지고 있는 범주 안에서 가장 효율적으로 인식을 하게 되는 것이 뇌의 메커니즘이라면 왜 많은 사람들이 막힌 길을 그대로 따라가고 있는지 이해가 될 것이다. 하지만 창조적인 자는 과감하게 새로운 길로 들어선다. 막힌 길에 멈춰있는 것보다 새로운 길을 탐색하기 시작한다. 그들은 약간의 긴장감을 가지고 이 골목 저 골목에 도전하는 것을 즐긴다. 물론 실패도 따르고 더 많은 시간을 소비할 수도 있다. 하지만 그에게는 집으로 가는 길이 여러 가지가 있을 수 있다는 점을 학습하게 된다. 비록 그날은 실패했을지라도 끊임없는 재도전을 감행하다 보면 다양한 길을 찾아내게 되고 시간이 흐르면 흐를수록 그는 통찰력을 가지고 상황에 따라 여러 가지 선택을 할 수 있게 된다. 계속되는 시도는 경험의 축적을 의미하며 실패는 피해야 할 한 가지 대안에 불과하다. 그리고 그들은 상황에 따라 다양한 길을 선택하여 집으로 향하게 된다. 결과적으로 이런 과정 자체를 즐기고 있다고 봐야 할 것이다.

PART 2

전혀 다른 곳을 볼 때,
우리는 발전한다

지각상의 획기적인 발견은 단순히 사물을 응시하고 그에 대해 더 열심히 생각하는 데서 나오지 않는다. 획기적인 발견은 지각 시스템이 어떻게 해석해야 할지 모르는 무언가와 대면했을 때 나온다. 익숙하지 않은 것을 맞닥뜨리면 두뇌는 평소의 지각 범주를 버리고 새로운 범주를 창조하기 때문이다.[4]

유영만 한양대 교수는 "창조가 한계 상황에 도전할 때 꽃을 피우는 이유는 뇌가 한계 상황에 직면하면 평상시와 비슷한 방식으로 머리를 쓰면 주어진 한계 상황을 돌파할 수 없다고 판단하기 때문이다. 한계 상황에 도전하는 순간 뇌는 이제까지와는 다른 방식으로 머리를 쓰기 시작하면서 창조의 꽃이 피는 것이다."[5]라고 말한다.

창조성은 땅 위에서 '경험'한 것을 엮어서 미래의 꿈을 달성하려는 '욕망과 의지'의 세계로 이끄는 가운데 발현된다. 창의와 창조가 발현되는 핵심 원리는 두 가지 이상을 비비고 섞는 새로운 결합, 즉 이종결합에 있다. 무엇인가를 엮으려면 정보나 아이디어가 풍부해야 하며 이는 곧 경험에서 비롯된다. 자신의 체험에 생각의 경험을 더하라. 생각의 경험은 체험을 완성한다. 그래서 체험 없는 생각의 경험은 공허할 뿐이고 생각 없는 체험은 맹목일 뿐이다. 사람은 누구나 자신의 경험

을 넘지 못한다. 우리가 상상할 수 있는 것은 우리가 경험한 것뿐이다.[6]

늘 같은 방식으로 살아가면서 창조력을 기대하는 것은 그래서 어려운 일이다. 어릴 때부터 이것저것 많은 경험을 쌓아가며 자신의 범주를 확대할 필요가 있다. 다양한 방면의 책 읽기도 좋은 방법 중에 하나다. 또한 몸으로 부딪쳐 깨우치는 것도 중요한 방법이다. 이런 습관을 갖게 하는 데 부모들이 직접 나서야 한다. 책 읽는 부모 밑에서 자란 아이들은 강요하지 않아도 자연스럽게 책을 읽는다. 운동을 하는 부모를 따라다니는 아이는 시키지 않아도 운동을 하게 된다. 유전병이라고 하는 것도 실제로는 유전적 요인보다 부모의 식습관 때문이라는 보고도 있다. 그러므로 부모가 아이들에게 몸소 보여주면서 아이들이 자신의 범주를 확대할 수 있도록 많은 경험을 할 수 있게 도와주는 것이 바로 창조력을 키우는 일이다. 그것은 새로운 일을 하는 데 따른 두려움을 줄여줄 수 있는 방법이기도 한다.

이렇듯 창조력은 천재에게 주어지는 것이 아니라 끊임없이 생각의 범주를 확대하려는 노력 여하에 따라 달라질 수 있음을 알 수 있다. 자신의 삶을 있는 그대로 받아들인 후 미래를 설계하는 과정에서 여러 가지 대안을 고려하는 경우에도 단순하게 남들이 간 길을 생각 없이 따라가는 것이 아니라 자신에게 맞는 색다른 길을 모색함으로써 독창적인 자신만의 업을 추구하는 멋진 인재로의 변신이 필요한 때이다.

자신감,
승자의 인프라

진정성이라는 것은 내면의 울림이다. 이 울림을 이끌어내기 위한 치열한 퍼포먼스는 말처럼 쉬운 일이 아니다. 이런 울림의 시작은 바로 자신을 믿고 자신을 사랑하며 자신을 만들어갈 수 있는 자신감으로부터 비롯된다. 지금까지 내가 아닌 나의 허상에 맞추려고 힘들게 살았다면 과감하게 그 허상을 벗어던져라. 흔히 자신감이라고 하면 뭔가를 잘할 수 있다는 느낌으로 받아들인다. 예를 들어 공부를 잘할 수 있다거나 운동을 잘할 수 있을 것 같은 느낌 말이다. 하지만 진정한 자신감은 바로 자신을 있는 그대로 받아들일 수 있을 때 만들어지는 것이다. 자신을 있는 그대로 받아들일 수 있는 용기만 있다면 자신을 둘러싼 모든 환경이라는 것은 새로운 출발을 위한 조건에 불과하다. 따라서 마이너스는 없고 항상 플러스알파가 있을 뿐이다. 열린 인재는 이렇게 충만한 자신감으로 어떤 조건에 있든지 그 자리에서 플러스알파를 향해 나아간다. 어디에 있든 어떤 상황에 처해 있든 자신을 있는 그대로 받아들이는 순간 세상을 완전히 다른 모습으로 다시 시작할 수 있는 가능성이 열린다.

무대에서 화려한 춤을 추던 강원래 씨가 자신을 있는 그대로 받아들이지 못했다면 과연 휠체어를 타고 춤출 생각을 할 수 있었겠는가. 『오체불만족』의 오토다케 씨는 "자신은 이 세상에서 가장 개성 있는 몸을 가졌다."고 스스로를 받아들임으로써 자신의 존재감을 세상에 알렸다. 이 세상 어느 누구라도 자신을 있는 그대로 받아들일 때 희망을 갖게 된다. 그리고 다시 출발 선상에서 힘찬 스퍼트를 할 수 있다.

여러분은 어떠한가. 부모가 정해주거나 타인의 인정을 받기 위한, 그런 허상을 향해 발버둥치고 있는 것은 아닌지. 그 허상을 따라가다 보면 항상 좌절하여 열등감을 갖게 된다. 어쩌다 허상보다 좀 나은 자신의 모습을 발견하면 우월감에 콧대를 세운다. 하지만 열등감이나 우월감 모두 자신을 있는 그대로 받아들이지 못한 결과이다. 그래서 스트레스를 받고 그래서 허세의 노예가 되며 그래서 허망한 소유에 허덕인다. 번듯한 자리에 앉아 안절부절못하고 새벽부터 늦은 시간까지 달리고 또 달려서 얻은 것이 과연 무엇인가. 겉으로 화려한 성공을 했다고 아무리 외쳐 봐도 뻥 뚫린 가슴의 공허를 무엇으로 채울 것인가.

비로소 자신을
인정할 수 있다면 승자다

/

행복은 특정 조건들이 낳은 결과가 아니라 행복하기 때문에 그런 조건이 만들어지는 것이다. 자신의 진정한 삶을 위해 포장부터 손보는 일은 더 이상 하지 말아야 한다. 내면에 충실하고 내공을 쌓아가는 가운데 자연스럽게 포장이 만들어지길 기대해야 한다. 그래야 공감이 확대되고 사랑으로 충만한 공동체를 이룰 수 있다. 행복은 주워 담는 것이 아니라 내면으로부터 솟구치는 것이다. 다시 한 번 강조하지만 행복하기 때문에 특정 조건이 만들어지는 것이다.

스마트시대의 진정한 승자란 다른 누구도 아닌 바로 자신으로부터 인정받는 사람이다. 누구나 자신을 인정하고 받아들이며 사는 것 같지만 닫힌 사회에서는 그렇지 않은 사람들이 너무도 많다. 늘 남을 의식하고 남에게 잘 보여야 하고 남에게 인정받는 것만을 추구하는 껍데기들이 난무하다.

인류 역사를 이끌었던 성인聖人 중에 화려한 포장으로 공감을 만들어낸 사람이 있던가. 가장 낮은 곳에서 가난한 사람들과 함께하며 이토록 오래도록 뜨거운 공감을 이어지게 만든 분들이다. 심지어는 자신에게 주어진 화려한 포장을 마다하고 수행을 하신 분도 계시다. 그분들의 깊이가 상상할 수 없을 정도였기에 시공을 초월하여 입에서 입으로 그 가르침이 이어져 내려오는 것이다. 하지만 이제는 누구든 마음만 먹으면 자신의 내면을 드러내 공감대를 확산시킬 수 있는 기술적 진보를 이루어냈다. 비록 성인들의 위대함에는 못 미치더라도 진정성으로 소통할 수 있을 정도의 인프라가 갖추어졌음은 사실이다.

최근에 내가 알게 된 가수 중에 '좋아서 하는 밴드'라는 재미있는 이름을 가진 밴드가 있다. 그냥 음악이 좋아서 밴드의 이름도 없이 연주를 하다 보니 팬들이 '좋아서 하는 밴드'라는 이름을 붙여줬다고 한다. 이 밴드의 연주를 한 번이라도 듣고 공감한 사람들이 모여서 팬클럽을 만들고 직접 앨범을 제작할 수 있도록 도움을 주며 밴드를 지원하고 있다. 전국을 돌아다니며 찍은 영상도 '좋아서 만든 영화'로 제작하기도 했다. 이들은 누군가 필요하다고 하면 달려가서 공연을 해왔지만 점점 관객들의 사랑을 받고 공감대가 커지면서 대형 무대에도 초대를 받는 밴드가 되었다. 이미 2집까지 내며 팬들의 사랑을 듬뿍 받고 있다. 무대에 나와 입만 뻥긋거리는 속 빈 가수보다 거리에서 치열하게 내공을 쌓은 가수들이 실력으로 인정받는 시대가 오고 있음을 예견할 수 있다. 자신들의 실력을 거리에서 선보인 것이지만 그것을 빠르게 전파하는 인프라가 있기에 과거보다 훨씬 넓게 훨씬 강력하게 공감을 이루어낼 수 있게 된 것이다.

자신감,
승자만의 인프라

/

우리는 과거 성인들의 모습처럼 있는 그대로의 자신을 드러내며 많은 사람들과 공감하고 그 공감을 통해 기쁘게 진화하는 새로운 방식의 삶에 적응해야 한다. 어찌 보면 진정으로 인간이 인간다워지는 경험을 하게 되는 것이다. 더 이상 외부 힘에 의해 움직이는 꼭두각시 같은 사람이 되지 말아야 한다. 각종 스펙에 목숨 걸고 사회적 압력에 굴복하여 내면의 이끌림을 무시한 채 그저 겉으로 드러나 보이는 포장에 익숙해져 포장인지 자신인지를 구분하지 못하고 살아가는 어리석음을 떨쳐버려야 한다. 결국 그런 포장에 익숙한 삶, 즉 소유적 삶은 열린 광장에서 살아가는 자신을 지탱하지 못할 것이기 때문이다.

자신감이 충만한 승자를 위한 인프라는 그 어떤 시대보다도 잘 준비되어 있다. 있는 곳이 어디든 하는 일이 무엇이든 상관없이 자신의 진정성으로 세상을 끌어들이고 그들과 함께 가치 있는 일을 할 수 있는 환경이 조성되었다. 이제 승자로서 내공을 쌓아 만천하에 드러내는 것만 남았다. 그런 승자들의 세상이 오고 있다.

공감하는 사람이 승부에 강하다

: 공감 Empathy

과거에 닫힌 조직하에서 하나의 기능으로서 또한 자리가 주는 파워를 내세워 자신을 감추고 행세하던 시대는 이미 지나갔다. 스펙이 무의미해지는 것은 스토리를 낱낱이 들여다볼 수 있는 시스템이 갖춰져 있는데 굳이 스펙에 의존해 오판을 할 이유는 없다. 제러미 리프킨은 경쟁의 시대가 가고 공감의 시대가 왔다고 주장하듯이 이제 이 공감을 여하히 확대하고 이타심으로 더불어 살아가는 사회의 주인공이 될 것인가를 더욱 더 깊이 성찰할 시기다.

● ● ●

삶은 스트레스 덩어리다.
우리는 서로에게 공감하며, 서로에게 위로받고자
프로그램되어 있는 존재다. 공감의 유전자가 이것을 도와준다.
이것이 우리 인간의 본성이다.

— 제러미 리프킨 Jeremy Rifkin

공감 지능이
당신을 강하게 만든다

한글과컴퓨터 대표이사를 그만두고 스톡옵션으로 번 돈을 투자해 자회사였던 네띠앙의 대주주가 된 것이 내 인생의 가장 큰 시련의 순간이었다. 오르막이 있으면 반드시 내리막이 있다는 사실을 뼈저리게 경험한 시기이기도 하다. 네띠앙의 실패로 인해 모든 재산을 날렸다. 결국은 월세방을 얻어 이사를 했고 빚쟁이들에게 시달리기도 했으며 사기꾼들의 유혹에 넘어가기도 했다. 사기라는 것이 원래 지푸라기라도 잡고 싶은 심정의 어렵고 힘든 자들이 더 쉽게 당하기 마련이다. 그렇게 악순환은 꼬리에 꼬리를 물어 더욱 더 힘들게 된다. 그런 힘든 나날을 보내고 있을 때 마냥 좋았던 시절을 안타까워하며 비관하고 있었다면 지금의 나는 어찌 되었을까. 하지만 나는 늘 그랬듯이 더 큰 일을 시키시려는 하늘의 뜻이라고 받아들였다. 그런 혹독한 어려움 속에서도 상황 상황을 다 배움의 시간이라고 여기고 받아들인 것이다. 오히려 그런 시간이 있었기에 책을 쓰고 강연을 다니고, 나와 비슷한 처지에 있는 동료 벤처기업가들을 위한 제언을 하는 데 주저함이 없었다. 칼럼을 쓰고 벤처기업협회 부회장직을 계속하며 업계의 문제를 정부나 정치권에 대변하는 일에도 적극 참여했다. 만약 내면으로부터 '실패한 놈이, 돈도 없는 놈이 뭐 잘 났다고… 가만히 앉아 실패나 가슴아파하면서 술이나 먹고 신세 한탄이나 하지'라고 생각했다면 지금의 나는 없었을 것이다. 하지만 '그래 이 과정은 내게 주어진 시련의 기회고, 훈련의 시간이다. 지금 나는 돈 주고도 배울 수 없는 아주 값진 수업을 받고 있다'라고 생각하며 살았다.

나를 있는 그대로
본다는 것

/

남들이 뭐라하든 나는 나의 '있는 그대로'의 모습을 받아들이는 데 주저함이 없었다. 없으면 없다고 했고, 부족하면 부족하다고 했다. 재기를 위해 부단히 노력하는 상황에서도 당시 심정과 생각을 글로 써서 이메일을 통해 지인들과 나누는 일을 게을리 하지 않았다. 계속된 글쓰기는 훗날 책을 쓰는 데 큰 도움이 되었다. 나의 강연을 필요로 하는 곳이라면 어디든 달려갔다. 그리고 젊은이들과의 소통을 통해 우리 사회가 안고 있는 심각한 청년문제에 관심을 갖게 되었고 더 나아가 우리나라의 미래에 대한 고민까지도 내 몫이 되고 말았다. 아니 오히려 그것이 내 삶의 의미였다는 것을 깨닫게 되었다는 것이 더 정확한 표현일 것이다. 결국 모든 것을 잃었다고 생각되는 순간에 나는 내면으로부터 이끌리는 그 무엇에 집중할 수 있었고 그런 일상이 쌓여가며 진정으로 격려하고 응원해주는 많은 선배, 친구, 후배들과 진정성 있는 공감을 하게 되었다.

일 자체의 즐거움이
몰입이 된다

/

나의 꾸준한 노력들은 뭐가 되기 위해서도 무엇을 갖기 위해서도 아니었다. 단지 그 일을 통해 내면의 기쁨이 솟아나는 것을 느낄 수 있었기에 자연스럽게 행동으로 옮겨진 것이다. 물론 강연을 통해 얻어진 수입이 생활에 매우 긴요하게 쓰인 것은 사실이지만 내 삶을 돈을 위해 강요하거나 억지로 내몰지 않으려고 노력했다. 사실 먹고 살기 힘든 상황에서 찬밥 더운밥 가릴 수 있냐고 반문하는 분들이 계시겠지만, 다행스럽게도 오래 전부터 사업을 해온 터라 뭔가를 만들고 도전하는 일에 익숙한 덕분에 가능했던 것 같다. 물론 집에서 이런 좌충우돌하는 남편을 믿고 힘들어도 짜증내지 않고 묵묵히 지원해준 아내와 딸들이 없었다면 불가능했을지도 모른다. 그 점에 대해서는 늘 고맙게 생각하고 있다. 아무튼 내 삶은 그렇게 흘러왔다. 힘들어도 내가 하고 싶은 일에 시간을 투자할 수밖에 없었다. 아니 힘들기에 오히려 더 내가 하고 싶은 일에 투자해야만 했다. 사실 돈을 벌기 위해 이런 저런 일에 도전을 안 해본 것은 아니지만 결국은 힘들고 어려울수록 내면의 행복을 더 중요하게 생각하게 되었다.

이런 나의 모습들이 이제 우리 사회에도 필요하다고 판단되었는지 새누리당에서 국회의원 출마 제의가 있었다. 너무나 갑작스러운 일이었고 또한 국회의원이라는 직업에 대해 생각조차 없었기 때문에 당황스러울 수밖에 없었다. 하지만 세 번의 고사 끝에 평소에 생각하던 꿈을 실현하는 데 도움이 된다면, 주어진 기회를 감사히 받자는 뜻으로 출마를 하게 되었다. 후보 등록 일주일 전에 공천이 된 상황이라 정말 아무것도 없었다. 돈도, 도와줄 스태프도… 또 정당 활동을 해봤을 리 없으니 무엇을 어떻게 어디서부터 해야 할지 막막하기만 했다.

공감은 여기서 통했다. 오랜 시간 내 있는 그대로의 모습으로 공감하던 많은 분들이 십시일반 정말 자기 일처럼 뛰어주었다. 그분들이 없었다면 나는 지금 이 자리에 있을 수 없었을 것이다. 막상 선거가 시작되고 나니 막막한 심정은 커져만 갔다. 상대 후보는 오래 전부터 지역에서 활동을 했던 분이었고, 나는 불과 선거 3주일 전에 나타났으니 내 심정이 어떠했겠는가. 그래서 내가 선택한 전략은 역시 공감을 확대하는 전략이었다. 그래서 선거기간 동안 하루도 안 빼놓고 '전하진의 정치초짜일기'를 블로그에 올렸다. 늦은 시간 귀가하여 새우잠을 자고 새벽에 일어나는 바쁜 선거기간 중에도 정치를 처음 하는 내 생각을 가감 없이 진솔하게 블로그에 올렸다. 아마도 먼 훗날 정치 초년생으로서의 경험담이 나에게 좋은 추억이 되리라 생각한다. 결과적으로 이런 내 노력은 우리 지역 유권자들의 마음을 움직였다. 처음에 당 지지율보다 10% 이상 밑돌던 내 지지율이 투표일이 다가올수록 당 지지율보다 높게 나오기 시작한 것이다. 특히, 20~40대 남성분들의 지지율이 급상승했던 것을 보면 아마도 진솔하게 다가가고자 했던 내 진정성에 공감한 분들이 많아지지 않았나 조심스럽게 분석해본다.

경쟁의 시대는 가고
공감의 시대가 온다

이런 진정성이 담보된 공감이 얼마나 중요한지 너무나 잘 알고 있던 나는 지금도 우리 유권자들과의 공감을 확대하기 위한 노력을 게을리하지 않고 있다. 늘 소통하고 공감하기 위해서는 진실하지 않으면 안 된다. 있는 그대로 진실한 소통을 통해 공감하는 것, 이것이 스마트시대에는 그 어떤 자리의 권력보다 여러분을 강력하게 만드는 무기가 될 것임을 믿어 의심치 않는다.

　이처럼 공감이 중요하게 대두되는 데는 투명성이 전제된 전 지구적인 네트워크 그리고 그 네트워크로 촘촘히 연결된 사람들과의 관계, 바로 이런 인프라(다시 말해, 인류가 단 한 번도 경험해보지 못한 새로운 시대의 인프라) 덕분에 자신의 공감이 극단적으로는 전 세계인을 묶어낼 수 도 있다는 사실을 주목하지 않을 수 없는 것이다. 과거에 닫힌 조직 하에서 자신에게 주워진 권한 혹은, 자리가 주는 힘을 내세워 자신을 감추고 행세하던 시대는 이미 지나갔다는 사실을 명심해야 한다. 스펙이 무의미해지는 것은 스토리를 낱낱이 들여다볼 수 있는 시스템이 갖춰져 있는데 굳이 스펙에 의존해 오판을 할 이유가 없다는 데 있다. 제러미 리프킨이 경쟁의 시대는 가고, 공감의 시대가 왔다고 주장하듯이 이제 이 공감을 어떻게 확대해서 더불어 사는 이 사회의 주인공이 될 것인가를 더욱 더 깊이 성찰해야 할 시기인 것이다.

SNS 시대,
공감이 자산이다

　　　　　　모바일 시대를 대표하는 특징 중에 하나는 바로 소셜 네트워크 즉, SNS Social Networking Service 라고 해도 과언이 아닐 것이다. 이것은 우리가 지금까지 오랜 시간 습관적으로 해오던 인간관계를 전혀 새로운 방식으로 할 수 있게 되었음을 의미한다. 따라서 인맥의 중요성이 강조되면 될수록 인재들이 갖추어야 할 능력은 새롭게 정의될 것이다. 여러분의 미래를 보장받기 위해서는 이러한 SNS의 활용을 과소평가해서는 안 된다. 앞으로는 인재의 강력한 무기가 될 것이 확실하기 때문이다.

　　인간은 태어나면서부터 관계를 맺기 시작한다. 우선 처음으로 맺어지는 관계가 바로 부모와의 인연이다. 그리고 많은 가족들과 필연적 관계를 형성한다. 그 이후 학교를 들어가면서 우리는 인위적 관계를 만들어나간다. 동네에서 함께 뛰어놀던 소꿉친구라는 때 묻지 않은 관계도 생기고 학교에 들어가 만난 학교 친구가 졸업을 하면 동기동창이 되고 같은 학교를 졸업했다고 동창회에 가입하기도 한다. 회사에 들어가면 동료들 모임이 만들어지고, 같은 부서에 근무한다고 부서 모임이 생긴다. 그 밖에도 종교적 모임, 취미를 함께하는 동아리 모임 등 죽을 때까지 이런 모임을 계속 만들어나갈 것이다. 이런 모임이 활성화되는 이유 중에 하나는 바로 필터링이 된 사람들 속에서 좋은 관계를 찾고자 하기 때문이다. 만남 자체만으로는 좋은 관계로 발전할 수 없기 때문에 시간을 들여 좀 더 친밀해지는 과정을 거치게 된다. 하지만 모든 사람에게 이 과정을 적용하는 것은 물리적으로 불가능하다. 전화를 거는 것도 식사를 함께하는 것도 운동을 같이하는 것도 시간의 한계를 벗어날 수 없다. 그런 이유에서 인지는 몰라도 인간이 친밀하게 지낼 수 있는 관계는 대략 150명 이내라고 한다. 그 이상이 되면 관계를 유지할 만큼의 투자가 쉽지 않다는 뜻이다.

이렇게 인류가 지금까지 해온 방식을 뛰어넘어 보다 광범위한 인간관계를 형성할 수 있는 것이 바로 소셜 네트워크이다. 소셜 네트워킹이란 행동하는 사람들Nodes들이 상호의존적인 관계tie를 형성하는 것을 말하는데, 이 관계가 불특정하고 정렬되지 않은 상태로 복잡하게 이루어질 수 있다는 점이 특징이다. 또한 많은 사람과의 관계를 효과적으로 만들고 관리할 수 있다. 특히 아직 만난 적도 없는 사람들과도 새로운 관계를 만들고 유지할 수 있다는 점 또한 획기적이다. 그들과 온라인의 관계를 발전시키며 오프라인의 친구나 비즈니스 동반자가 되기도 한다. 과거에 펜팔Pen pal을 통해 얼굴도 모르는 사람들 특히 외국인들과 편지를 주고받으며 관계를 키워나간 낭만적 사례가 없었던 것은 아니지만 소셜 네트워크처럼 대규모의 인간관계를 가능하게 한 것은 인류 역사에 그 사례를 찾기 힘든 혁명적 방법이다.

SNS 능력,
인재의 새로운 기준

소셜 네트워크를 통해 일단 관계가 맺어지면 이미 알고 있던 사람이든 아니면 전혀 알지 못하던 사람이든 상관없이 본인이 원한다면 관계를 손쉽게 유지할 수 있다. 따라서 과거처럼 많은 시간을 투자하지 않아도 전에는 상상할 수 없을 정도의 많은 사람들과 좋은 관계를 만들어 갈 수 있다. 더 중요한 것은 서로가 어디에 있든 또 그들이 무엇을 하든 상관없이 틈틈이 소통이 가능하며 마치 함께 모여 웃고 즐기듯 교감하는 일이 가능한 세상이 온 것이다. 불과 수십 년 전만 하더라도 공항에서 헤어짐이 아쉬워 손수건을 감싸 쥐고 통곡을 하는 부모님이나 부둥켜안고 흐느끼는 연인을 보는 것은 어려운 일이 아니었다. 하지만 지금은 헤어지고 몇 시간 뒤면 바로 연결이 되어 미국에 있는지 한국에 있는지 모를 정도로 가깝게 소통할 수 있게 되었으니 헤어지는 슬픔도 그만큼 덜할 수밖에 없다.

마치 전 세계에 퍼져 있는 신들이 각자의 자리에서 함께 대화하는 모습을 상상하는 동화 같은 이야기라고 보면 좋을 것 같다. 예전 상식대로라면 멀리 있는 친구와는 그 거리만큼이나 멀리 있음을 느끼며 서로의 연을 가끔씩 이어가야 정상이었다. 미국에 사는 친구와 언제든 시시콜콜한 이야기를 해가며 농담을 한다면 서울에 같이 사는 친구와 별 다를 것이 없다. 서울에 사는 친구라도 일 년에 한두 번 만나기도 힘든 경우도 많지 않은가. 그렇다면 미국에 있으나 아프리카에 있으나 매일 서로의 안부를 묻고 사진을 교환하고 인터넷으로 몇 시간씩 통화를 하고 지낸다면, 가까운 거리에 있으면서도 자주 연락하지 않는 친구보다 친밀도는 훨씬 더 높을 수 있다.

SNS가 확대 발전되기 전에는 뭔가 알고 싶은 것이 있을 때는 인터넷 검색을 통해 각종 정보를 찾아내고 이를 토대로 여러 가지 업무를 하는 것이 상식이었다. 우리나라에서 지난 10년 동안 가장 똑똑한 멘토를 뽑으라면 단연 '지식in'이라는 네이버NAVER의 서비스를 들 수 있을 것이다. 아프면 병원을 찾기 전에 먼저 지식in에게 물어본다. 왜 아픈지, 병원은 어디로 가야할지를 지식in을 통해 파악하는 것이다. 일단 모르는 것은 인터넷을 통해 검색을 하는 것이 일상이 된 지 오래다. 그런 이유로 우리나라에는 NHN이라는 매출 2조 원이 넘는 기업이 탄생하였고, 세계적으로는 구글Google이라는 사이트가 엄청난 속도로 성장을 했다.

하지만 SNS가 발달하면서 이제는 컴퓨터에 묻기보다 내가 잘 아는 친구들에게 물어보기 시작한다. 자신의 인간관계를 통하여 좀 더 지능적인 답을 구하게 된 것이다. 전 세계의 9억 명이 이용하는 SNS의 대명사인 페이스북facebook이 검색의 대명사인 구글Google을 제치고 미국인이 가장 오랜 시간 이용하는 사이트로 등극한 지 오래다. 검색사이트의 페이지뷰를 SNS의 페이지뷰가 넘어서는 일이 벌어졌고 현재도 SNS에 대한 관심은 지속적으로 상승하고 있다.

사람들은 필요한 정보를 인터넷 검색을 통해 인터넷에 축적된 데이터에서 찾아내는 것이 아니라 SNS의 친구들에게 질문을 하거나 그들의 추천에 의해 정보를 입수한다. 일반적으로 우리는 가까운 친구나 지인 등을 통해 뭔가 중요한 정보를 입수하거나 의사 결정에 도움을 받아온 것이 사실이다. 다만 인터넷의 발달로 잠시 기계적 데이터에 의존을 했던 것인데 SNS의 발달과 함께 이제는 보다 광범위하게 연결되어 있는 SNS 친구들이나 지인들에게서 필요한 것을 구하는 형태로 진화하고 있는 것이다.

예를 들어, 책을 사거나 여행지를 추천받을 때 또는 맛있는 레스토랑을 알고 싶을 때 인터넷 검색을 통해 얻은 정보만으로는 부족하다. 내가 아는 친구가 그 레스토랑의 음식 맛이 좋다며 적극 추천하는 곳을 가고 싶은 것이 인지상정이다. 그러므로 미래에는 이러한 인간관계를 많이 가지고 있을수록, 또한 그 관계가 매우 긴밀할수록 그 중심에 있는 주도형 인재는 의사 결정과정에서 좀 더 나은 선택을 할 확률이 높아질 것이라는 점을 쉽게 이해할 수 있을 것이다. 이것이 바로 미래 사회의 인재가 가져야 할 중요한 역량임을 잊지 말아야 한다. 자신을 주도적으로 혁신해나가면서 주위와 신뢰를 바탕으로 끈끈하게 관계를 맺어가는 열린 인재들이 바로 그들이다.

이처럼 SNS는 다수의 사람들이 효과적으로 안부를 묻고, 생각을 공유하고, 서로가 부족한 것을 채워주고, 뜻을 함께 펼칠 수 있는 기회를 만들어준다. 이렇게 SNS는 지금 세상의 변화를 주도하고 있다. 2012년 3월 현재, 페이스북 가입자는 9억 명을 넘어섰는데 전 세계 인구로 보면 6명 중에 1명이 가입한 셈이다. 일일 이용자 수도 5억 2,600만 명으로 매일 페이스북을 이용하는 사람은 가입자의 절반 이상인 것으로 나타났다. 8년 전에 시작할 때는 누구도 상상할 수 없었던 결과다. 지난해 매출도 37억 달러를 올렸고, 순익은 10억 달러에 달했다. 트위터의 경우도 2010년 4월경에 1억 명을 조금 넘었었는데 불과 4개월 후에 1억 5,000만 명이 되었다. 2011년 6월경 일일 트윗수는 2억 건을 돌파했는데, 2009년 200만 건에 불과했던 트윗수가 1년 6개월 만에 100배 이상 증가하였고 지난 3월 100억 개를 돌파할 때까지 4년이 걸렸으니 그 성장세가 놀랍지 않은가. 이미 국내에서도 트위터 가입자가 500만을 넘어섰다. 이 역시도 지난 2010년 5월, 50만을 돌파한 지

3개월 만에 100만을 넘어섰고 그로부터 다시 3개월 후에 200만을 넘어선 것이다.

열린사회에서
커뮤니케이터로 살아가기

SNS는 사람과 사람과의 관계를 유지 발전시켜주는 역할을 할 뿐만 아니라 새로운 파트너를 찾아주는 일도 한다. 또한 비즈니스 방식도 SNS 안에서 새롭게 정의되고 시도되고 있다. SNS가 광범위한 인간관계를 형성할 수 있다고 해서 억지로 그 수를 늘리려고 애쓰는 사람들이 있다. 하지만 그런 노력이 오히려 역효과를 내는 경우도 있다. 알고 있는 사람이 많다는 것이 중요한 것이 아니라 얼마나 탄탄하게 공감을 함께 하느냐가 중요하다. 페이스북의 시작도 그렇게 오프라인 친구들 사이에 유대 강화가 목적이었다. 그런데 이제는 온라인에서의 만남을 시작으로 오프라인에서 파트너 또는 친구가 되는 것이다.

물론 아직까지는 그 부작용을 염려하는 목소리가 더 큰 것도 사실이다. 얼굴도 모르고 신상 파악도 안 된 사람과 글 몇 개 주고 받았다고 오프라인에서 뭔가를 같이 한다는 것이 말이 되냐는 식이다. 하지만 학교 동창이라는 것도 따지고 보면 타인에 의해서 필터링이 된 인재 풀Pool에 불과하다. 자신에게 필요한 파트너를 제한된 범위에서 찾는 것과 불특정 다수로 확장된 넓은 풀에서 찾는 것 중에 어떤 것이 더 경쟁력을 갖출지는 각자가 생각해보기 바란다. 학연이나 지연보다 훨씬 강력한 전문가들의 만남을 가능하게 해준다면 소셜 네트워크에 의한 파트너 찾기는 미래에 매우 중요한 수단이 될 것이 분명하다. 그렇게 되면 각종 모임의 성격도 지금처럼 우회적이고 배타적인 닫힌 문화에서 벗어나 직설적이며 진정성을 중시하면서도 개방적 성격을 띤 열린 문화로 바뀔지 모른다. 목적이 분명한 전문가 그룹 모임이 더욱 더 활성화 된다는 의미다.

트위터,
새로운 소통 문화를 열다

트위터www.twitter.com 는 140자의 단문을 통해 소통하는 도구이다. 예를 들어 소설가 이외수 씨의 트위터 팔로우어follower 는 140만 명이 넘는다. 화천군 감성마을이라는 어찌 보면 사람들의 왕래가 드문 시골에 사는 그는 매일 140만 명이나 되는 많은 사람들과 관계를 맺고 지낸다. 물론 이 팔로우어들은 단순히 그가 쓴 140자의 짧은 글tweet 을 보기 위해 관계를 맺은 사람도 있을 것이고 과거 그의 작품을 통해 팬으로서 관계를 맺은 사람도 있을 것이다. 그 이유야 어떻든 간에 이외수 씨의 단문tweet 과 연결되어 있는 사람들이다. 그 내용이 좋다거나 아니면 자기 생각과 다르다거나 등등의 생각을 이외수 씨에게 답장을 할 수가 있는데 이런 행위를 멘션mention이라고 한다. 이런 멘션을 접한 이외수 씨가 그에 따른 멘션을 다시 해줄 수 있다. 경우에 따라서는 자신의 팔로우어들에게 참고가 될 수 있다고 판단하여 다른 이의 트윗을 리트윗Retweet을 하기도 한다. 이 뜻은 해당 글을 자신의 140만 명이 넘는 팔로우어에게 다시 알린다는 뜻이다. 물론 서로가 서로를 팔로우어로 지정하고 있다면 쪽지Direct Message를 주고받는 일도 가능하다.

이런 일련의 과정에서 주고받는 대화 중에는 일상적이면서 어떻게 보면 별 가치가 없는 내용도 많이 있다. 우리가 오프라인에서 사람을 만날 때도 처음부터 진지한 이야기를 나누는 경우가 그리 많지 않다. 하지만 일상적인 이야기들로 상호 교류를 하다 보면, 그리고 이런 교류가 하루에도 몇 번씩 일 년 열두 달 계속되다 보면, 비록 오프라인에서 만난 적이 없는 사람이라도 몇 년 전에 어쩌다 한 번 만난 동창보다도 훨씬 가깝다는 생각이 들 수도 있다.

트위터의 타임라인[1]은 그야말로 속보창이나 다름없다. 타임라인에 올라오는 트윗들 중에는 자신의 개인적인 일상을 올리는 것도 있고, 또 팔로우어follower들에게 필요한 정보를 올리기도 한다. 추석 때 서울 전역에 엄청난 폭우가 쏟아졌는데 기존의 미디어들도 최소의 인원만 남기고 연휴에 들어갔기 때문에 시시각각으로 벌어지는 도로 침수 상황이나 피해 상황을 속보로 전달하지 못하는 사태가 벌어졌다. 하지만 트윗은 달랐다. 현장에 있는 트위터리안 모두가 기자였던 것이다. 피해 지역 곳곳에서 트윗이 올라오고 이것을 본 사람들이 다시 리트윗Retweet 함으로써 재난 정보를 공유했다. 어떤 지하철역이 침수되어 정차를 하지 않으니 돌아가라 하는 식이었다. 결국 뉴스전문 채널이라는 곳도 기자들이 현장에 도착할 때까지는 물리적 시간이 필요하고 따라서 속보 제공은 이미 트위터리안에게 자리를 내주고 말았다. 트위터가 가장 빠르게 소식을 전한다는 것은 이미 쓰촨성 지진 때도, 뉴욕 근처 허드슨 강에 비행기가 떨어졌을 때도 증명된 일이다. 세계 전역에서 속보 채널로의 위상이 갈수록 커져가고 있는 것이다.

최근에 있었던 지하철 성추행범의 경우도 마찬가지다. 만취된 여성에게 성추행을 하던 중년 남자의 모습이 맞은편에 앉아 있던 승객의 휴대폰에 고스란히 담겨지고 말았다. 그 승객의 만류로 상황은 종료되었지만 그 다음날 이 동영상이 인터넷에 확산되면서 결국 그 남자는 경찰에 자수를 할 수밖에 없었다. 거리를 오가는 평범한 사람들이 기자, 카메라맨, 보조까지 3인이 하던 일을 혼자서 간단하게 처리할 수 있는 장비 즉 휴대폰을 가지고 기자 역할을 수행하는 시대가 되었다.

따라서 제한된 수의 기자와 필진이 방송이나 신문을 만들어가는 기존 미디어의 경쟁력은 갈수록 약화될 수밖에 없다. 앞으로는 각 분야에서 내공이 깊은 전문가들이 만들어내는 콘텐츠로 독자들에게 다가가는 이른바 소셜 미디어 저널과 같은 개념의 뉴미디어가 나타날 수밖에 없을 것이다. 그들의 콘텐츠를 읽기 쉽게 정리하고 사실 여부를 검증

하는 정도의 역할을 소셜 미디어 저널이 담당한다면 다양한 필진의 의견을 가감 없이 쏟아내는 미디어가 만들어지는 것이다. 광고주나 권력의 눈치를 살피면서 소수의 편집자에 의해 좌지우지되는 기존 미디어가 각 분야에서 최고의 실력을 자랑하는 사람들이 이렇듯 투명하게 쏟아내는 콘텐츠를 과연 이겨낼 수 있겠는가. 하루 빨리 기존 미디어가 혁신적인 변신을 하지 않는다면 오래지 않아 기존 미디어의 대규모 파산을 보게 될지도 모른다.

개인적인 일을 처리하는 데도 소셜 네트워크는 매우 유용하게 활용되고 있다. 얼마 전 트위터에서 일어났던 일이다. 2시 공연을 보기로 한 친구들 중에 2명이 갑자기 일 때문에 못 오게 되자 1시 반에 트윗을 날렸다. '8만 원짜리 표 두 장이 쓸모없게 되었는데 이 주변에 계신 트위터리안이 이 글을 보시면 바로 연락주세요. 함께 가시게'라고 글을 올렸는데 주변에 있던 남녀 한 쌍이 이 트윗을 보고 함께 공연을 볼 수 있었다. 옛날 같았으면 그냥 휴지가 되었을 고가의 공연표가 유용하게 사용될 수 있게 트위터가 도와준 것이다. 필자도 최근에 서울역 근처에서 중요한 미팅을 할 장소를 찾기 위해 트위터에 글을 올렸다. 많은 사람에게 순식간에 답신이 도착했다. 그 중에 하나는 자신이 운영하고 있는 갤러리에 회의실이 있으니 작품도 감상하고 회의도 하라는 메시지였다. 필자는 트위터를 통해 그곳에 갤러리가 있는 줄 처음 알게 되었다.

미국 라이코스Lycos의 대표인 임정욱 다음Daum 부사장은 '@estima7'이라는 아이디로 트위터를 한다. 그의 팔로우어는 5만 명 정도다. 이 숫자는 매일 증가하기 때문에 큰 의미는 없다. 그에게 일어났던 이야기를 하나 해보자. 2010년 3월 그 당시에는 약 1만 명이 조금 넘는 팔로우어가 있을 때였다. 그는 한국에 출장을 오게 되었다고 트윗을 날렸다. 늘 미국 정보를 실감 있게 알려주던 그였기에 많은 사람이 만나고자 했다. 그래서 그는 화요일 오후 6시경에 다음과 같이 트윗을 날렸다. '서울 온 기념으로 많은 분 만나고 싶은데 금요일 오후 4쯤 한남동 다음사옥에서 만나서 차나 한잔하면서 이야기하면 어떨까 싶습니다. 하하 이런 번개 어떨까요?' 그의 팔로우어들은 즉각 반응을 하기 시작했다. 어떤 이는 신청을 받아주겠다고 나섰고 어떤 이는 그날 만남을 인터넷으로 생중계해주겠다고 나섰다. 진행을 맡아주겠다고 나선 이도 있었다. 아무튼 많은 사람이 신청을 하게 되니 다음Daum에서도 부랴부랴 큰 강의실을 준비하고 임정욱 사장은 간단히 차나 한잔하려던 계획을 접고 150명이 모이는 세미나를 준비해야 했다.

남은 시간은 3일, 이틀 동안 강의 준비를 하고 금요일 오전에 다음 직원들을 대상으로 리허설(?) 겸 자신의 미국 경험을 토대로 소셜 미디어에 대한 강의를 하고 오후에 세미나가 열렸다. 이 세미나는 인터넷으로 생중계되었고 1,500회 이상 조회가 되었다. 불과 4일 만에 150여 명이 모이고 1,500여 명이 원격으로 참여한 세미나를 개최할 수 있었던 것이다. 이미 임정욱 사장은 다음의 부사장보다는 '@estima7'이라는 아이디로 관계를 맺은 사람들이 더 많을 것이며 그는 그들을 위한 정보 제공 노력을 게을리하지 않고 있다. 이런 트위터리안은 점점 많아지고 있으며 그들의 영향력 또한 커지고 있다. 우리는 이들을 어떻게 이해해야 할 것인가.

따뜻한 사이버공화국, 페이스북

얼마 전 〈소셜 네트워크〉라는 영화가 개봉되었는데 그 주인공은 바로 19세에 페이스북을 만들어 26세에 전 세계 20대 부자 대열에 오른 마크 저커버그Mark Zuckerberg였다. 그는 인구 수로 따지면 중국, 인도 다음으로 많은 인구를 가진 사이버공화국을 건설한 사람이기도 하다. 페이스북은 트위터와는 다르게 좀 더 타이트한 인맥 관리를 기본으로 한다. 따라서 트위터가 광장에 모인 불특정 다수와의 대화라면, 페이스북은 친구들과 대화하는 느낌이다. 물론 그 나름대로 장점들을 가지고 있다. 페이스북은 시간이 갈수록 그 인구를 기하급수적으로 늘려나가고 있고 인간관계는 물론이고 비즈니스의 장으로도 그 위상을 강화하고 있다.

사람들은 자신의 일상을 누군가와 나누고 싶어 한다. 그래서 친구들에게 전화를 걸어 장시간 수다를 떨기도 하고 저녁에 술 한 잔을 기울이기도 한다. 자신의 활동이나 생각을 글이나 사진 그리고 동영상으로 올리면 친구들이 그것을 보고 반응한다. '나 오늘 상 받았다'는 기쁨을 나누고 싶어 친구들에게 일일이 전화를 하는 것이 아니라 페이스북에 올려 훨씬 많은 친구들과 기쁨을 함께 나누는 것이다.

우리는 이런 만남을 통해 교감하고 공감하며 인간관계를 확대해나가는 것이다. 그런 일련의 활동을 마치 레고 블록 같은 작은 조각들로 쌓아가는 것 같은 환경을 제공하는 것이 페이스북이다. 생각의 공유, 기쁨과 슬픔의 공유 또한 정보의 공유가 아주 짧은 시간 안에 이루어지게 된다. 그런데 이런 것이 한순간으로 끝나는 것이 아니라 지속적으로 반복되면서 교감의 깊이가 더해짐을 실감하게 된다. 그것은 전화를 자주하는 친구와 그렇지 않은 친구를 비교하면 쉽게 이해가 될 것이다.

페이스북이 성공할 수 있던 요인 중에 하나는 바로 오프라인 친구들의 관계를 중시했다는 점이다. 페이스북보다 4년 앞선 1999년, 우리나라에도 '아이러브스쿨www.iloveschool.com'이라는 SNS가 등장했었다. 하지만 아이러브스쿨은 그 토대를 확장하는 데 실패하고 말았다. 다시 말해 오프라인 친구들로 시작된 관계가 확장될 수 있게 만들지 못했고 또한 많은 파트너들이 함께 참여할 수 있는 개방된 구조를 갖고 있지 못했다. 그런 점에서 페이스북은 열린 조직이 지향하는 '개방', '참여', '공유'를 실천하고 있는 것이다.

페이스북이 구글이나 네이버와 다른 점은 사람과 사람과의 관계를 정밀하게 분석하는 소셜 그래프에 초점을 맞추고 있다는 점이다. 기존의 카페나 검색 사이트는 많은 사람들이 들어오는 것이 목표였다. 그렇게 많은 사람이 방문하는 사이트는 광고가 몰렸고 자연히 성장을 할 수 있었던 것이다. 그러나 페이스북은 처음에 각 대학별로 사이트를 운영하기 시작했고 그들이 중요시한 것은 방문자 수가 아니라 사람과 사람 간의 관계였다. 이를 보여주는 것이 소셜 그래프인데 내가 누구와 친한지 또한 얼마나 자주 교류하는지를 파악하면서 그 친한 친구의 또 다른 친한 친구를 파악하는 식으로 소셜 그래프를 정교하게 만들어 가고 있다.

이런 소셜 그래프 덕분에 페이스북은 아주 정교하게 내가 알 만한 사람들을 추천해주기도 한다. 그래서 잊고 지내던 친구를 다시 찾기도 하고 또 다른 친구의 친구를 소개받기도 한다. 대략 수백에서 수천 명의 친구 관계를 맺게 되는데, 이는 지금까지 연구 결과를 토대로 인간이 친밀하게 지낼 수 있다는 범위를 초월하는 것이다.

이렇게 친구들과의 대화 속에 살며시 끼어들어 자신들의 비즈니스를 창조하는 기업들도 급속히 늘어나고 있다. 그들은 과거 일방적으로 광고를 하고 고객의 클릭을 기다리고 있어야 했던 방식을 뛰어넘어 고객들의 대화를 살피고 그들을 참여시키는 방법으로 비즈니스 방법을 바꿔가고 있는 것이다. 아마도 오래지 않아 이렇게 모인 수천 명의 친구들은 자신들한테 좋은 조건을 내세우는 기업과 공동구매 형태의 거래를 하는 것이 일상이 될 전망이다. 생산자와 사용자가 직거래를 하게 되는 것이다. 그것도 생산자 주도나 중간 유통업자 주도가 아니라 고객들이 직접 나서게 될 것이다.

규모가 크든 적든 간에' 많은 사람들은 열린 무대에 노출되어 있는 자신을 즐기며 마치 연예인이나 프로선수처럼 행동해야만 한다. 그것은 개인의 사생활이 침해당하는 일일 수도 있지만 오히려 개인의 삶을 자극하는 일이기도 하다. 어쨌든 소셜 네트워크를 활용하는 사람들은 그렇지 않은 사람보다 매우 효율적인 인맥관리가 가능할 것이다. 기본적으로 자신들이 친하게 지낼 수 있는 인간관계 이외에 느슨한 대규모의 인간관계를 가지고 있음을 의미한다. 그리고 친하게 지내는 사람들과도 보다 적은 시간과 노력으로 관계를 유지 발전시킬 수 있다는 점 또한 그렇게 하지 않은 사람에 비해 경쟁력에서 차이를 만들어낸다.

조직 내에서 자신의 상사에게 충실한 조력형 인재들에게는 이런 일이 아주 성가시고 귀찮은 것일 수 있다. 자신이 성장하는 데 있어서 '별 영향도 없고 알지도 못하는 사람들과 교류하면서 자신을 드러내는 것이 무슨 의미가 있단 말인가'라고 생각할지 모른다. 그럴 시간이 있다면 자신의 자리를 유지하고 발전시키는 데 영향력을 가진 자에게 더욱 최선을 다하는 것이 바람직한 행동이며 이렇게 잘 모르는 자들과의 네트워크를 확장하는 것이 자칫 잘못하면 오히려 자신의 치부를 드러내어 나쁜 영향을 끼칠 수 있다고 걱정할 것이다. 한 사람의 눈은 속일 수 있어도 여러 사람의 눈을 속이기는 쉽지 않기에 공개적 평가가 두려운 것이다.

성격상 자신을 드러내는 것을 싫어하는 사람들에게도 이런 개방적인 문화는 받아들이기 쉽지 않은 일이다. 개인의 사생활이 침해받는 것은 인간의 숭고한 자유를 빼앗기는 것일 수 있기 때문이다. 굳이 이렇게까지 하며 많은 사람들과 관계하고 싶지도 않고 그저 소수의 친한 사람들과 재미있게 사는 것을 바라는 사람들도 있을 것이다. 그래서 이들은 이런 문화적 공세를 거부한다. 하지만 비록 이런 문화에 참여하지 않는다고 하더라도 그들이 바라는 것처럼 사생활이 보호되기는 힘든 세상이 되고 있다. 언제 어디서 카메라를 들이댈지 녹음기를 틀어 놓을지 모를 일이다. 따라서 스탠드를 꽉 메운 야구장 한가운데 서 있는 느낌으로 살아가는 것이 오히려 자신의 사생활을 보호할 수 있는 능력을 키우는 일이 되지 않을까 싶다. 물론 개인의 사생활을 철저하게 보호하고 더 나아가 드러나지 않아도 되었을 과거의 실수에 대한 관용의 범위 등도 사회 제도적 차원에서 고민할 일이다.

이런 문화적 충격을 받아들이느냐 아니냐는 전적으로 개인적인 선택의 문제가 되고 있다. 이 거대한 트렌드를 되돌려놓을 힘은 당분간 없어 보인다. 그러므로 더 적극적으로 이 문화를 수용하면서 새로운 삶의 방식을 찾아가는 것이 오히려 자신의 사생활을 보호하고 더 나은 삶을 추구하는 것이 될 수도 있다.

경영이 사라진 공간,
인재가 채운다

우리 사회에서 흔히 볼 수 있는 조직구조는 대부분이 피라미드 형태를 취하고 있고, 정상 부근의 전략가Thinker와 하부의 실행가Worker로 구분되어 일을 하고 있는 것이 현실이다. 그리고 이런 조직구조를 효율적으로 만들기 위해 경영이 필요하게 되었다. 실행가를 관리하기 위한 인사, 교육, 복리후생, 인센티브제도 등이 필요하게 되었고, 전략가를 위해 시장조사, 전략, 계획, 예산 등이 필요하게 되었다. 이런 것들을 우리는 흔히 경영이라고 말한다. 그리고 조직 내 상당한 인력이 이런 경영을 위해 수만 가지의 보고서와 서류를 만들어내고 있다.

닐스 플래깅Niels Pflaeging은 '경영에 있어서 가장 큰 실수는 사람을 전략가와 실행가로 구분하거나 업무를 분야별로 제한하는 것'이라고 주장한다. 왜냐하면 사람은 스마트하게 모든 의사결정을 할 수 있기 때문이다. 우리는 집에서 또는 자신의 취미생활을 할 때 아주 스마트한 의사결정을 하거나 나름대로 가장 합리적인 방법을 찾아 행동한다. 그런 사람들이 유독 조직에만 들어가면 자신의 행동을 구속당하거나 의사결정을 스스로 하지 못하고 남에게 의존해야 하는 실행가로 변하고 만다.

피라미드 조직은 책임과 행동을 체계적으로 분리한다. 이것은 조직에서 결단성과 책임감을 없애고 임의적이고 무책임한 태도를 제도화하는 것이다. 이런 피라미드조직에서는 직원들의 행동에 대한 책임을 다른 곳에서 떠맡고, 직원들에게는 어떠한 결정권도 주지 않는다. 이런 환경에서 직원들은 쉽게 무력감에 빠진다. 권력은 그들을 위해 군림하고, 그들은 조직에서 작고 의미 없는 톱니바퀴 하나에 지나지 않는다. 그러니 일할 의욕이 생길 리 없다.[2]

피라미드 조직은 마치 프로축구선수가 자신에게 날아오는 공은 차지 않고, 코치와 감독의 지시만을 기다리는 꼴이다. 이런 프로축구팀은 형편없는 실력의 상대를 만나도 질 수밖에 없다. 수많은 조직의 훌륭한 실행가들은 늘 바쁘고 요약한 자료를 요구하며 까다롭게 숫자를 챙기는 전략가들의 지시를 기다려야 한다. 공을 보고 바로 차면 될 것을 공의 정보를 코치에게 보고하고, 코치는 다른 선수들의 위치와 움직임을 파악하는 등 상세한 정보를 취합하여 그것을 한 눈에 알아볼 수 있게 요약보고서를 만들어 감독에게 보고를 하면 감독은 귀찮다는 듯 지시를 내리는 꼴이다. 감독은 이마저도 마음에 안 들면 다시 새로운 정보를 추가해서 더 요약되거나 자세한 보고서를 요구한다. 그동안 이미 공은 상대선수에 의해 골대에 들어가 있을 지도 모르는데 말이다. 하지만 선수는 이런 상황에 대해 책임질 일이 없다. 지시를 받지 않았기 때문이다. 그저 실행가들은 결과가 나빠지면 그에 대한 분석과 대책을 수립하기 위해 또 다시 수많은 시간을 회의와 보고서 작성에 허비할 뿐이다.

  하지만 만약 상대팀은 이런 절차를 밟지 않고 선수가 바로 공을 찰 수 있는 권한을 갖고 즉시 실행에 옮긴다면 어떻게 될까? 그 팀이 설사 청소년팀이라 할지라도 이기기 힘들 것이다. 어떤 산업분야에 이렇게 모든 참여자가 전략가인 조직이 출현한다면 전통적인 피라미드 구조의 기업은 뒤쳐질 수밖에 없을 것이다.

알파형 인재 VS.
베타형 인재

1960년 MIT의 더글러스 맥그리거Douglas McGregor 교수는 『기업의 인간적 측면』에서 인간을 두 가지 유형으로 분류하고 각각을 X이론과 Y이론으로 불렀는데, X이론은 인간을 멍청하고 게으른 존재로 보는 반면,

Y이론은 인간을 의욕적이며 창조성과 잠재력을 가진 존재로 본다는 것이다. 닐스 플래깅은 이 견해를 받아들여 '알파형'과 '베타형'으로 구분하였다. 이 책에서 밝힌 열린 인재와 닫힌 인재로 구분한 개념과 크게 다르지 않다.

산업시대 대부분의 기업들은 인간을 '알파형'으로 파악했지만, 이제 '베타형' 인재들에 의한 베타기업이 아주 빠르게 등장하고 있음을 주목해야 한다. 베타형 인재를 이해하기 위해서는 아이들을 보면 된다. 그들은 돈과 인센티브의 유혹도 없이, 또한 자리나 명예에 대한 욕심도 없이 뭔가에 골몰하고 쉼 없이 움직인다. 가정에서 부인이나 남편에 대한 평가와 인센티브 등을 기업처럼 한다면 아마 오래가지 않아 가정이 깨질지 모른다. 사람은 누구나 스스로 선택한 일을 효율적으로 할 수 있다고 생각하는 것이 맞다. 다만 그런 기회가 주어지지 않아 훈련되지 않았을 확률이 높다는 것이 더 정확한 게 아닌가 싶다. 부모님께 모든 것을 의존하던 자녀가 결국은 홀로서기에 실패하는 경우가 있는 반면 일찍 부모님을 여읜 소녀가장이 훌륭하게 자신의 삶을 개척하는 경우 또한 알파형으로 성장한 친구와 베타형으로 성장한 친구의 차이라고 말할 수 있지 않을까.

바야흐로 인류 역사는 그동안 단 한 번도 가져보지 못한 촘촘한 네트워크를, 그것도 수평적이고 전 세계적으로 연결되는 스마트시대에 살고 있다. 베타형 인간으로서 왕성하게 성장할 수 있는 가능성이 무한하게 펼쳐지고 있는 것이다. 이런 인프라와 엄청난 지식에 대한 접근성을 가진 개개인이 소수의 의사결정권자의 지시를 받아 실행가로서의 역할만 수행한다는 것이 개인에게 또한, 알파형 기업에게 어떤 결과를 초래할지는 불 보듯이 뻔한 사실이다.

브리태니커 백과사전이
시장에서 고전하는 이유

공룡이 이 세상에서 사라졌듯이 이제 공룡 같은 조직인 알파기업은 세 떼처럼 자율적 판단에 의해 빠르게 시장과 호흡하는 베타형 기업들에게 참패를 당하고 말 것이다. 프로세스가 아닌 사람이 성공의 추진력이 되는 순간 모든 것은 시작된다. 경영이 사라진 기업에서 모두를 한데 묶는 은밀한 마법의 재료는 바로 '사람'이다. 이제 알파형 경영은 그 역할을 다하고 종말을 고할 때가 빠르게 다가오고 있다는 느낌이다.

닫힌 조직이 리더 한 사람의 지휘에 따라 조직 전체가 일사불란하게 움직이는 하나의 거대한 기계Mega Machine와 같은 형태라면 열린 조직은 마치 각자 움직이지만 한 방향으로 함께 움직이는 새 무리와 같은 모습이다. 이런 조직의 급속한 성장은 이제 더 이상 신기한 일이 아니다.
1768년 초판을 발간한 브리태니커 백과사전은 방대한 내용과 권위 있는 필진으로 백과사전의 대표적인 상표가 되었다. 그들은 한 질에 백만 원도 넘는 백과사전을 꾸준히 팔아 1990년에는 연 매출이 8,000억 원에 달했다. 그런데 21세기 들어서는 '위키피디아Wikipedia[3]'가 나타나 그들의 입지를 완전히 무너뜨리고 말았다.

위키피디아는 2001년 인터넷 포털회사 보미스Bomis의 CEO 지미 웨일스와 편집장 래리 생거가 만든 일종의 인터넷 백과사전이다. 현재 600만 개 이상의 백과사전 항목을 250개 언어로 설명해준다. 위키피디아의 인기는 날로 증가하여 이제 인기사이트 랭킹에서 10위권에 진입하는 사이트로 발전하였다. 브리태니커가 권위 있는 소수에 의해 만들어지는 백과사전이라면 위키피디아는 전 세계 네티즌들이 참여하여 만드는 집단지성의 전형적인 모델이다. 샌프란시스코 위키피디아 재단 본부에는 100여 평의 창고 같은 사무실에 15명 남짓이 근무하고 있을 뿐이다. 연간 약 7억 명의 네티즌이 방문하는 사무실치고는 예상 밖에 모습이다. 위키피디아에 글을 올리거나 새로운 단어를 정의한 네티즌은 약 700만여 명에 이른다. 이들이 올리는 글의 신뢰를 유지하기 위해 수록 내용을 점검하는데 간사steward, 관료bureaucrat, 관리자administrator의 3단계로 구분되는 수천 명의 자원봉사 편집자들이 이 같은 일을 담당한다. 이중 관리자급 편집자는 틀린 항목을 삭제할 수 있는 막강한 권한을 갖고 있다. 논란이 되는 항목은 편집자들이 온라인 토론을 거쳐 결정한다.

소수의 엘리트보다 다수의 집단지성이 훨씬 광범위하고 빠르게 세상을 리드해갈 수 있음을 보여주는 전형적인 사례다. 위키피디아는 급성장을 거듭하면서 여러 가지 문제 제기도 잇따르고 있는데 대표적인 것이 바로 정보의 신빙성 문제다. 편집자로 왕성하게 활동하던 사람의 경력이 허위로 밝혀지는 등 논란이 일고 있는 것이다. 그렇다 하더라도 뛰어난 소수가 그것을 대신하는 것이 옳은 일이라는 과거 닫힌 조직의 논리로 회귀하지는 않을 것으로 보인다. 그러한 문제를 보완하기 위한 또 다른 시도들이 이루어질 것이고 이미 우리가 상상하는 그 이상의 사람들이 함께 참여하여 공감대를 형성하고 있기 때문이다.

자동차 회사라면 흔히 대규모 공장을 연상하게 된다. 대규모의 인원, 대규모의 야적장 등 감히 중소기업이 할 수 있는 일이라고는 상상하기 힘들다. 최근에 미국에서는 직원 10명 남짓한 스포츠카 생산업체가 탄생했는데 바로 로컬모터스Local Motors[4]라는 회사다. 이 회사는 R&D 부서도 없고 대규모 공장도 물론 없다. 대신에 121개 나라에서 약 5,000여 명의 자동차 디자이너가 활동하는 온라인커뮤니티에서 디자인을 얻는다. 부품 조달은 전 세계 대형 자동차회사에 부품을 공급하는 모든 부품 생산업체로부터 확보한다. 또한 그들은 대규모 공장을 짓는 대신에 각 지역에 소규모 조립공장 겸 영업소를 두고 중간 판매상을 거치지 않고 고객과 직접 거래를 한다. 이렇게 만들어진 이익은 비교적 높은 생산단가를 상쇄하는 데 사용한다. 차 주인을 직접 디자인이나 생산과정에 참여시키기도 하면서 차를 주문한 후 몇 주 동안 그 과정을 즐기게 하는 것도 하나의 특징이다. 이런 방법으로 이 회사는 3개월도 안 걸려 첫 번째 디자인을 개발할 수 있었는데 이는 통상적으로 2년 정도 걸리는 디자인 기간을 획기적으로 줄인 것이다. 또한 14개월 정도의 시간과 200만 달러 정도 비용, 수만 개의 출품작 중에 선택한 디자인으로 '랠리 파이터Rally Fighter'라는 스포츠카를 탄생시켰다. 대형 자동차회사라면 무려 6년 정도가 걸려야 가능한 일이라고 한다.[5]

물론 로컬모터스는 매우 작은 스포츠카 메이커에 불과하다. 하지만 이런 생각을 가진 회사들이 속속 등장하고 있음에 주목할 필요가 있다. 테슬라 모터스Tesla Motors, 피스커 오토모티브Fisker Automotive, V-비히클V-Vehicle 등이 이런 회사들인데 국내에서도 최근에 어울림모터스라는 회사가 '스피라'라는 국내 1호 스포츠카를 생산하기도 했다. 현재 이들의 고객은 주로 소수의 마니아들이지만 자신만의 개성을 추구하려는 경향이 강한 새로운 세대들이 구매력을 갖게 되는 시기에는 대량생산된 차보다 이런 차를 더 선호하게 될지 모른다. 따라서 이런 소규모 회사들이 집단지성을 형성하며 매우 빠르게 성장해갈 것이라는 점은 쉽게 예측해볼 수 있다.

새로운 시대를 위한
과감한 개혁

열린 조직의 특징은 한마디로 '개방', '참여', '공유'라고 할 수 있다. 과거처럼 소수의 엘리트가 독점적 지위를 가지고 많은 사람을 지휘하고 움직이던 방식으로는 집단지성을 이루는 다수의 상상력을 뛰어넘기 힘들기 때문이다. 물론 과거에는 이런 개방과 참여 그리고 공유가 가능한 인프라를 갖지 못했기 때문에 소수 엘리트의 상상력에 의존할 수밖에 없었다. 하지만 로컬모터스와 같이 직원이 10여 명밖에 안 되는 자동차회사지만 5,000명이 넘는 디자이너의 지적 상상력과 능력을 공유하는 인프라가 가능해졌기에 이런 방식은 급속히 확대될 것이다. 굳이 비싼 돈을 들여 디자이너를 사내에 확보하고 신차 디자인을 1급 비밀로 취급하며 자동차를 만들어내는 과거의 방식이 과연 언제까지 통할지 궁금하다.

주변을 조금만 살펴보면 이런 일은 아주 비일비재하게 일어나고 있고 이로 인해 과거 부귀영화를 누리던 닫힌 조직의 아우성은 더욱 더 시끄럽게 우리 주변을 감싼다. 낡은 방식으로 서서히 침몰하는 배를 고쳐보려고 아무리 노력해도 가라앉는 것을 막을 수는 없을 것이다. 그들이 기존의 방식을 고수하는 한 결코 과거의 영화를 되찾진 못할 것이다. 그렇다면 상투를 틀고 고전으로 남을 것인가 아니면 과감한 개혁으로 새로운 시대를 맞이할 것인가를 선택해야만 한다.

룰 크리에이터가
되라

바둑은 아주 간단한 룰 덕분에 헤아릴 수 없이 많은 경우의 수를 창조할 수 있다. 축구도 비교적 간단한 룰을 가지고 있지만 오랜 시간 우리들을 열광시키고 있으며 그 가운데 수많은 스타들을 탄생시켰다. 또한 각본 없는 드라마를 끊임없이 창조해낸다. 새로운 스포츠 탄생의 비결은 바로 룰이다. 룰이 만들어지면 한 종목의 스포츠가 만들어지게 된다. 방송에서도 룰에 의해 많은 사람이 참여하는 프로그램은 비교적 장수를 한다. 끊임없이 새로운 드라마가 연출되기 때문이다. '전국노래자랑' 같은 프로그램이 장수하는 비결 또한 매회 새로운 참여자들이 나와 재능이 선보이기 때문이다. 애플의 앱스토어는 애플과 앱 개발자가 3 : 7로 이익을 나누겠다는 원칙과 몇 가지 제한 사항을 제외하면 전 세계 모든 개발자가 무엇이든 자유롭게 앱 개발에 참여할 수 있도록 문호를 개방했다. 자신이 개발한 앱을 인터넷을 통해 등록할 수 있도록 한 것이다. 이런 간단한 룰 덕분에 수많은 개발자들이 자신의 꿈을 향해 도전하고 그 결과 이미 30만 개가 넘는 앱이 앱스토어에 올라와 있으며 이는 앞으로도 계속될 것이다. 스티브 잡스는 콘텐츠를 창조한 것이 아니라 많은 앱 개발자가 열광할 만한 룰을 창조한 것이다. 상대적으로 뒤쳐져버린 국내 기업은 부족한 앱을 채우기 위해 돈을 줘가며 개발을 시키고 있지만 '갑'과 '을'의 관행을 버리지 못하고 "우리가 돈을 주는 것이니 일정을 맞춰라", "눈에 보이는 곳에 와서 개발해라." 등 일일이 참견을 하는 바람에 개발자들이 참여하지 않으려고 한다는 이야기를 들은 적이 있다. 닫힌 조직의 문화를 가지고 열린 조직을 따라가는 것이 버거운 이유다.

열린 조직은 참여자를 모은다

열린 조직의 리더는 룰 자체를 목표로 삼는다. 많은 인재가 기꺼이 참여할 만한 재미와 의미가 있는 룰인지 그리고 그 룰은 공정하고 투명하게 집행되고 있는지를 점검하고 이를 실천하는 것이 열린 조직의 리더이다. 또한 조직의 성과는 리더가 아니라 참여자들이 창조한다.

만약 리더가 결과에 대해 스스로 개입하려 하거나 조작하려 한다면 룰은 깨지는 것이고 따라서 열린 조직이 될 수 없다. 2010년 프로야구 한국시리즈가 4차전에서 승부가 갈리고 말았는데 만약 주최 측이 여러 가지 경제적 욕심 때문에 7차전까지 승부를 연장하려고 심판에게 압력을 가하거나 구단을 회유하려 했다면 과연 한국시리즈가 지속적으로 팬들의 사랑을 받을 수 있었겠는가. 결코 오래가지 못했을 것이다. 조직이 비대해지거나 확대되면 욕심이 과해지고 따라서 이런 유혹에 빠질 위험성은 언제든지 도사리고 있다. 앞으로 열린 조직이 망한다면 룰을 제대로 집행하지 않은 결과일 확률이 높다. 스티브 잡스가 3 : 7이라는 룰을 깨고 자신의 시장 장악력을 무기로 개발자들에게 점점 낮은 비율의 이익 배분을 강요한다면 과연 개발자들의 열광을 지속시킬 수 있겠는가. 제3의 멋진 룰 크리에이터Rule Creator가 나와 신뢰 있는 메시지를 개발자들에게 던진다면 아마도 그들의 발길이 순식간에 옮겨갈 것이다. 이미 우리는 조지 오웰George Orwell이 말한 '보이지 않는 힘'이 우리 자신이었음을 알기 시작했다. 한때 세상을 통제할 것 같았던 마이크로소프트나 야후의 쇠퇴를 보면서 열린 조직도 자만하기 시작하면 어김없이 그들로부터 멀어지는 집단지성을 만날 수 있음을 이해하기 시작한 것이다.

따라서 열린 조직의 리더는 스스로 콘텐츠를 창조하겠다는 욕심을 과감하게 벗어던져야 한다. 얼마나 룰을 공정하고 엄격하게 집행하여 참여자 모두의 잠재 역량을 극대화할 것인가에 몰입해야 한다. 이것이 중요하다. 국가의 지도자나 정부도 콘텐츠 제공자에서 룰 크리에이터로 과감하게 변신해야 한다. 과거처럼 뭔가를 스스로 주도하겠다고 하는 순간에 우리 5천만 국민의 상상력은 정부 관료나 지도자의 상상력 수준으로 쪼그라들고 만다. 우리 국민의 상상력을 극도로 제한하는 국가적 배임 행위를 하고 있음을 깊이 인식해야 한다. 앞서 설명한 바와 같이 대부분의 닫힌 조직의 리더는 개인적 상상력을 통해 콘텐츠에 집착하는 경향이 강하기 때문에 열린 조직으로의 변신이 어려운 것이다.

열린 조직에는 모든 구성원이 투명하게 정보를 공유할 수 있는 문화가 있어야 한다. 눈부신 기술 발전은 이를 뒷받침할 인프라를 제공해 주고 있다. 이는 매우 중요하다. 자율적 판단을 유도함에 있어 정보의 제한은 눈을 가리고 공을 차라고 하는 것과 다름 없다. 따라서 가능한 투명하게 정보를 공개하고 공유하는 문화가 우선되어야 하며 이런 문화를 뒷받침할 수 있는 시스템이 갖춰져야 한다. 사실 시스템의 문제는 하겠다는 의지와 조직 문화가 준비되어 있다면 그다지 어려운 일이 아니다. 과거에 비하면 거의 공짜라 해도 과언이 아닌 수준의 비용만으로도 충분히 정보 공유가 가능해졌기 때문이다.

매년 가을에 벌어지는 국회 국정감사라는 것도 어찌 보면 이제 식상한 쇼에 지나지 않게 되었다. 보고서를 트럭으로 실어 나르고 각 부처의 공무원들이 하루 종일 국회에서 대기하는 이런 모습을 앞으로도 계속 봐야 한다면 어찌 대한민국을 인터넷 강국이라고 이야기할 수 있겠는가. 시스템만 강국이지 문화적으로는 닫힌 조직을 조금도 벗어나지 않음을 만천하에 알리는 일 아니겠는가. 정부의 모든 예산 관리는 마음만 먹으면 언제든지 국민들이 알 수 있도록 할 수 있다. 이미 대기업 중에는 전 세계 사업장의 자금 상황을 일일 결산을 통해 파악하고 있는 기업도 있다. 국가 예산을 이렇게 사용하면 국감을 1년에 한 번 할 필요도 없으며 국민들 스스로가 시시각각으로 올라오는 예산 집행에 대해 감시를 할 수 있는 시스템을 갖출 수 있다. 국회의원들이 수많은 보고서를 보며 감사를 해야 할 이유도 사라지게 된다. 사실 수백조 원의 국가 예산 즉 국민이 내는 피 같은 세금이 어떻게 쓰이는지에 대해서 왜 1년에 한 번 그것도 20일 동안 몰아치기로 감사를 해야 하는지 이해가 되는가. 1초가 다르게 돌아가고 있고 1초가 다르게 새로운 것이 탄생하는 세상인데 말이다. 그러므로 정보를 공유하면 쓸데없는 일과 낭비되는 혈세를 천문학적으로 줄일 수 있을 것이다. 조직의 경우도 정보를 공유해야 자율적 판단이 가능하며 자율적 판단이 가능해야 구성원의 잠재 역량을 극대화할 수 있다.

또한 가능한 한 많은 참여자가 참여할 수 있도록 문호를 개방하여야 한다. 피아彼我를 구분하여 상대와의 경쟁에서 승리해야 한다는 목표를 가진 기업이라면 문호 개방은 상당히 어려운 작업일 것이다. 하지만 시간이 흐를수록 많은 사람이 모여 집단지성을 실현하는 조직이 그 영향력을 확대하고 있으며 이러한 진화는 무섭도록 빠르게 진행되고 있다. 따라서 독점적 지위를 누리고자 노력하면 할수록 독점적 지위가 아니라 고립을 자초하고 말 것이다. 낙동강 오리알 신세가 되는 것이다. 문호 개방은 매우 어려운 일 같지만 천재적인 리더에 의해 룰만 제대로 만들어 낸다면 충분히 가능한 일이다.

최근 제주특별자치도는 외국인들에게 투자를 조건으로 영주권을 부여하면서 부동산에 투자하는 외국인들이 크게 늘었다. 만약 의료관련 산업에 관한 룰만 제대로 만든다면 세계에서 가장 우수한 인재를 확보하고 있는 우리의 의료산업의 수출과 세계화에 앞장설 수 있을 것이다.

교육제도도 교육부가 자신들이 뭔가를 주도하려는 과욕만 부리지 않는다면 하루아침에 바뀔 수도 있다. 흔히 공무원들은 자신들이 통제하지 않으면 배가 산으로 갈 거라고 우려한다. 초기에 우왕좌왕할 수 있다. 하지만 지금까지 일찍 개방되어 치열하게 경쟁할 수밖에 없었던 산업들 중에는 오히려 글로벌 경쟁력을 갖추고 성장한 경우가 대부분이다. 온라인게임 산업 발전에 정부의 육성 정책이라는 것은 애초에 있지도 않았다. 문제는 두터운 보호 장벽 속에 안주하던 산업들이 경쟁력을 잃고 갈수록 쇠퇴하고 있는 것이다. 서울대학병원이 세계적인 병원으로 거듭나지 못하는 원인이 무엇이겠는가. 만약 정부, 환자, 의사, 병원 관계자, 기타 기업가 등 다양한 분야의 전문가들이 동시에 참여하는 집단지성의 힘을 빌린다면 아마 빠른 시간 안에 혁신에 성공한 세계적인 병원이 될 것이다. 마찬가지로 서울대가 세계 대학 순위에서 국가경쟁력 순위에 비해 턱없이 낮은 42위에 그친 것도 마찬가지다. 서울대가 세계적인 대학으로 거듭나지 못하는 원인이 무엇이겠는가. 국내 최고라는 기득권자들의 안일함이 혁신을 받아들이지 못했기 때문이다. 만약 정부, 교수, 학생, 학부모와 우리나라의 다양한 전문가들이 형식에 구애받지 않고 집단지성의 힘을 빌린다면 아마 가장 빠른 시간 안에 혁신에 성공한 세계적인 대학이 될 수 있을 것이다. 이렇듯 새로운 열린 조직은 집단지성에 의해 발전하게 될 것이고, 그러한 집단지성은 참여자의 공감에 의해 더욱 단단해진다는 것을 잊지 말아야 한다.

놀이와 일,
경계를 무너뜨려라

어릴 적에 윗동네 아랫동네 편을 갈라 전쟁놀이를 하던 기억이 난다. 도심 한복판의 아이들이었지만 무대는 별 장애가 되지 않았다. 대장과 부대장을 임명하는 등 제법 조직적이었다. 아니면 술래잡기를 하거나 딱지치기를 하면서 날이 어둑해질 때까지 놀았다. 어쩌다 다치는 아이도 나오고 또 서로 다투기도 했다. 여기저기 난 잡풀을 뜯어다 소꿉놀이하는 여자 아이들 틈에 끼어 의젓한 아빠 노릇도 해봤다. 그렇게 쉼 없이 깔깔거리고 소리치며 우리는 사회를 배웠고 소통의 기술을 익혔으며 공감을 알게 되었다. 잡풀과 흙을 훌륭한 음식으로 만드는 상상력을 키웠다. 이것은 매우 중요한 학습 과정이었다. 그런데 안타깝게도 언제부터인가 우리들 주변에서 이런 아이들의 시끌 벅적한 놀이가 사라졌다.

PART 3

놀이에서 시작되는
신선한 통찰

인간에게 놀이는 인성 발달의 결정적 요인이다. 미국의 물리학자이자 신경과학자인 폴 맥린Paul MacLean은 인간 진화의 측면에서 어떤 행동적 발달도 놀이를 위한 두뇌의 잠재력보다 더 근본적일 수는 없을 것이라고 분석한다. 맥린은 놀이가 흠허물 없는 무대를 마련해주어 넓은 세상에 적응하게 해주는 책임감과 소속감을 발달시킨다고 생각한다. 맥린은 놀이를 통해 형성되는 사회적 유대감이 공감의식의 발달을 촉진시킨다고 말한다.[6]

스튜어트 브라운Stuart Brown 박사의 경우 놀이는 직접 경험할 때 가장 잘 이해할 수 있기 때문에 정의하는 것 자체가 마치 멋진 파티에 맛있는 요리 대신에 사진을 진열해놓은 것과 같이 결코 놀이의 본질을 이해할 수 없는 일이라고 규정한다. 그럼에도 몇 가지 특징을 정의해본다면 놀이는 자발적 참여로 이루어지며 그 자체가 목적이 된다. 그러므로 시간의 개념으로부터 자유로워지고 자의식이 줄어든다. 놀이는 즉흥적으로 바꿀 수도 있고 지속하고 싶은 욕구를 불러일으킨다. 그래서 사람들은 놀이를 계속할 방법을 찾아낸다. 만약 뭔가 재미를 방해할 위험 요소가 등장하면, 새로운 규칙이나 상황을 즉흥적으로 만들어내서 놀이가 중단되지 않도록 한다. 결과적으로 우리는 새로운 행동, 생각, 전략, 움직임, 존재 방식을 우연히 접한다. 사물을 전과 다른 식

으로 보고 신선한 통찰을 얻는다.[7]

대체로 자녀가 많은 집 아이들은 어릴 때부터 서로 부딪히며 살아오는 데 익숙해서 그런지 몰라도 나이가 들어서도 형제간의 우애가 좋고 아주 재미있게 지낸다. 좀 더 많은 시간 그리고 좀 더 어릴 때부터 진정한 놀이에 푹 빠져 친구들과 함께 사회를 배우고 상상력을 발휘하는 이런 교육의 기회를 더 많이 만들 필요가 있다. 이는 아주 자연스럽게 아이들을 동네 친구들과 놀 수 있게 하거나 인터넷으로 만난 동호회 친구들과 뭔가를 함께 할 수 있도록 배려하는 것이 될 수도 있다.

대학 때 연극을 했던 애플민트홀딩스 김병기 사장은 연극 동아리 선후배들과 지금도 *끈끈한* 관계를 유지하고 있다. 연극을 통해 60대 선배부터 재학생에 이르기까지 세대를 초월한 우애를 다지고 있는 것이다. 사실 연극이라는 것은 많은 사람들이 함께 이루어내는 작품이다. 각자의 역할에 따라 맡은 바 소임을 훌륭하게 수행해야만 한다. 따라서 무엇보다 책임감과 사회성이 요구되는 것이다. 아마도 그런 이유로 연극 동아리 선후배들이 끈끈한 유대 관계를 오래도록 유지하는지 모르겠다. 어쩌면 김병기 사장에게는 대학에서 배운 지식보다도 연극 동아리 경험과 선후배가 더욱 값진 재산일지 모른다.

놀이는 도박과 달라서 놀이를 지속하기 위한 평준화를 이루어낸다. 예를 들어 참여자 중에 한 사람이 월등히 실력이 좋으면 핸디캡을 적용하며 가능하면 평형을 이루어 놀이가 계속될 수 있도록 조정한다는 뜻이다. 축구는 11명이 하는 경기지만 격차가 벌어지는 상황이라면 한 편에 한두 명의 선수를 더 포함시켜서 할 수도 있다. 형평을 고려한 결과다. 놀이가 재미가 있으려면 막상막하여야 하기 때문이다. 상대야 어떻게 되든 끝까지 따서 돈을 가져가겠다는 도박과 확연히 구분되는 일이다. 우리는 이런 과정을 통해 조화와 배려 등 책에서 배울 수 없는 귀중한 것들을 배우게 된다.

이처럼 놀이는 즐거워야 한다. 예를 들어 마라톤을 하는 사람들 중에는 기록을 단축하여 우승을 하겠다고 하는 사람이 있는가 하면 누구는 살을 빼고 건강을 유지하겠다고 뛰는 사람도 있을 것이다. 누구는 그저 달리는 것이 즐거워서 또는 동호회 사람들과 어울림이 좋아서 뛰는 사람도 있을 것이다. 여기서 기록을 단축하겠다고 뛰는 사람들처럼 뚜렷한 목표가 있는 경우 과정의 결과로서 목표인지, 목표를 위한 과정인지에 따라 마라톤의 재미는 달라질 수 있다. 과정의 결과인 경우는 마라톤을 즐기는 가운데 목표를 달성하는 성취를 느낄 수 있겠지만 목표 달성을 위해 과정을 수행하는 것이라면 목표 달성만이 의미가 있게 된다. 만약 목표를 달성하지 못했을 때 그들은 오히려 좌절하거나 스트레스를 더 많이 받게 된다. 이런 구분은 조금 모호하지만 과정을 즐기지 못하는 목표 달성은 도박과 같은 것이 될 수 있으며 공감이나 창조력을 키우는 데 그다지 도움이 되지 못한다. 따라서 목표가 과정을 즐기는 데 양념과 같은 역할을 하는 것이 좋다. 오로지 목표 달성을 위한 수단으로서의 과정은 경직되고 재미없고 창조적일 수가 없다.

왜 요즘 놀이를 강조하는 것인지 어느 정도 이해가 갈 것이다. 함께 골프를 치면서 자신의 실수에 자책하고 기분 나빠하며 어떻게든 좋은 스코어를 만들겠다고 캐디에게 뭐라고 하거나 동반자들을 불안하게 만드는 그런 사람은 놀이를 모르는 사람이다. 늘 목표를 향해 치열하게 사는 것에 익숙한 사람들인데 이런 사람일수록 화려한 포장에 감춰진 내면은 공허한 경우가 대부분이다. 결코 많은 사람들과 공감을 이뤄내기 어려운 사람이며 자리를 잃거나 권력이 약화되었을 때 고독한 말년을 보내야 할 사람이다. 다시 한 번 강조하지만 놀이를 하면서 즐거움을 느끼며 창의력과 사회성을 키워가는 것이 중요하다.

해보지 못하면
즐거움도 덜하다

여러분 중에 바둑 중계를 보는 사람이 있다면 대부분 바둑을 둬본 사람일 것이다. 바둑을 할 줄 모르거나 흥미를 느끼지 못하는 사람이 바둑 중계를 보는 경우는 아주 드문 일이다. 가운데 검은 돌과 흰 돌밖에 없는 바둑판을 두고 심각하게 해설을 하는 모습을 보면 아주 우스꽝스러운 모습일 수밖에 없다. 게임 채널은 어떤가. 아주 정신없는 그림의 연속일 뿐이다. 그것이 아무리 재미있다고 떠들어봤자 공감하지 못한다. 왜냐하면 그것을 직접 해보지 않았기 때문이다. 이것은 아주 상식적인 이야기이다. 무슨 일이든 직접 부딪혀 느껴보는 것이야말로 그것을 이해하는 가장 빠른 길이다. 하지만 놀랍게도 우리는 이 상식적인 일을 별로 하지 않는다. 공부를 맹신하다 보니 성적이 우수하면 모든 것을 다 잘할 수 있을 것이란 착각이 거의 신념에 가깝다. 학생들에게는 공부가 모든 것에 우선한다. 하지만 그렇게 주입된 지식이 체험을 통해 얻을 수 있는 것을 대신하진 못한다. 따라서 몸으로 부딪쳐 직접 체험하는 것이 무엇보다 중요하다. 그런 체험을 통해서만이 공감을 강하게 확대할 수 있다.

선진국에서는 학생들의 합창단 활동이나 스포츠 활동 경력을 매우 중요하게 여긴다. 취업 과정에서도 이와 같은 팀워크를 경험할 수 있었던 경력을 높게 인정하는 것이다. 오로지 공부만 잘한 사람이 리더가 되면 아는 것은 많은데 공감하기 어려운 지도자가 될 확률이 높다. 야구를 배우기 위해 야구 관련 서적을 먼저 탐독하는 것이 좋을지 아니면 일단 배트를 잡고 휘둘러보는 게 나을지 생각해보기 바란다. 유명한 선수들을 보면 이론을 먼저 배우고 선수가 된 사람은 없어 보인다. 어릴 때부터 공을 가지고 놀던 아이들이 재능을 발견하고 훌륭한 선수로 성장한 경우가 대부분이다. 선진국 대학의 우수한 학생이라면 마치 공장 같아서 뭔가를 조합하고 변형시켜 문제를 해결할 수 있는 능력을 갖춘 사람이라고 볼 수 있지만 우리나라에서 우수한 학생의 의미는 마치 도서관같이 지식을 잔뜩 머리에 담은 것을 의미하는 것은 아닌지 모르겠다.

아무리 자신의 지식을 보다 정확하게 또는 재미있게 전달한다고 하더라도 직접 경험한 일이 아니면 아무래도 그 감동이 덜하다. 남자들이 그토록 좋아하는 군대 이야기도 직접 다녀온 사람이 하는 이야기와 다녀온 사람의 이야기를 듣고 전달하는 것과는 공감대가 확실히 다르다. 지금까지는 이런 지식 유통자들이 나름대로 역할을 했었다. 하지만 앞으로 갈수록 이런 역할은 축소되거나 사라지게 될 것이다. 그러므로 직접 부딪쳐 깨우칠 수 있도록 도와주는 방법으로 교육의 방향이 전환되어야 한다. 학생들을 가르치는 것이 아니라 그들이 원하는 것을 직접 하도록 하고 선생님들은 옆에서 도와주는 역할을 해야 한다는 뜻이다.

요즘 고등학교에 가보면 선생님 강의 중에 노골적으로 자고 있는 학생들을 많이 볼 수 있다. 앞자리 몇 명만이 수업을 듣는 모습을 볼 때 과연 이런 교육이 학생들에게 어떤 의미가 있는 것인지 답답하기만 하다. 일생에 단 한 번밖에 없는 귀중한 시기에 미래를 위해 꼭 필요한 체험의 기회를 박탈하고 있다는 점이 더욱 안타깝다. 사실 지금 학생들이 학교에서 넣어주려고 만든 지식세트를 마음먹고 소화하려고 하면 그리 오래 걸리지 않아 마스터할 수 있다. 아마도 그보다 훨씬 많은 지식도 충분히 소화할 수 있을지 모른다. 앞으로는 학년에 따라 지식의 정도가 달라지는 게 아니라 왕성한 의욕으로 받아들일 준비가 얼마나 되어 있느냐에 따라 지식의 정도가 달라질 것이다. 따라서 지식을 주입하는 일보다는 지식에 대한 욕구를 자극하고 동기를 부여하는 것, 그것이 우리 교육이 앞으로 해야 할 일이다.

공감은 책을 통한 간접 경험보다 직접 부딪쳐 하는 체험을 통해 훨씬 강력하게 유발될 수 있다고 믿는다. 이러한 체험 속에서 지식의 부족함을 깨닫는 것이 중요하다. 그것만 있다면 지식에 대한 욕구는 무한대로 채워질 수 있다. 지식을 포장해서 파는 시대는 지났다. 지식에 대한 동기를 유발하고 지식을 활용할 수 있는 창조적 능력이 필요한 시대가 온 것이다.

지금이라도 늦지 않았으니 무조건 부딪쳐라. 하고 싶다는 내면의 속삭임이 있다면 그냥 시작하라. 아마도 머리로 또는 책 속에서 아무리 찾아도 찾을 수 없었던 신기한 경험을 하게 될 것이다. 그 경험을 잘 살펴라. 그리고 그 다음 행동에 나서라. 이렇게 자신의 몸과 마음이 합체되어 움직일 때 여러분의 내공은 깊어지게 될 것이다. 그런 내공이 있을 때 여러분은 주변으로부터 공감을 얻게 될 것이다.

탁월함은 성과가 아니라
습관이다

지금까지 내가 올라간 산 중에 가장 높은 산은 말레이시아의 해발 4,095m 키나발루였다. 사실 그 산을 오르기 전에 가본 곳이라고는 서울 근교의 도봉산이나 청계산 정도였고 말레이시아로 떠나기 몇 달 전에 한라산을 한 번 올라본 것이 전부였다. 그리고 도전한 산이 키나발루다. 등산이 그다지 익숙하지 않은 필자에게는 무척 힘든 일정이었다. 하지만 결국은 정상에 설 수 있었다. 비록 짧은 등산 경력이었지만 엄홍길 대장을 비롯한 훌륭한 멤버들과 함께였다는 것이 큰 힘이었다. 역시 훌륭한 멘토는 내가 생각할 수 없는 가능성을 열어준다. 하지만 등산은 어차피 내 몸으로 하는 것이기에 여간 어려운 일이 아니었다. 그래서 마음에 새기고 되뇌던 생각은 '한 발을 내디딜 수 있으면 언젠가는 정상에 오를 수 있다.'였다. 4,095m의 정상은 잠시 제쳐두고 '지금 한 발을 내디딜 힘이 있는가?'만을 생각했다. 그리고 한 발을 내디딜 수 있으면 그렇게 했다. 일행들은 대부분 히말라야 등정을 했던 경험이 있었지만 2,000미터 이상의 고산도 가본 적이 없던 나는 3,000미터가 넘어가면서 고산병 증세도 오고 말았다. 정말이지 정상에 가까워질수록 한 발을 내딛는 것이 고통이었다. 하지만 그래도 다시 마음속으로 '내가 지금 한 발을 내디딜 수 있는가?'를 묻고 일보 전진을 반복했다. 그리고는 일행들보다 좀 늦기는 했지만 그들과 함께 정상에서 멋진 사진 한 장을 남기고 하산할 수 있었다. 내려오는 과정도 오르는 것만큼이나 힘든 일이었지만 똑같은 질문을 반복하며 내려올 수 있었다.

그 이후 일본의 해발 2,932m 시로우마다케라는 고봉을 다녀왔다. 그때도 역시 마찬가지 주문을 매번 외면서 오르고 내릴 수 있었다. 정상이 얼마나 남았는지 앞으로 얼마나 더 가야 하는지를 생각하는 순간 그 생각만으로도 힘들어질 수 있다. 이처럼 우리가 일상에서 늘 하고 있는 반복은 엄청난 힘을 가졌다. 반복이 계속되면 어느 순간엔가 반전을 경험하게 된다. 골프를 처음 배웠을 때 그렇게 간단해 보였던 스윙 동작을 제대로 하지 못했을 때 정말이지 당장 때려치우고 싶을 때가 한두 번이 아니었다. 하지만 반복적인 연습이 계속되던 어느 날부터 한 단계 업그레이드되었다는 느낌이 들 정도로 스윙이 좋아졌다. 반복을 하다 보면 점진적으로 개선되는 것이 아니라 어느 순간 갑작스러운 반등을 경험하게 된다. 아마 여러분도 학교에서 공부를 하면서 좀처럼 오를 것 같지 않던 성적이 어느 날 갑자기 전반적으로 향상되었던 경험이 있을 것이다.

노래 연습을 하다가도 이런 경험을 한 적이 있다. 처음에는 음정이 올라가지 않아 힘들던 노래를 계속해서 부르다 보니 어느 순간에 높은 음정을 편하게 처리하고 있는 자신을 발견하고 놀란 적이 있다. 이렇게 책을 쓰게 된 과정도 사업을 하면서 지속적인 제안서 작성 등으로 쓰기 연습을 해왔던 것이 주효했던 것 같다. 그 이후 석사 논문을 쓰면서 책을 쓰는 경험을 하게 되었고 『인터넷에서 돈 버는 이야기』를 쓰면서 몇 시간을 버텨내는 집중력에 스스로 놀라곤 했다. 이런 경험이 반복되면서 다시금 책을 쓰는 고통스러운 작업에 몰입할 수 있었다.

인간의 탁월함은 성과에 있는 것이 아니라 습관에 있다는 아리스토텔레스의 격언처럼 우리에게 있어서 반복되는 습관은 우리 스스로를 정의하는 것과 같다. 그렇다면 과연 여러분의 반복적인 습관은 무엇인가. 그것을 잘 살펴보면 그것이 곧 자신의 모습이다. 그러므로 어릴 때부터 좋은 습관을 들이는 것이 무엇보다 중요하다. 이런 경험은 가능한 한 어릴 때 자신이 하고 싶은 것에 도전하여 꾸준한 반복을 통해 습관을 만들어 성취감을 느끼게 해야 한다. 어쩌면 교육이 해야 할 가장 중요한 임무가 아닌가 싶다.

아리스토텔레스는 『시학』에서 스토리는 반드시 '행동에 관한 것'이라고 강조했다. 『나를 찾아가는 이야기』에서 기독교 심리학자 댄 알렌더Dan Allender는 이를 행동이야말로 우리가 정말로 가치 있게 여기는 것이 무엇인지 말해주기 때문이라고 설명한다. 결국 우리가 어떤 사람이었는지 드러내는 것은 우리의 '생각'이 아니라 '행동'이다. 스펙은 '지식'에 관한 것으로 '행동'으로 보여주진 못한다. 그 사람이 진정 어떠한 사람인지 판단하기 위해서는 '지식'이 아니라 '행동'이 필요하다.[8]

이런 반복의 힘은 학교에서 성적 올리는 일만으로 얻을 수 있는 것이 아니며 이 세상 어떤 일로도 가능한 일이다. 따라서 무엇이든 상관없다. 최근에는 많은 사람들이 걷거나 자전거 타기 등 여러 가지 활동을 통해 반복의 힘을 체험한다. 이런 체험을 통해 반등을 경험한 사람들은 다른 일을 할 때에도 꾸준한 반복을 실천하며 반등이 오는 것을 기다릴 줄 안다. 그리고 계속되는 반복을 통해 달인의 경지에 이르게 된다.

원치도 않고 또 하기도 싫은 일을 누군가의 강요 때문에 억지로 하고 있다면 그런 일을 통해 기쁨을 얻을 수는 없을 것이다. 유일한 해결책이 있다면 이러한 상황을 긍정적으로 받아들이고 이를 실천하는 것이다. 이런 방법으로 성취감과 기쁨을 느낄 수 있겠지만 스스로 선택한 일에 비교할 일이 아니다. 만약 끝까지 자신의 일로 받아들이지 못한다면 성취감으로 기뻐하기는 쉽지 않을 것이다. 먹이를 얻기 위해 재주를 부리는 곰과 다를 바 없다. 결국 자신은 먹이를 챙기고 재주는 주인을 위해 부리는 것이 된다. 먹을 수 있다는 기쁨은 있을지 모르나 성취감은 없는 일을 하고 있는지 되돌아볼 일이다.

공감은 능력이 아닌
진정성이다

좋은 뜻과 탁월한 능력을 상대와 주고받을 수 있을 때 상호 교감이 이루질 것이고 네트워크는 촘촘하게 확대될 것이다. 하지만 공감은 능력만으로는 부족하다. 공감은 겉으로 드러난 능력이나 지식만으로 이루어지는 것이 아니다. 그것은 내면으로부터의 울림이 있어야 가능하다.

누군가 광장에서 우스꽝스러운 춤을 추고 있다면 그것을 바라보는 대부분의 사람들은 그를 이상하게 생각할 것이다. 그런데 누군가 옆에서 함께 춤을 춘다면 그래서 두 명이 되면 그 이상함은 조금 상쇄된다. 그리고 서너 명이 동참하여 한 무리가 춤을 추면 비록 그 모습이 우스꽝스러워도 퍼포먼스가 된다. 그러다 더 많은 사람이 함께 춤을 추게 되면 그것은 트렌드가 되고 하나의 장르가 된다.[9] 여기서 중요한 것은 바로 처음에 같이 동참하는 소수다. 이 소수가 있기에 퍼포먼스로 또 장르로 확대될 수 있는 것이다. 따라서 최초의 파트너가 어떤 사람이냐 하는 것은 매우 중요한 문제이다. 만약 자신의 춤에 아무도 동조하지 않는다면 그는 그야말로 이상한 사람이 되고 말 것이다. 더군다나 세상을 바꾸는 창조적인 일을 하는 경우, 모두가 생소하게 받아들일 것이 분명한데 자신과 함께할 파트너가 없다면 미친 짓으로 끝날 확률이 높다.

좋은 파트너를 만들기 위한 가장 중요한 덕목은 바로 그들이 필요로 하는 사람이 되는 일이다. 여러분이 다른 사람에게 뭔가 역할을 해주길 바라는 만큼 상대가 여러분에게 원하는 것을 만족시켜줄 때 파트너가 될 수 있다. 서로에게 도움이 되지 않으면 파트너가 되기 어렵다. 그러므로 그들에게 도움이 될 수 있는 자신만의 전문성과 능력이 있을 때 파트너가 될 수 있다. 사실 이런 능력이 강력하다면 정년퇴직 없이 사는 것이나 다름없다. 그렇다고 자신이 가지고 있지도 않은 것을 상대가 바란다고 억지로 친구가 되려고 한다면 그 관계는 오래 지속되기 어려울 것이다. 또한 아무리 좋은 능력을 갖추고 있다고 하더라도 진정성이 결여되어 있다면 공감을 확대하기 어렵다.

진정성이라는 것은 오래도록 반복되고 축적되었을 때 비로소 드러나게 된다. 그럼에도 불구하고 이를 쉽게 알아채기 어려운 경우도 많다. 하지만 스마트시대에는 이런 진정성을 파악하는 시스템이 매우 정교하게 발달할 것이므로 진정성 없이 가면을 쓴 채 활동하는 사람들의 설 자리는 갈수록 줄어들 것이 틀림없다. 이렇듯 진정성을 드러내는 데 인지도나 평판은 중요한 역할을 할 수 있다. 하지만 인지도나 평판이 좋다고 해서 진정성이 있다는 것을 의미하는 것은 결코 아니다. 매스 미디어를 통해 또는 소셜 네트워크를 통해 많은 사람과 관계를 만들고 인지도나 평판이 좋아 보이는 사람이 오로지 인지도나 평판 자체만을 위해 노력하는 사람일 수도 있음을 주의하라. 겉으로 드러난 인지도나 평판에만 신경을 쓴 나머지 진정성이 결여되는 경우다. 누차 강조하지 만 진정성이 결여된 인지도나 평판은 사상누각에 불과하다.

진정성이 결여된 평판은
오래가지 못한다

사람들은 익숙한 것을 선호하고 또한 평판이 좋은 사람에게 끌리게 된 다고 한다. 대학원 시절 석사 논문을 준비하면서 '인터넷 화면을 구성 하는 것들 중에 어떤 요소가 가장 관심을 끄는 가'를 조사한 적이 있다. 20여 명의 실험자들에게 당시 은행들 홈페이지 첫 화면을 보여준 뒤에 기억나는 대로 화면을 그려보라고 했다. 그 결과 사람들은 화면을 구 성하는 많은 요소들 중에 사람을 가장 정확하게 기억하는 것을 알게 되었다. 그 다음은 숫자였다. 나머지 요소들은 제대로 기억하지 못했다. 왜 비싼 돈을 주고 모델을 쓰는지 그때서야 이해했다.

1960년대에 미시건 대학교의 심리학자 로버트 자종크Robert Zajonc도 사람들에게 그림을 보여주고 그 그림을 본 적이 있는지 그리고 얼마나 마음에 드는지를 물어보는 실험을 통해 사람들은 내용을 정확하게 파악하지 못하는 것이라도 이전에 본 적이 있는 그림을 좋아한다는 사실을 발견했다. 그는 이 현상을 '단순노출효과 the mere exposure effect'라고 칭했다.[10]

우리는 이런 현상을 일상생활에서 수시로 경험한다. 연예인을 좋아하고 늘 들었던 노래나 카페 그리고 다니던 길을 선호한다. 익숙한 아이템이 반드시 더 큰 만족이나 보상을 가져다주는 것은 아니다. 다만 익숙하지 않은 것들이 불안하고 잠재적으로 위험하게 여겨지는 경향이 있을 뿐이다. 또한 사람들은 평판이 좋은 사람과 가까이하려고 한다. 따라서 자신의 진정성을 인정받는 데 인지도와 평판은 훌륭한 역할을 할 수 있다.

다시 한 번 강조하지만 인지도나 평판을 진정성이 없이 추구하다 보면 오히려 가혹한 형벌이 될 수도 있음을 주의해야 한다. 어쩌다 한 번의 말실수로 평판이 나빠지는 것이 가혹하다고 생각될지 모르지만 그것은 겉으로 드러난 것일 뿐 자신의 내면을 반영한 결과라고 인식되기 때문이다. 진정성은 그래서 중요하다. 마음이 바뀌는 것은 어쩔 수 없지만 겉과 속이 다른 거짓말을 했을 때 결코 공감대는 확산되기 어렵다. 또한 한번 신뢰를 잃으면 좀처럼 회복하기 어렵다. 앞으로는 더더욱 어려워질지 모른다. 갈수록 진정성에 대한 민감한 촉각은 더욱 발달할 것이기 때문이다. 과거의 무딘 감각으로 두꺼운 탈을 쓰고 적당히 대중을 호도할 수 있으리라 마음먹는다면 그 자체만으로도 폭탄을 가슴에 안고 사는 것과 같은 일이 될 것이다. 그리고 그 결과는 당장에 나타나지 않을 수도 있지만 언젠가는 핵폭탄이 되어 여러분을 공격하게 될 것이다. 그러므로 신뢰와 배려로 늘 주변을 챙기고 사랑하는 실천적 생활을 통해 공감을 확대하는 것이 무엇보다 중요하다.

사실 소셜 네트워크 활동도 이런 익숙함과 평판을 강화하기 위한 수단임을 부인할 수 없다. 개인과 조직은 인적 자본과 소셜 자본이라는 두 가지 경쟁 우위 요소를 갖게 된다. 인적 자본은 성공에 필수적인 요소로 재능, 지능, 카리스마, 공적 지위 등을 포함한다. 그러나 이는 개인의 직접적인 통제를 넘어설 때가 많고, 다수의 구성원이 속해 있는 조직에서는 효과적으로 사용되지 못한다. 반대로 소셜 자본은 우리의 관계가 그 원천이 된다. 하버드 대학 정치학과 로버트 퍼트남Robert Putnam 교수는 '소셜 자본Social Capital'이란 모든 소셜 네트워크와 네트워크가 서로 관련을 맺는 '경향의 가치'라고 정의했다. 퍼트남 교수는 커뮤니티 내에서 혹은 개인 사이에 신뢰와 상호주의 정도로 소셜 자본을 측정해볼 수 있으며 이는 조직, 커뮤니티 나아가 민주주의를 구성하고 유지할 수 있는 중요한 요소라고 주장했다.[11]

소셜 네트워크 활동을 통해 느슨한 인간관계를 많이 확보하고 이를 통해 깊은 인간관계를 만들어가는 것을 소셜 자본이라고 할 수 있는데,

소셜 자본을 많이 가지고 있는 것은 미래에 큰 자산이 된다. 누차 강조하지만 소셜 자본은 엄청난 파괴력으로 자신을 파괴할 수도 있다. 꼿꼿하게 산 속에서 도를 닦듯 부족한 소셜 자본으로 미래 사회를 살아간다는 것은 고립을 자초하는 것일 수 있다. 따라서 좋은 파트너를 찾기 위해서는 새로운 방식과 틀을 활용하는 것에 익숙해져야 한다. 과거에는 좀처럼 만날 수 없었던 연령대의 사람들, 또한 전혀 연관 관계 없는 직업에 종사하는 사람들이 관계를 맺는 것처럼, 소셜 네트워크가 연결해주는 인맥은 무척 광범위하여 인종도 다를 수 있고 국가도 다를 수 있다. 이렇게 드넓은 광장에서 자신의 파트너를 찾아내는 일에 익숙한 사람들은 제한된 네트워크에서 파트너를 찾아야 했던 닫힌 인재들보다 선택의 폭이 훨씬 크다.

화려한 포장이나 계급장이 만들어주었던 인위적인 인간관계를 뛰어넘어 진정성으로 이루어진 공감은 그 규모가 상상을 초월할 정도로 커질 수 있음이 과거와 다른 점이다. 따라서 앞으로는 이런 공감대를 강력하게 유지하는 소셜 자본을 많이 가지고 있는 사람이라면 그 자체로도 얼마든지 자신의 자존감을 세우며 멋진 인생을 살아갈 수 있을 것이다. 다시 한 번 강조하지만 계급장은 달고 있는 동안만 유효하다. 자리도 앉아 있을 때만 효력이 있다. 하지만 진정성에 의한 공감은 언제 어디서든 자가 발전하는 전기처럼 빛을 발한다. 그 빛이야말로 세상에 자신의 삶을 밝혀줄 유일한 에너지다.

거대한 광장에서
공감이라는 '무기'

    얼마 전 트위터에 『독한 놈이 이긴다』의 저자인 황 성진@BridgePeople 씨가 쪽지를 보내왔다. 나와는 일면식도 없었지만 자 신의 책을 주고 싶다는 내용이었다. 그리고 만남이 이루어졌다. 사실 온라인에서 만난 사람을 오프라인에서 만나는 것이 그다지 익숙하지 않은 필자에게는 매우 생소하지만 흥미로운 일이었다. 대화 중에 『스 토리가 스펙을 이긴다』의 저자 김정태@theUNtoday 씨를 알고 있다고 해 서 세 사람이 다시 만나기로 했는데, 이것이 계기가 되어 저자들 중에 소셜 네트워크에서 활발하게 활동하면서 세상의 변화에 자신들의 지식 을 나누고자 하는 분들을 만나게 되었다. 『모바일혁명이 만드는 비즈 니스 미래지도』 등의 저자 김중태@dalkorea IT문화원장, 『애플의 전략』 저자 최용석@myclex 대표, 『청춘경영』 등 60편의 창작과 번역을 해오신

한양대 유영만@kecologist 교수, 이직@leejik 베타뉴스대표, 『공피고아』의 저자 장동인@donchang 대표, 『페이스북 무엇이고 어떻게 활용할 것인가』의 저자 최규문@letsgo999 대표, 송영대@SongYoungDae 행복경영연구원장 등이 모였다. 이들 모두는 소셜 네트워크상에서 알고 지내던 사이였지만 오프라인에서는 처음 만나는 사람이 대부분이었다.

대부분 지식 나눔에 관심이 있는 저자들이었다. 손병묵@itmembers 무한지식충전소 소장은 학부모들에게 강의를 통해 지식 나눔을 실천하고 있다. 고우성@Knolpd (주)휴빅 대표도 www.ziggle.com이라는 사이트를 운영하며 청소년들에게 멘토링을 해주는 작업을 하고 있다. 서로가 비슷한 생각을 가지고 있으면서 또 나름대로 자기 분야에서 내공을 쌓아온 분들이라 이야기가 끊이질 않았다.

그 이후 3번의 만남 후에 저자들이 함께 참여하는 북 콘서트를 개최하여 미래에 대한 지식 나눔을 실천하기로 결정했다. 일면식도 없고 학연이나 지연으로 연결되지도 않고, 나이도 천차만별이고, 하는 일도 다른 사람들이 저자라는 공통점과 소셜 네트워크를 통해 교류하고 있다는 이유 그리고 지식 나눔을 하고 싶다는 생각만으로 만나 많은 사람들을 즐겁게 할 수 있는 멋진 이벤트가 창조된 것이다. 경우에 따라서는 이런 형태의 북 콘서트가 우리 젊은이들에게 독서에 대한 인식을 바꿔줄 수 있을지 모른다. 누군가에 의해 인위적으로 만들어진다면 서로의 이해관계를 조정하는 데 시간이 많이 걸릴 것이다. 하지만 소셜 네트워크는 이 같은 일을 효율적으로 이루어낼 수 있다.

김성환@Xsigma7이란 분은 사회적 기업에 많은 관심을 가지고 트위터에서 이런 분야에 관심을 가진 사람들에게 직접 쪽지를 보내 만나기를 자청했다. 필자도 그 대상 중에 한 사람이었고 그와 몇 번의 만남을 통해 훌륭한 파트너가 되었다. 그는 이렇게 사회적 기업에 관심을 갖고 있는 약 100명의 기업가, 교수, 언론인 등을 만나면서 그들과 생각을 공유하고 자신의 뜻을 현실화시키고 있다. 트위터에서 나눔의 리더를 꿈꾸는 자들이 모임을 결성해 연평도 주민들을 위한 모금을 하여 1,000만 원을 기탁하기도 했고 대학에 지식 나눔을 하기도 했다.

이처럼 광범위하게 자신과 뜻을 함께하는 사람을 찾아 함께 무언가를 할 수 있다는 것은 닫힌 인재들에게는 상상을 초월하는 일이다. 그들에게 세상은 학연이나 지연 등 자신의 폐쇄된 울타리를 벗어나지 못하는 것이기 때문이다. 집단지성은 문제해결 분야에서도 탁월한 성과를 만들어내고 있다.

군집용역Crowd Sourcing은 대중 지혜를 활용하는 아웃소싱을 뜻하는데 다양한 계층의 사람들이 지닌 지식과 경험을 통해 전문가도 해결하지 못한 문제를 해결한다. 대표적인 사이트로 이노센티브www.innocentive.com를 들 수 있다. 이노센티브는 온라인으로 문제를 해결하는 사이트로 기업이 연구 과제를 올려주면 회원이 해법을 제시하고 1~10만 달러 정도의 상금을 받는 시스템이다. 현재 175개 나라에서 솔버solver라는 14만 명의 문제해결사가 시커seeker라는 기업의 문제를 해결해주고 있다. 한 사례로 엑손 발데스호 사건의 해결을 들 수 있다. 1989년 미국

알래스카에서 엑손 발데스호 사건이라 부르는 사상 최악의 기름 유출 사고가 터졌다. 그 후 20년이 지나도록 수십 척의 바지선이 빙하 사이를 오가며 기름을 퍼 올리고 있지만 기름을 다 수거하지 못했다. 추운 날씨 때문에 기름이 물과 함께 얼어 분리가 어려운 것이 원인이다. 기름유출연구소OSRI는 결국 이노센티브에 도움을 요청했고, 요청이 들어오자마자 수천 건의 아이디어가 올라왔다. 과학자는 물론이고 가정주부, 학생까지 합리적인 또는 황당한 해결책을 제시했다. 미국의 한 시멘트 회사에서 근무하는 존 데이비스Davids씨는 시멘트가 굳지 않도록 기계로 계속 젓는 것처럼 오일도 진동 기계로 자극을 주면 얼지 않는다는 해법을 제시했다. ORSI는 데이비스 씨의 제안대로 알래스카 바지선에 모두 진동 기계를 달아 문제를 해결했고, 데이비스 씨는 2만 달러를 상금으로 받았다. 20년 동안 전문가도 풀지 못한 문제를 시멘트 회사의 한 노동자가 해결한 것이다. 이노센티브가 2001년 창립된 이후 제시된 600개 과제 중 200개가 이런 군집용역으로 풀렸으며, 이노센티브는 보잉, 듀퐁, LG화학 등의 유수 기업을 고객으로 두고 6년간 연평균 75%씩 매출을 성장시켰다.[12]

사회적 출판그룹 '에딧더월드'의 대표이자 『스토리가 스펙을 이긴다』의 저자인 김정태@theUNtoday 대표는 국제기구 등에서 출간한 책 중에 우리 사회에 의미 있는 책의 번역본을 출간하고 싶었지만 경제성을 이유로 출판사들로부터 매번 거절을 당하곤 했다. 그래서 그는 궁리 끝에 출간이나 번역에 관심 있는 젊은이들에게 제안을 한다. 혼자 번

역하기에는 시간을 할애하기 힘들 테니 공동 번역에 참여해 달라는 것과 일정 금액을 투자하여 나중에 인세를 나누는 방식으로 공동 작업을 하자는 것이었다. 의외로 많은 젊은이들이 선뜻 이 제안을 받아들여 책을 출간하고 있다. 본인은 이익을 취하기보다는 함께 만들어 함께 나누고 싶었을 뿐인데 적절한 이익도 만들어냈다. 최근에 발간한 책인 『소외된 90%를 위한 디자인』은 16명의 공동 번역자가 참여한 작품이다. 이들 중에는 대학생도 있고 직장인도 있다. 약간의 돈과 지식을 투자하여 경제성이 없는 책을 저예산으로 발간할 수 있게 한 것이다. 참여자는 이 프로젝트를 수행하면서 팀워크를 배우고 또한 성취를 느낀다. 이런 과정을 통해 그들의 자존감은 커질 수밖에 없는 것이다.

공감 능력이
스펙을 이긴다

이 거대한 광장에서 공감을 이끌어내는 일은 누구에게나 매력적인 일이 되어가고 있다. 굳이 불필요한 필터링 작업이나 허세를 부려야 하는 일 따위는 잊어버려도 좋다. 단지 그들은 진정성과 열정으로 최선을 다해 노력하는 것만으로도 충분히 공감을 얻을 수 있으며 그런 공감만으로도 세상을 바꾸는 일이 가능하게 되었다.

과거에는 '나'의 생각을 '나'의 인맥을 중심으로 뭔가를 이루어내는 것이 일반적이었다면 앞으로는 생각을 공유하는 사람들이 모여 그들과 함께 뭔가를 이루어내는 것이 일상화될 것이다. 이미 공감을 하고 있기 때문에 막연한 학연이나 지연을 통해 만나는 사람들보다는 훨씬 효율적으로 일을 추진할 수가 있다. 이런 속도를 과거의 방법으로는 따라갈 수 없으며 그들의 공감과 내공을 따라잡기가 힘들게 될 것이다.

집단지성을 활용하는 스마트시대의 승자는 포장에 익숙한 허세를 훨씬 능가하는 결과를 만들어낼 것이다. 이런 승자들의 모습은 우리 주변에 자주 등장하게 될 것이며 미리 준비하지 않는다면 그들의 파워를 실감하며 후회하게 될 것이다.

시련에 강한 인재에게 정년은 없다

: 회복탄력성Resilience

개인의 위대함을 추구하고 살았던 시대를 뛰어넘
어 집단지성의 상상할 수 없는 위대함을 경험하게
될 스마트시대에 자신을 지켜줄 보험이 바로 회복
탄력성이다. 어떤 상황도 나를 중심으로 재편할
수 있어야 하며 그렇게 급변하는 세상을 견디고 받
아들이고 이겨내야 한다. 적어도 죽는 그날까지라
도 끊임없이 세상의 일부가 아닌 세상의 중심이 되
는 나를 살아갈 때 의미 있고 행복한 삶이 되리라
믿는다면 회복탄력성을 키워야 한다.

● ● ●

나는 농구를 시작한 이후로 9,000번 이상 슛을 놓쳤고
거의 300번의 패배를 기록했다.
승패를 결정하는 슛을 놓친 경우도 26번이나 된다.
나는 인생에서 수없이 반복해서 실패를 거듭했다.
바로 그것이 내가 성공한 이유다.

— 마이클 조던 Michael Jordan

시련에 강한 인재가
살아남는다

지금까지는 우리는 인재가 갖춰야 할 능력으로 스토리Story와 공감Empathy 능력이 왜 중요한지 살펴봤다. 스토리가 우리를 창조적이고 개성 있게 만들어냄으로써 매 순간 의미 있는 삶을 만들어 축적하는 것이라면, 공감은 많은 사람들과 정서적 교감을 통해 과거처럼 자리가 주는 권력이 아닌 수평적인 네트워크 환경으로부터 힘을 만들어가는 역량이라는 점도 이해했다.

이제부터는 스마트시대에 걸맞은 인재로 발전하는 데 있어서 스스로를 자극하고 동기를 부여하는 요인이 무엇이며, 또한 무엇이 집단이나 자리가 보호해주지 못하는 자신을 지킬 수 있는 힘인지에 대한 해답을 찾아보기로 하자. 이 책에서 제시하는 나머지 두 개의 키워드, 즉 회복탄력성Resilience과 성취Achievement는 개인의 엔진과 보호막 같은 역할을 하는 키워드이다. 특히 회복탄력성은 어떤 상황에서도 굴하지 않고 자신을 지키고 자존감을 회복해가는 아주 중요한 역량이다. 회복탄력성이 강한 사람들은 아무리 어려운 상황에 봉착하더라도 이를 극복할 줄 안다. 그것은 곧 흔히 이야기하는 실패가 실패가 아닌 성공의 어머니가 되도록 만들어주는 것이다.

실패는 실패한 지점에서
벗어나지 못하는 것

인생을 살아가다보면 좋은 일만 있는 것이 아니다. 험한 일도 닥치고 본인의 의사와는 상관없이 큰일을 당하기도 한다. 특히 아직까지는 안정된 조직이라는 울타리 안에서 어느 정도 보호를 받을 수도 있기 때문에 많은 젊은이들이 안정된 직장을 선호하고, 그런 조직에 합류하려고 기를 쓰고 노력을 한다. 하지만 그렇게 안정된 직장이라는 곳에서 오래 근무해봐야 25년에서 30년이다. 대기업의 평균 근무 연수는 불과 10여 년 남짓이다. 그리고 정년을 맞게 되는 시점이 55세에서 60세 전후, 인간의 수명은 그로부터도 30년 이상 계속될 확률이 높아졌다. 길게 잡아 30년을 일하고 받은 퇴직금을 가지고 남은 인생을 살아가기는 여간 만만한 일이 아니다. 이 문제는 앞으로 심각한 사회문제가 될 것이 불을 보듯 뻔하다.

그렇다면 정규직을 늘리면 정규직이 되는 분들의 삶이 좀 나아질 것인가. 사라져가는 일자리를 되돌리려고 노력한다고 과연 그것이 오래 지속될 수 있을 것인가. 재래시장이 문화재가 되지 않고 젊은이들에게 각광받는 시장이 될 수 있을까. 지금까지 역사의 뒤안길로 사라진 수많은 직업보다 더 많은 직업이 사라지고 또 새로운 직업이 탄생하는, 아니 새로운 인류가 탄생하는 시대에 살고 있는 우리가 선택해야 할 것이 과연 정규직이요, 정년연장이요, 기존 직업의 보존일 것인가.

지금 우리는 온몸으로 쓰나미보다 무섭고 강력하고 거대하게 다가오고 있는 스마트시대를 견디고 이겨내야 하는 지혜가 필요한 시기이다. 너와 내가 구분되는 세상에서 너와 내가 하나의 거대한 집단으로 살아가게 되는 세상이 다가오고 있는 것이다. "개미는 영리하지 않다. 개미집단이 영리할 뿐이다." 생물학자 데보라 고든Deborah Gordon은 그의 저서 『일하는 개미 Ant at work』에서 단언한다. 그렇다. 개미 한 마리, 한 마리는 절대로 영리하지 않다. 그러나 집단으로서 개미는 지구에서 가장 성공적인 생명체라고 말할 수 있다. 개미는 포유류 역사의 두 배가 넘는 1억 4,000만 년 전부터 왕성하게 번식했다. 생물학자들은 지구 위 생명체 무게를 달면 인간보다 더 많은 비중을 차지하는 것이 개미라고 한다. 생물학자들의 결론은 '자기조직화—창발성'이라는 초생명 현상이다. 이를 초유기체Super-Organism라는 용어를 쓰기도 한다.[1]

개인의 위대함을 추구하고 살았던 시대를 뛰어넘어 집단지성의 상상할 수 없는 위대함을 경험하게 될 스마트시대, 이 시대에 자신을 지켜줄 보험이 바로 회복탄력성이다. 어떤 상황도 나를 중심으로 재편할 수 있어야 하며 그렇게 급변하는 세상을 견디고 받아들이고 이겨내지 않으면 결국 우리는 박물관에 전시된 문화재 같은 삶을 살아야 할 지 모른다. 회복탄력성은 적어도 죽는 그날까지 끊임없이 세상의 일부로 자신을 방치하지 않고, 자신이 세상의 중심임을 스스로 신뢰하게 하며, 의미 있고 행복한 삶을 살 수 있도록 돕는다.

위기는 늘
우리 곁에 있다

경제적, 사회적 안정이 깨지는 것이 두려워 자존심을 포기하고 원하지 않는 일에 순응하면서 살아간다면 그런 삶을 통해서도 내면의 만족이 이루어질 수 있을까. '아이들만 아니면, 집사람만 아니면 벌써 그만둬야 했는데'라며 힘들게 직장을 다니는 사람이 이외로 많다. 사실 직장에서 성추행과 같은 '일 추행'을 서슴지 않는 상사를 흔하게 만난다. 권력이 집중될수록 자리에 대한 생사여탈권이 강할수록 이런 상사에게 심한 모멸감과 자괴감을 느끼면서도 어쩔 수 없이 자신의 자존심을 버리고 일하는 샐러리맨들이 있다. 그들은 시간이 갈수록 자존심을 회복하지 못하고 더욱 그 구렁텅이로 빠져들고 만다. 그러고는 쫓겨나지 않으려고 최대한 자신을 감추고 상황에 대처하며 살아간다. 누군가 자신의 자리를 빼앗으려고 할 때는 필사적으로 노력하지만 나머지 일에 대해서는 그저 봐도 못 본 척, 알아도 모르는 척 문제를 일으키지 않고 자리 지키기에 모든 신경을 쓴다.

많은 젊은이들도 늘 부모에게 순종하며 매사에 부모님 뜻대로 살아가는 것이 최선의 길이라고 생각한다. 그들은 사랑하는 사람과의 결혼도 부모가 반대하면 뒤도 안 보고 포기할 수 있다. 오로지 부모의 기쁨을 위해 사는 것이다. 결국 이렇게 자존감을 버리고 스스로 견뎌낼 수 있는 어떠한 훈련이나 준비도 없이 그저 남의 손에 이끌려 살아온 사람들은 큰 위기가 닥치면 이를 극복하는 데 어려움을 겪는다. 경우에 따라서는 좌절하기도 하고 심지어는 그 충격이 자살로 이어지기도 한다. 무엇보다 진정한 행복을 느낄 수 있을지 의문이다.

오히려 어릴 때 가정이 힘들어 어렵게 그런 상황을 이겨낸 사람들은 역경 극복 훈련의 좋은 기회를 가진 것이나 다름없다. 이들은 좀 벅차고 힘든 과업들이지만 훌륭하게 이겨내는 과정에서 회복탄력성을 키우게 된다. 당시에는 마치 이 세상 모든 고통을 혼자 짊어진 것 같지만 훗날 되돌아보면 마치 예방 주사 같은 것이었음을 깨닫게 될 것이다. 나이를 먹을수록 자신에게 닥칠 역경의 정도는 점점 더 큰 충격이 될 가능성이 높다. 또한 안정적인 삶이 지속되거나 경제적 규모가 커질수록 지위가 높아질수록 위기도 비례해서 커지고 있음을 잊지 말아야 한다.

위기는 예고 없이 찾아오기도 한다. 태풍이나 전염병으로 인해 하루아침에 망하기도 한다. 한참 잘나가던 사람이 공장에 불이 난다거나 거래처에 부도가 나서 어려움을 겪기도 하고 갑자기 교통사고로 일을 못하기도 한다. 우리 삶은 늘 이런 크고 작은 역경을 헤쳐 나가는 것임을 인정해야 한다. 그저 눈 딱 감고 상사 눈치나 보며 월급 잘 받으면서 하루하루 살아가는 것이 안정적이라고 생각한다면 언제일지 모르나 반드시 닥치게 될 역경에 훨씬 힘들어질 수 있다. 어릴 때부터 또한 안정된 직장이라는 곳에 있는 동안에도 항상 이 위기와 고난에 대비한 훈련을 게을리하지 말아야 한다. 그것이야말로 정년 없는 인생을 위해 필요한 구명조끼를 갖추는 것과 같다.

얼마 전 막내딸이 국토대장정을 떠났다. 놀랍게도 YGK Youth of Great Korea, www.ygk.kr라는 곳을 통해 국토대장정을 한 젊은이들이 4,000명이 넘었다. 땅끝마을에서 임진각까지 3주에 걸쳐서 무려 500km를 행군하는 고난의 여정이다. 자발적으로 국토를 횡단하겠다고 나선 젊은이들이 이 과정을 통해 얻을 수 있는 것을 상상해보라. 조국 땅을 그리 열심히 밟아가며 자신과 싸우는 과정에서 강인한 정신력을 갖게 될 것이 틀림없다. 해병대를 지원하는 젊은이들이 갈수록 늘어간다는 소식도 우리 젊은이들이 정말 멋있고 건강하다는 반증이기도 하다. 사실은 어릴 때부터 이런 역경을 극복할 수 있는 훈련과 경험이 필요하다. 이런 경험을 여러 번 반복하며 이를 극복할 수 있는 회복탄력성을 키워야 한다. 젊었을 때 아무리 크게 실패한다고 하더라도 나이가 들어 찾아오는 실패의 크기와 비교해보면 아무것도 아닐 것이다. 아무쪼록 우리 젊은이들이 이처럼 강인한 정신력으로 무장하고 자신감을 가진다면 이 세상은 마음먹은 대로 살 수 있을 것이다. 이 세상을 둘러보라. 다들 멋지게 존재감을 뽐내고 있지 않은가. 남으로부터 얻은 자리에서 결코 존재감이 살아날 수 없다. 승자라 하면 흔히들 정상에 서 있거나 부를 축적한 자라고 생각하지만 진정한 승자는 자신의 존재감을 확실하게 자신으로부터 인정받은 자이다.

이런 위기나 역경을 딛고 일어서는 일을 일상처럼 겪고 자란 사람들은 그것에 대한 두려움이 별로 없다. 또 그것을 극복할 자신감도 커지게 마련이다. 거칠게 세상을 살아가는 사람들은 다 이런 훈련이 잘 되어 있는 사람들이다. 필자는 '생활의 달인'이라는 TV 프로그램을 즐겨 본다. 수십 년씩 하나의 일에 매진하면서 누구도 범접할 수 없는 달인의 경지에 오른 이들의 표정을 보면 그들에게는 자존감이 깊게 우러나온다. 70이 넘은 연세에도 기계보다 더 정확하게 오차 없이 물건을 만들어내는 분이나 은단을 집어넣는 일을 하면서 0.01g의 무게를 감지할 수 있는 능력을 갖게 된 아주머니도 정말이지 이 세상 누구도 대신할 수 없는 엄청난 능력을 갖춘 분들이다. 이들은 당당하다. 아니 우리 사회가 이런 분들을 더욱 더 당당하게 만들어야 한다. 그래야 우리 사회가 다양성이 살아 숨 쉬는 세상이 될 테니 말이다.

다시 한 번 강조하지만 인생에 있어서 위기와 고난 그리고 실패는 언제든 닥쳐오게 되어 있다. 결코 피해갈 수 있는 것이 아니다. 그렇다면 이것을 당당하게 받아들이고 이겨내는 것만이 인생을 잘 사는 길이다. 그렇게 살아가는 사람들이야말로 진정한 성공이라는 훈장을 받을 자격이 있다.

우리는 항상 오름과 내림을 반복하며 살아가게 된다. 만약 늘 오르막이거나 반대로 늘 내리막이라면 아마 인류는 지금처럼 진화하지 못했을 것이다. 오름으로만 계속되는 것도 그다지 바람직한 것은 아니다. 매우 지루하고 멋도 없는 인생이 되고 만다. 그래서 타락이라는 내림을 스스로 자초하는지 모른다. 이 세상 그 누구도 어려움이나 위기를 피해갈 수는 없다. 이것은 사실이다. 결코 예외는 있을 수 없으며 모두가 다 경험하게 된다. 그것이 크거나 작을 수는 있지만 내리막은 삶에 있어서 스포츠에서의 패배와 같이 반드시 거쳐야 할 통과 의례다.

그러므로 우리가 매우 중요하게 다뤄야 할 인간의 능력 중 하나가 바로 회복탄력성이다. 이것은 물리학에서는 원래 모양으로 되돌아가는 성질을 말하고, 의학에서는 환자들의 회복 능력을 일컫는 말이기도 하다. 여기서 회복탄력성은 인간이 위기 상황이나 실패를 만났을 때 위축되지 않고 더 분발하여 극복하는 능력을 의미한다. 따지고 보면 인생의 성공이란 안정적 상황을 소유하는 것이 아니다. 늘 변하는 상황을 긍정적으로 받아들여 그 이전보다 좋은 상태로 만들어가는 것이 진정한 성공이다. 안정적 상황이라는 것은 그대로 유지될 수 없다. 그런 안정적 상황이 위기 상황으로 변했을 때 어떻게 이를 극복하느냐가 더 중요한 문제인 것이다. 다시 한 번 강조하지만 이런 위기 상황을 극복해 내는 회복탄력성이야말로 어릴 때부터 훈련해야 할 인생의 가장 큰 무기이다.

영국의 니콜슨 맥브라이드_{Nicholson McBride} 사가 영국과 유럽의 재계, 교육계 등을 대상으로 특별한 도전과 좌절을 경험한 후 재기에 성공한 리더 26명을 선정해 심층 인터뷰를 한 결과, 이들이 갖고 있는 회복탄력성에 대한 몇 가지 공통된 주제가 발견되었다. 그것은 바로 그들 대부분이 12살이 되기 이전에 시련을 경험하거나 불행한 가족사가 있었다는 점이다. 이런 어린 시절의 경험에서 얻은 의지력이 어른이 된 후 힘든 시기를 견딜 수 있게 해주었고 무슨 일이 있어도 자식에게만은 자신이 겪은 고생을 시키지 않겠노라 결심했다고 한다. 또한 그들에게는 훌륭한 롤 모델이 있었다. 회복탄력성이 높았던 이들을 적극적으로 도와준 누군가가 있었던 것이다. 대부분은 책임감이 강한 부모들이었는데 부모가 아닌 사람이 그 역할을 대신하기도 했다. 그리고 이들 대부분은 경쟁심을 가지고 있었는데 주로 경쟁적인 스포츠를 좋아한다고 답했으며 몇 사람은 흥미롭게도 이기는 데는 관심이 없었다고 했지만 패배에 대해서는 관심을 갖고 있었다. 마지막으로 남들과 자신을 다르게 생각하는 심리적 사고를 갖고 있었다. 대게의 경우 12세 이전에는 이런 심리적사고가 발달하지 않는데 이들 중에는 심지어 5세 정도에 이런 심리적 사고를 가진 이도 있었다.[2]

대체로 유년 시절에 위와 같은 시련이나 불행한 가족사를 가지고 있는 사람들은 그것을 극복하는 과정에서 회복탄력성이 강화된다. 갑작스럽게 부모님이 돌아가시고 집안에 가장이 된 사람들은 나이에 비해 매우 성숙한 사고와 행동을 보일 때가 많다. 또한 이런 사람들은 나이를 먹어서도 매순간 닥치는 위기 상황을 훌륭하게 극복할 확률이 높다. 회복탄력성은 유전적 요소보다는 어릴 때부터 훈련될 수 있다고 한다. 따라서 가능하면 어릴 때부터 회복탄력성을 키워나갈 필요가 있다.

IMF 구제금융은
어떻게 기회가 되었나?

        20대 젊은이들에게는 프랑스 월드컵 정도로 기억될지 모를 1998년은 우리 사회에 대변혁의 불씨가 지펴졌던 해다. 사실 그해는 우리 국민 대부분이 외환위기 후유증에 시달리고 있을 때라 아픈 기억만이 남아 있을 것이다. 하지만, 그 시기는 우리 현대사에서 잘살아보겠다는 힘찬 내달림의 절정에 이르는 시기였고, 또한 새로운 시대를 여는 변곡점과 같은 시기였다.

  1996년 10월 25일, 우리나라는 OECD 회원국으로 정식 가입을 하는 역사적 순간을 맞이한다. 1950년대 한국전쟁 이후 초토화된 이 땅에서 1인당 국민소득이 100달러도 안 되던 세계 최빈국이 불과 반세기 만에 OECD 회원국이 되었으니 국민들이 갖는 자부심은 하늘을 찔렀다. 김영삼 정부는 OECD 가입과 더불어 '금융 선진화 조치'를 단행하며 금융 개방 정책을 취하게 되는데 이때부터 본격적으로 외국 자본이 밀려 들어왔다. 그런데 이런 상황을 제대로 관리할 능력을 갖추지 못했던 우리로서는 그로부터 얼마 되지 않은 1997년 11월 22일 국가 부도 사태를 선언하고 결국 IMF의 구제금융을 받게 된다. OECD 가입 후 1년 만의 일이다. 그 후유증은 엄청나서 90여 개의 금융기관이 부도가 나거나 합병을 당했고, 1997년부터 1998년까지 2년 동안 무려 4만여 개의 기업이 부도가 났으며 1999년에는 무려 89개사가 상장 폐지되었다. 1998년 경제성장률은 −6.9%에 달했는데 경제가 힘들다는 요즘의 경제성장률과 비교해보면 얼마나 어려웠었는지 그 정도를 가늠해볼 수 있을 것이다.

이 과정에서 안타깝게도 수많은 직장인들이 하루아침에 직장을 잃고 거리로 내몰렸다. 정든 동료를 떠나보내야만 했던 남아 있는 자들 역시도 만감이 교차하는 것은 마찬가지였다. 그때까지만 해도 평생직장이라는 개념이 존재했기에 한솥밥을 먹는 동료들과의 우애가 지금과는 다를 때였던 분위기에서, 대대적이고도 급작스럽고 인위적인 구조조정의 칼바람이 당시처럼 대규모로 이루어진 것은 건국 이래 처음이었기에 실직자들의 고통은 이루 말할 수 없는 것이었다. 은행 지점이나 공장, 사무실 할 것 없이 떠나는 자와 남는 자의 눈물과 애틋한 사연들이 연일 언론에 보도가 되고, 급기야는 장롱 속에 묻어두었던 금반지라도 모아 국가가 진 빚을 갚아보겠다고 나서 세계인의 이목이 집중되기도 했다. 그것이 바로 우리 국민의 저력을 보여주었던 금 모으기 운동이다.

평생직장이란 개념이 있던 그 시기 날벼락을 맞은 건 휴일도 없이 그저 열심히 일했던 대부분의 직장인들이었다. 이렇게 한꺼번에 직장인들이 거리로 내몰렸으니 그들이 선택할 수 있는 길은 다른 직업을 찾거나 창업을 하는 것이었다. 하지만 다른 일자리가 그리 쉽게 찾아질 리 만무했고, 창업이라는 것도 결코 쉬운 일이 아니기에 그나마 가지고 있던 돈마저 날리는 일이 부지기수였다. 이곳저곳 다른 일을 찾아 기웃거리다 제대로 되지 않아 생활고에 시달리거나 심지어는 노숙자가 되는 경우도 허다했다. 어떤 이들은 발 빠르게 변신하여 전혀 생각지도 않았던 직업에 종사하기도 했다. 어느 한 사람 깊은 사연을 가슴에 새기지 않은 이가 없을 정도였던 것이다.

은행 빚을 많이 얻은 기업이나, 부실 대출을 많이 해준 은행들 역시 최후를 맞이하거나 혹독한 시기를 견뎌내야 했다. 외환위기 이전만 해도 기업가들은 어떻게 하든 은행 빚을 많이 얻어야 생존한다고 믿었다. 그 당시 30대 기업의 빚이 자산에 5배가 넘었는데 심지어는 '백억을 빌리면 망해도 천억을 빌리면 안 망한다'라는 말이 있을 정도였다. 큰 돈을 빌려준 기업이 문제가 생기면 은행도 책임을 면하기 어렵기 때문에 결국 은행이 추가 대출을 해줘서라도 어떻게든 살리려고 나설 수밖에 없다는 것을 기업가들은 잘 알고 있었던 것이다. 결국 이런 '대마불사론'이 외환위기 때 기업은 물론이고 은행들까지도 부실해지는 결과를 초래했던 것이다.

미래의 불씨,
초고속 인터넷 서비스의 시작

/

그러나 위기는 항상 다른 한편의 기회가 된다. 이렇게 모두가 어려워진 상황에서 기회를 잡은 이들은 새로운 도약의 계기를 만들었다. 그 어려운 시기를 이겨낸 은행이나 기업들의 내공은 몰라보게 강해졌다. 은행 빚으로 겉만 화려했던 기업들의 몰락을 보면서 기업들의 현금 보유가 늘어났고 기업들의 위기관리 능력이 훨씬 성숙되는 계기가 되었던 것이다.

또 다른 한편에서는 과거에 존재하지 않던 새로운 변화가 시작되었다. 세상은 항상 멈춰 있는 것이 아니며 다 죽을 것 같아도 새로운 싹이 돋아나는 법이다. 우리가 1998년, 그 시기를 주목하는 또 다른 변화는 바로 초고속 인터넷 서비스가 본격적으로 시작되었다는 점이다.

그 이후 인터넷 보급은 급진전되었고 그에 따른 각종 서비스나 콘텐츠 그리고 기술 개발이 봇물 터지듯 이루어졌다. 그 당시만 해도 산업사회의 패러다임이 세상을 지배하고 있던 터라 디지털, 정보혁명, IT혁명 등과 같이 새로운 세상에 대한 용어들은 생소하기만 했다. 하지만 소수의 선각자들은 시대를 앞서는 상상력으로 앞 다투어 미래를 선점하겠다고 '블루오션'에 뛰어들었던 것이다. 1998년에 1만 4,000회선이 처음으로 보급되었던 초고속 인터넷 서비스는 4년 만인 2002년에 1,000만 회선을 넘어서며 우리나라는 초고속 인터넷 보급률에 있어서 세계 최고의 국가가 되었다. 불과 4년 만에 1,000배의 성장률을 기록했으니 정말 놀라운 일이 아닐 수 없다. 이런 상황에서 우리나라 벤처기업들은 ADSL 모뎀 개발에 박차를 가해 대부분을 국산화했을 뿐만 아니라, 디지털방송에 필요한 셋톱박스도 세계 제일의 제품을 만드는 등 우리 벤처제품들이 주요 수출품이 되어 경제발전의 효자 노릇을 톡톡히 하게 된다.

미래 산업,
벤처 산업이 시작되다

아이러니하게도 외환위기는 우리나라가 벤처산업을 육성하는 계기가 된다. 이런 사회적 변화에 큰 기대를 걸고 대학 연구소나 기업 등에서 기술 개발이나 연구를 하던 젊고 유능한 공학도들은 앞 다투어 벤처 기업가로 변신했다. 이들이 인터넷을 활용한 새로운 비즈니스 모델을 제안하거나, 기존의 사업을 IT로 무장시켜 새롭게 변신시키겠다는 선언만 해도 투자를 하겠다는 사람들이 줄을 설 정도였으니 그 당시 투자 열기는 광기에 가까웠다. 회사 이름을 ○○닷컴이라고 붙이고 투자설명 회를 하면 그 다음날 수십억 원의 투자를 받는 것은 일도 아니었다.

이때 '인터넷 3인방'이라는 별칭으로 코스닥에서 상종가를 치고 있던 회사가 새롬기술과 다음 그리고 한글과컴퓨터였는데 당시 새롬기술은 3,000억 원이라는 천문학적인 돈을 투자받았고 시가총액이 한때 4조 원을 오르내렸다. 세계 최초로 인터넷 무료전화를 제공하겠다는 미국의 다이얼패드라는 회사의 모회사라는 것이 이유였다. 필자가 대표이사로 있던 한글과컴퓨터도 한때는 시가 총액이 2조 5,000억 원을 기록하기도 했다. 모든 것이 희망에 부풀었고 마치 당장에라도 세상을 바꿀 수 있을 것 같았다. 하지만 신기루는 오래가지 못했고 2001년 이후 벤처산업은 급속하게 내리막을 타고 많은 투자자들에게 큰 손실을 끼치게 되었다.

너무 앞서간 탓일까? 새로운 것을 시도하면 실패는 반드시 수반되는가 보다. 그 당시 우리 사회구조는 실패에 대한 대비가 제대로 되지 않았던 탓에 - 물론, 지금도 마찬가지지만 - 많은 벤처 기업가들이 감옥에 들어가거나 신용 불량자가 되는 것을 막지 못했다. 기술만 알고 있던 공학도들에게 벤처기업을 경영하는 것이 그리 만만한 작업이 아니었음을 뒤늦게야 깨닫게 되었지만 이미 일은 벌어지고 난 뒤였다. 사실, '벤처'를 태동시킨 미국의 경우만 보더라도 벤처사업 자체가 95% 정도는 실패할 것이라고 예상을 했으면서도 그에 대한 대비가 전혀 되지 않았다. 마치 전쟁터에 훈련도 받지 못하고 뛰어든 학도병들 같은 신세였다. 투자자들도 미래에 대한 확신이 있었다기보다는 분위기에 휩쓸려 많은 이들, 심지어는 월급쟁이나 공무원들처럼 벤처와는 전혀 관계없는 이들까지 '묻지 마 투자'를 함으로써 그 피해가 더욱 커졌던 것이다.

하지만 돌아보면, 이 광풍은 결코 우리에게 손해만 끼친 것은 아니다. 12년이 지난 지금 우리가 주목해야 할 것은 새로운 산업에 대한 태동으로 우리의 라이프스타일에 엄청난 변화를 가져다 주었다는 사실이다. 비록 짧은 시간에 발생한 충격적인 사건들이었지만, 이렇게 쏟아진 에너지는 우리를 또 다른 미래로 진화시켰다. 지난 12년 동안에 있었던 라이프스타일의 변화를 살펴보면 우선 전문가만의 전유물이었던 컴퓨터를 일반인들이 사용하게 되었다는 점을 들 수 있다. 그것도 아주 광범위하게 말이다. 사실 1998년 초고속 인터넷이 보급되기 전, 컴퓨터는 문서 작성이나 표 계산 같은 업무를 처리했는데 기업에서는 이 일을 전담하는 직원이 있는 정도였고, 상사들이 컴퓨터를 사용하는 일은 거의 없었다. 일상생활에 미친 영향은 어떤가. 이젠 각종 민원서류를 인터넷으로 발급받는 것은 너무나 당연한 일이 되었다. 금융 거래는 물론이고 아파트 청약에 이르기까지 웬만한 것은 대부분 인터넷이 활용되고 있다.

이런 변화는 단순한 산업적 변화가 아니라 삶의 방식을 다시 쓰는 대변혁이 되었다. 세상이 이렇게 변해 가는데 과거의 일자리가 그대로 남아 있다면 그게 오히려 이상한 일이다. 더 이상 작동하지 않는 것들은 역사 속으로 사라지거나 박물관에서 골동품으로 그 가치를 발하게 될 것이다. 분명한 것은 변화되는 세상에 맞는 새로운 일자리는 지속적으로 늘어날 것이고, 그렇지 않은 과거의 일자리는 경쟁력을 잃고 사라지게 될 것이란 점이다.

이러한 역사의 소용돌이 속에는 늘 새로운 영웅이 등장하게 된다. 1998년을 전후로 당시 30대 초중반의 젊은이들 중에 미래를 준비한 친구들은 이런 변화에 주목하며 변화된 세상에서의 희망찬 라이프스타일을 상상하기 시작하였다. 그리고 그들은 무모한 도전을 감행한다. 당시 삼성SDS의 대리였던 이해진은 네이버라는 검색엔진 회사를 시작했고, 현대정보기술의 대리였던 김택진은 엔씨소프트라는 게임회사를 시작한다. 이렇게 연구소나 대기업에 있던 젊은이들이 뛰쳐나와 2만 개가 넘는 회사의 CEO가 된다. 그들은 모두 새로운 세상을 향한 멋진 상상력을 발휘한 사람들이고 또, 과감히 미래를 향해 도전장을 내민 사람들이었다. 자신들의 기술을 접목하여 변화된 미래를 그리며 밤을 지새우고 또 지새우는 열정을 불태웠던 것이다.

이렇게 시작된 벤처 기업들이 10여 년이 지난 지금 괄목할 만한 성과를 내면서 우리 사회의 희망으로 자리 잡고 있다. 30대 초반의 젊은이들이 만들었던 NHN은 영업수익 2조 1,474억 원에 6,204억 원의 영업이익을 내는 건실한 회사로 성장했다. NHN에서 근무하는 직원만도 약 6,000여 명이 넘는다. 엔씨소프트도 수천억 원의 매출을 기록하고 있다. 이젠 연간 매출 1,000억 원이 넘는 벤처 기업이 381개에 달하고, 재산이 수백억 원에 달하는 벤처 기업가도 심심치 않게 만날 수 있으며 현재 벤처 산업은 우리나라 GDP의 약 5%를 담당하는 산업으로 성장하였다. 사실 이 수치보다 이들이 개발한 다양한 기술로 인해 다른 산업으로 파급되는 효과가 훨씬 더 의미가 있다. 휴대폰, 통신 장비, 무기 개발, 조선, 항공 등 산업 전반에 걸쳐 이들 벤처기업이 제공한 기술이 얼마나 커다란 영향을 미쳤는가 하는 것은 중요한 의미를 가진다.

어찌보면 그들은 처음부터 그런 부자가 되리라 꿈꾸지 못했을지도 모른다. 그들이 바랐던 것은 단지 새로운 세상이 다가오고 있음을 감지하고 그런 세상에 과감히 뛰어들어 상상력을 통해 새로운 세상과 교감하고자 했고, 자신들이 바라는 것을 새로운 세상에 접목해보려고 노력했던 것뿐이지 않을까. 어쨌든 필자는 그들의 열정이 우리 사회 곳곳에 새로운 변화를 만들어냈다고 믿는다.

여러분 주변을 자세히 돌아보라. 아마도 지금의 현실이 마치 과거로부터 변하지 않고 이어져 온 것이라 착각할지 모르지만 결코 그렇지 않다. 지금 우리 주변에 있는 것들 중에 어떤 것은 불과 10여 년 전에는 상상 속에서조차 존재하지 않았던 것임을 잊지 말아야 한다. 어쨌든 우리는 수많은 새로운 일자리의 탄생을 목격했으며 적어도 부모로부터 어떠한 도움도 받지 않고 수백, 수천억대의 부자가 탄생하는 것을 지켜봤다. 그들이 우리와 다른 단 한 가지는 새로운 변화가 오는 것을 두려워하거나 외면하지 않고 적극적으로 받아들이고 무한한 상상력으로 그 시대와 교감하고자 자신의 열정을 불태웠다는 점이다. 지금도 그들의 뜨거운 열정은 비단 그들뿐만 아니라 세상을 바꾸는 데도 큰 몫을 하고 있다.

초긍정 해석
능력을 키워라

태어나기도 전에 생모로부터 이별이 예정된 아이가 탄생하였다. 그의 생모는 가능하면 좋은 가정 특히 대학을 반드시 나온 양부모에게 입양을 보내려 했으나 딸을 기대하던 양부모의 거절로 다른 양부모에게 맡겨졌다. 생모의 희망과는 달리 고교 중퇴생 아버지와 고교 출신의 어머니가 그의 양부모가 되었다. 그리고 대학을 들어갔지만 학비 때문에 집안이 어려워지는 것을 보다 못해 학교를 중퇴한다. 그리고 그는 이 세상의 변화의 중심에 섰다. 애플창업자 스티브 잡스의 스토리다.

스티브 잡스는 대학을 6개월 만에 중퇴한 후에도 18개월간이나 캠퍼스를 돌아다니며 청강을 했다고 한다. 남들 같았으면 학비도 못낸 처지라 의기소침 했을 법도한데 그는 오히려 규정된 과목을 이수하는 제약에서 벗어나 자유스럽게 듣고 싶은 강의를 청강할 수 있어 좋았다고 회고한다. 특히 그가 다니던 리드 칼리지에 개설된 서체학 강좌는 그에게 매우 흥미로운 과목이었는데 이것이 훗날 애플컴퓨터를 개발할 때 예쁜 서체를 개발하는 데 많은 도움이 되었다고 한다. 그러면서 다음과 같은 멋진 말을 남긴다. "여러분은 앞을 내다보고 점을 연결할 수는 없습니다. 나중에 회고하면서 연결할 수 있을 뿐이죠. 그렇기 때문에 여러분은 각각의 점이 미래에 어떻게든 연결될 거라고 믿어야 합니다. 여러분은 뭔가를 믿어야 합니다. 여러분의 소화기관이든 운명이든 인생이든 업보든 뭐든지 믿어야 합니다. 저는 이런 생각을 버린 적이 없었고 그게 제 인생을 바꿔놓았습니다." 2005년 스탠포드 대학 졸업식에 행한 연설 중에 일부이다. 많은 이에게 감동을 준 이 연설은 지금도 우리의 가슴을 뜨겁게 달군다.

청강을 하면서 친구 방바닥에서 잠을 청하고 콜라병을 팔아 식사를 때우면서도 일주일에 한번 템플에서 제공하는 멋진 식사를 얻기 위해 일요일 밤에 7마일을 걸어가는 일도 즐거워할 줄 알았던 그는 틀에 얽매여 남의 시선 때문에 자존감을 버리진 않은 것 같다. 이후의 삶도 평탄하지 않은 삶을 살았다. 자신이 창업한 애플에서 공개적으로 퇴출되기도 하였고 암과 투쟁을 하기도 했다. 하지만 그는 그런 삶의 과정에서 늘 있는 그대로의 자신을 받아들이고 오히려 긍정의 메시지를 찾았다. "여러분이 대단한 일이라고 믿는 것을 해야만 진정으로 만족할 수 있습니다. 대단한 일을 하는 유일한 방법은 여러분이 하는 일을 사랑하는 것입니다." 과연 우리는 우리 스스로 대단한 일이라고 생각하는 일을 하고 있는 가. 그리고 그 대단한 일을 그토록 처절하게 사랑하고 있는가. 사랑의 첫걸음은 있는 그대로 받아들이는 일이다. 자신도 상대방도 일도 있는 그대로 받아들이는 것으로부터 출발해야 초긍정의 창조적 해석이 가능하다. 양부모 밑에서 자란 스티브 잡스가 고통없이 이를 받아들이지는 않았을 것이다. 행복한 가정을 부러워하기도 했을 테고 부모를 원망하기도 했을 것이다. 하지만 그가 이런 상황을 있는 그대로 받아들이고 초긍정의 해석을 하지 않았다면 결코 지금의 스티브 잡스가 되지 못했을 것이라는 것만은 분명하다. 매사에 불평불만이고 남을 원망하고 세상을 비난하는 자가 자신의 삶에 주인으로서 당당하게 자신만의 스토리를 만들어가는 사람이 되지는 않는다.

내면의 해석이
중요하다

사회적 편견에 시달리는 우리 사회를 보면 참으로 공허한 일에 막대한 사회적 자본이 소모되고 있음을 깨닫게 된다. 오히려 매우 긍정적으로 해석되어야 할 일들이 편견에 의해 잘못 해석되는 경우의 예를 들어보자. 흔히들 편입생이라고 하면 정상적으로 대학에 입학하지 못한 마이너리티Minority로 간주하는 경향이 있다. 어렵게 상황을 극적으로 반전시킨 가치를 인정받지 못하는 것이다. 우리 사회에서 정상적으로 대학을 간다는 것은 경제적으로 또 신체적으로 본인뿐만 아니라 집안까지도 대학 입학 준비에 한 치에 오차도 없었음을 의미한다. 만약 중간에 그런 공백이 있다면 이를 극복해내기가 쉽지 않다는 의미일 것이다. 아마도 본인의 의지대로 대학을 가는 경우보다는 부모님의 엄청난 지원에 의해 떠밀려간다는 표현이 적당한 학생이 더 많을지 모른다. 그래서 대학에 합격하는 3대 조건은 할아버지의 경제력과 아버지의 무관심 그리고 어머니의 정보력이라는 우스갯소리도 있지 않은가. 그 중에 본인의 실력이 빠져있는데 그만큼 떠밀려 들어간다는 것을 의미하는 것은 아닌지 모르겠다. 이렇게 대학을 들어가서 보니 이게 아니다 싶어 다시 공부를 하는 친구들이 있는데 이들이 바로 편입을 준비하는 학생들이다. 생각 없이 과를 선택해서 또는 학교 선택에 대해 후회하고 다시 시작하는 경우인데 이들 중에는 처음으로 제대로 공부를 시작하는 경우도 있다고 한다. 중요한 사실은 학생들 대부분은 스스로 편입을 결정하고 시작한다는 점이다. 따라서 편입에 성공한다는 의미는 스스로 역경을 극복하는 스토리를 갖게 된다는 것이다. 편입생에 대한 시각은 이렇게 보는 관점에 따라 다르게 해석된다. 그들은 정시에 입학하지 못한 낙오자들이 아니라 역경을 훌륭하게 극복한 회복탄력성이 높은 인재로서 재평가되어야 한다. 일부 기업에서는 편입생들의 이 같은 역경 극복 스토리를 높이 평가하기도 하지만 일반적으로는 편입생에 대한 편견이 존재한다. 이와 같이 과정이나 스토리보다는 결과만을 중시하는 사회적 편견 때문에 지불하는 사회적 비용을 생각하면 참으로 안타까운 일이다.

회복탄력성은 눈앞에 닥친 고통스러운 상황을 물리적으로 극복하기 전에 내면의 긍정적 상황 해석이 선행되어야 한다. 회복탄력성이 높은 사람들은 충격적인 사건이 벌어졌을 때 의외로 흥분하지 않고 차분해지는 경향이 있다. 이들은 일단 문제를 객관적으로 파악하려고 노력한다. 대체 문제가 무엇인가를 아주 다각도로 살피면서 문제를 객관화하려고 노력하는 것이다. 예를 들어 교통사고가 났다고 가정을 해보자. 일단 정신을 차리고 난 후에 "와, 내가 아직 살아있네. 이렇게 살아있는 것만으로도 다행이다"라고 생각하는 사람이 있는 반면 "아니 왜 하필 나야, 재수 없게. 아 몸도 아프고 큰일 났네. 이걸 어떻게 하나"라며 감정을 앞세우는 사람이 있을 것이다. 후자는 일단 가해자에게 화부터 낸다. 그리고 격하게 싸움을 하는 동안에 실제로 필요한 처리는 거의 하지 못한다. 하지만 전자는 '아이고 어떻게'를 외치며 울고 있거나 우왕좌왕하는 것이 아니라 일단 보험을 부르고, 경찰에 신고를 하고, 아는 사람들에게 물어 조언을 구한다. 그리고 대체 왜 이런 일이 벌어졌는지를 다시 한 번 상기하면서 누가 문제이고 이 문제를 해결하기 위해서는 어떤 것들이 앞으로 필요하게 될지를 매우 논리적으로 접근한다. 이런 가운데 문제는 여러 가지 세부 문제로 쪼개지고 그 하나하나를 차근하게 해결해가는 방법을 취하게 된다. 그렇게 하다 보면 문제의 크기가 점점 줄어들면서 해결을 하게 되는 것이다.

우리가 이 세상을 살아가면서 닥치는 일들은 어떻게 해석하느냐에 따라 그 대처 방안이 180도로 바뀔 수 있다. 그러므로 초긍정적인 해석 능력을 가진 사람은 바로 회복탄력성이 높은 사람이며 이들에게 있어서 주어진 상황이라는 것은 매순간을 멋진 스토리를 창조하는 데 아주 좋은 소재로 탈바꿈시키는 탁월한 능력을 갖춘 사람들이다. 이들이야말로 인생을 멋지게 성공적으로 살 수 있는 능력을 가진 사람들이다. 이들은 어려움이 닥치면 회복탄력성을 가지고 멋지게 다시 뛰어오르게 된다.

어쩌다 잘못을 저지르고 감옥에 들어가도 그 상황을 받아들이고 죄값을 달게 받겠다는 마음으로 책을 잡거나 열악한 환경에서도 운동을 하는 사람이 있는가 하면 그 상황을 받아들이지 못하고 불편해하고 후회하고 남의 탓을 하는 사람들이 있다. 누가 과연 그 상황을 잘 이겨낼 수 있겠는가. 똑같은 상황이 주어졌지만 내면의 해석에 따라 한 사람은 오히려 그 상황을 반성의 기회로 삼고 자신의 미래를 위한 값진 투자가 되도록 하는 반면에 다른 한 사람은 자신의 인생을 갉아먹는 기간으로 만드는 것이다.

필자의 경우 사업에 실패를 하고 경제적으로 엄청난 시달림 속에 하루하루를 살아야 했던 지난 몇 년 동안 진정한 친구를 알게 되었고 가족을 다시 찾았으며 평생 남을 졸저를 두 권이나 집필하였다. 무엇보다 내 자신의 내공이 깊어졌음은 그 무엇과도 바꿀 수 없는 재산이 되었다. 비록 경제적으로 많은 것을 잃었지만 그 경제적 소유에 함몰되어 미처 보지 못했던 것들을 되찾는 행운을 얻기도 했다. 화려한 자동차를 타고 거들먹거리며 자신의 포장을 내세우는 사람들을 보면 그들의 내용물이 보인다. 그리고 측은지심이 생기기도 한다. 적어도 내용에서 우러나오는 포장인지 내용은 부실한데 포장만 화려한지에 대한 판단을 꽤 정확하게 할 수 있는 혜안을 가질 수 있게 된 것도 지난 경험을 통해서였다.

여러분 주변을 가만히 살펴보기 바란다. 자기 내면의 이야기를 하지 못하고 세 치 입만을 나불거리고 있는 사람이 얼마나 많은지 알게 되면 너무나 놀랄 것이다. 그리고 그들의 행동이 코미디보다도 웃기고 불쌍해 보일 것이다. 돈을 벌어보겠다고 아부하는 모습은 너무 흔한 일상이고, 자리를 보전하겠다고 심각하게 상사의 눈치를 살피는 모습은 안됐다기보다 불쌍하다는 생각이 든다. 가족을 돌볼 틈도 없고, 혼자 느긋하게 자연의 숨결조차 느끼지 못하면서 초 단위로 뭔가를 해야만 하는 사람들, 그들은 이 세상에서 자신이 가장 성공한 사람이라고 생각할지 모르지만 필자가 보기엔 다람쥐 쳇바퀴 돌리는 장면만이 연상될 뿐이다. 모든 것이 전략이어야 하는 사람들, 일은 말할 것도 없고 노는 것도 전략적이어야 하는 사람들, 그들이 자신의 진정한 내면은 금고에 꼭꼭 숨겨두고 죽을 때나 꺼내볼지 모르겠다.

행동이 비슷하다고 내면의 울림이 같은 것은 아니다. 같은 행동을 하지만 공감을 확대하며 기쁨을 나누는 사람들도 있다. 수익을 얻지만 마음을 담은 제품으로 소비자의 공감을 얻는다. 그래서 받는 사람이 기쁘고 주는 사람이 흐뭇한 일상이 계속된다. 무엇보다 가족의 존재감을 느끼길 좋아하며 그것을 위해 사는 것이 아니라 그것으로 산다. 그래서 가족은 한순간도 빼놓을 수 없는 일상이 된다. 옆에 있는 화초나 자신을 위해 꼬리를 흔드는 작은 강아지와의 공감도 매우 정확하다. 그들은 그렇게 상황과 소통한다. 그래서 그들은 주변의 아름다움을 안다. 그런 자들은 결코 판자촌을 확 밀어 개발해야 할 대상으로 여기지 않는다. 그곳은 뜨거운 사랑과 정과 애환이 있는 사람 사는 곳이기 때문이다.

이 세상 그 어떤 상황도 실체라는 것은 존재하지 않는다. 다만 해석될 뿐이다. 그 어떤 것도 그 누구에게도 똑같이 해석되는 경우는 없다. 그러므로 상황을 내가 어떻게 해석하느냐에 따라 돌멩이를 보석보다 더 귀한 것으로 만들 수도 있고 다이아몬드를 돌보다 더 하찮은 것으로 만들 수도 있다. 예쁘다는 것도 결코 객관적일 수 없다. 이것 역시도 모두 자신이 어떻게 해석하느냐에 따라 다르다. 우리의 일상은 모두가 다 내 마음 안에서 그려지는 허상임을 명심하라. 그 허상을 멋지고 감동스럽게 만들어내는 것은 이 세상 그 누구도 할 수 없는 오직 자신만이 할 수 있는 일이다.

승부사는
실패마저 계획한다

인생을 살아가는 데 있어서 늘 겪을 수 있고 잘못하면 인생을 나락에 빠지게 하는 것이 실패다. 사실 인생에서 실패라는 것은 있을 수 없다. 그것은 긴 삶의 여정에서 경험하게 되는 흔적일 뿐이다. 앞서 이야기한 대로 어떤 해석을 통해 받아들이느냐에 따라 실패는 멋진 성공의 어머니가 될 수 있으니까 말이다. 따라서 실패를 두려워하거나 회피할 필요는 없다. 이래도 한 세상 저래도 한 세상이라 생각하고 닥치고 견디고 이겨내다 보면 인생의 또 다른 맛을 경험하게 된다. 그것은 훗날 아주 진한 감동으로 기억되기 마련이다. 어떤 고난도 시간이 지난 후에 아득한 기억으로 남긴 해도 계속되는 고통이 이어지지는 못한다. 결국 과거의 추억이 될 뿐이다. 인간은 고통이 정도를 넘으면 스스로 차단하는 고도의 시스템을 갖추고 있다. 남들이

봤을 때 엄청난 고통을 받았을 것 같은 사고 현장에서도 사고 피해자는 기절 상태로 그 고통을 피해간다. 하늘은 우리에게 감당할 고통만큼을 주셨다는 생각이다. 아픔을 아픔으로 받아들이면 더 이상 아프지 않다. 고통은 그것을 받아들이지 않을 때 고통스럽다. 하지만 고통을 고통으로 받아들이면 더 이상 고통이 아니다.

하지만 그렇다고 막무가내로 실패를 밥 먹듯 할 수는 없는 일이다. 특히 우리나라처럼 실패에 대한 인식이 좋지도 않고 또 재기가 쉽지 않은 환경에선 더욱 철저한 대비를 통해 가능하면 실패를 피해가는 것이 좋다. 설사 실패를 경험하더라도 아주 계획적으로 준비된 실패가 될 수 있도록 해야 한다. 이것은 매우 중요하다. 자신들이 하고 있는 일에 대해 열 번 찍어 안 넘어가는 나무 없다는 생각으로 끝까지 도전하는 것이 최선이라고 생각하고 무모하게 도전하는 것만이 상책은 아니다. 예를 들어 고시 공부를 하는 친구가 시험에 5번, 6번 계속 실패를 했다. 그러다 칠전팔기라는 말처럼 8번 만에 합격을 해 다른 합격생보다 7, 8년 늦게 변호사 자격을 취득했다고 치자. 아마도 법전을 남들보다 8년을 더 봤겠지만 그것은 법전을 머리에 담기 위한 노력에 불과하고 먼저 붙은 사람들이 습득한 수많은 사례를 한 번에 따라잡긴 어려울 것이다. 만약 8년이라는 세월을 투자하고서도 또 한 번의 실패를 한다면 그때는 뒤돌아가기도 어려운 처지에 놓이게 된다. 고시원을 생활 터전으로 눌러 앉게 될 수도 있다. 만약 자신이 사법 시험을 준비할 때 나는 딱 두 번까지만 도전하고 그래도 안 되면 포기라고 다짐을 하고 시작했다면 어쩌면 몇 년의 시간을 다른 기회에 활용할 수도 있었을 것이다. 실패를 계획하는 것은 실패를 인정하기 싫어하는 우리의 마음을 다잡기 위해서 필요하다. 사람은 항상 '조금만 더, 조금만 더'를 외치게 된다. 하지만 그것이 과연 어떤 의미가 있을지에 대한 철저한 검토가 이루어지는 것이 아니라 지금까지 투자된 것이 아까워서 또는 오기로 뭔가 애초에 계획했던 것과는 다른 상황이 벌어지고 있음에도 불구하고 그런 상황 변화에 대한 수정을 가하지 않고 오로지 애초에 목표만을 고집하게 되는 것이 문제인 것이다.

승부사는
끊을 타이밍을 안다

/

프로 겜블러나 증권 중계인들은 목표 이익이나 목표 손해를 정해 놓고 그것이 달성되면 가차 없이 손을 뗀다. 그것이 어렵기 때문에 컴퓨터에 의존하여 프로그램 매매를 하기도 한다. 아마추어들은 이익이 좀 나면 더 날 거라는 욕심에 계속하다가 돈을 잃고, 잃으면 만회하겠다고 밀어붙이다 가진 것을 다 잃는다. 이렇게 실패를 계획하지 못하는 자는 프로가 될 수 없다.

우리들 삶에는 늘 도전 과제가 주어지게 된다. 도전하기 전에 실패의 마지노선을 설정하고 그 이하가 되면 과감하게 실패를 인정하는 결단을 해야 한다. 이것이 어렵기에 미리 계획을 설정하고 다짐하는 것이 중요하다. 그것이 실패의 규모를 줄일 수 있는 방법이다. 오기도 좋고 칠전팔기도 좋지만 철저한 계획에 따라 뭔가를 시작할 때 반드시 이 가이드라인을 정하고 시작할 일이다.

기업을 하면서도 자신이 지금까지 쏟아 부은 돈과 시간과 열정이 아까워 현실을 직시하지 못하고 오로지 성공시키겠다는 일념 하나만으로 완전히 거덜이 난 후에야 후회를 하는 경우를 종종 목격하곤 한다. 애초 사업을 시작할 때 실패를 계획하고 아쉽지만 그 계획대로 포기를 했다면 또 다른 성공에 이미 다가가 있을지 모른다. 성공도 중요하지만 과정도 중요하고 삶의 밸런스도 중요하다.

항상 플랜 B를
준비하라

조직에 안주하는 사람들에게는 플랜 B는 매우 낯선 이야기일 수 있다. 지금 월급 잘 받고 동료들하고 별 탈 없이 지내고 있는데 플랜 B는 무슨 소리냐 하고 반문할지 모르겠다. 어쩌면 이런 생각을 하는 것 자체를 조직 생활에 반하는 행동이라고 여길지도 모르겠다. 하지만 어쩔수 없이 정년이 다가오게 되면 그땐 심각하게 인생의 플랜 B가 준비되지 않은 것을 후회하게 될지 모른다.

문제는 아직 정년도 많이 남았는데 갑작스럽게 자신의 업을 바꾸어야 할 사태가 벌어지는 경우에 어떻게 할 것인가 하는 점이다. 어느 날 갑자기 자의반 타의반으로 명예퇴직을 하게 된다. 수중에 목이 주어졌지만 대체 그것으로 할 수 있는 것이 무엇일지 갈피를 잡을 수가 없다. 정보력 빠른 각종 창업 컨설팅 회사들은 프랜차이즈 사업이 미래를 보장할 것이라고 유혹한다. 그 보다는 독자적으로 창업을 해볼까도 생각하지만 전혀 준비된 것도 없고 어디서부터 어떻게 시작해야 할지 막막하기만 한다. 카페를 해볼까, 부동산 중개업을 할까 등 여러 고민을 한꺼번에 머리에 넣고 세탁기 돌리듯 돌려봤자 답이 잘 나오질 않는다. 왜일까? 플랜 B를 염두에 두지 않았기 때문이다. 일찍 창업을 하거나 자영업을 하는 사람들은 의식하지 않아도 플랜 B를 가지게 된다. 만약 지금 하는 일이 잘못되면 그 자리에서 멈출 수는 없다는 것을 본능적으로 알기 때문이다. 그래서 늘 대비하는 것이다.

만약 플랜 B를 미리 준비하는 자라면 직장 내에 동료는 물론이고 거래처 사람들까지 미래의 고객으로 인식하고 있을지 모른다. 따라서 그들은 자신의 일의 성과에도 남다르다. 물론 같은 직업으로 플랜 B를 가질 수도 있지만 전혀 다른 직업으로 플랜 B를 계획할 수도 있다. 그것과는 상관없이 그런 계획이 있는 사람과 그렇지 않은 사람은 매순간 사물을 보는 눈이나 사람을 대하는 태도가 다를 수밖에 없다. 이것이 반복적으로 축적되다 보면 어느 순간엔가 플랜 B는 언제든지 실행 가능한 상태로 준비된다. 만약 여러분이 이러한 플랜 B를 가지고 있다면 아마도 지금의 생활에서 또는 직장에서 여러분의 자존감을 크게 훼손하지 않아도 될 것이다. 사실 닫힌 조직이라면 꿈도 못 꿀 일이겠지만 조직에서 플랜 B를 역설적으로 장려할 필요가 있다. 그것은 한 사람의 구성원을 프로로 육성하는 일이기도 하다. 그리고 그 프로의 역량을 조직이 좀 더 우호적으로 활용하면 되는 것이기 때문이다. 결코 조직이나 개인에게 손해 보는 일은 아니다.

필자의 경우는 오래 전부터 집필과 강연 활동이 계속되었는데 최근에서야 이것이 내가 가장 즐거워하고 재미있어 하는 일이었음을 깨닫게 되었다. 그리고 남은 삶 속에서 가치 있는 일을 할 수 있는 훌륭한 플랜 B가 되었다. 만약 기업 활동을 하면서 이런 강연과 집필 활동을 등한시하거나 포기했다면 지금 플랜 B가 전혀 없는 막막한 인생을 살고 있을지 모른다.

이제 또 다른 플랜 B를 준비하고 있다. 그것은 학창 시절 시간을 가장 많이 투자했던 밴드 활동이다. 나는 중학교 1학년 때 기타를 배웠다. 2학년 때 소풍을 가서 12줄짜리 기타 연주로 친구들에게 주목받기도 했다. 이후 중학교를 졸업하면서 위켄더스Weekenders라는 그룹을 조직해 베이스 기타 주자로 고등학교 2학년 때까지 활동했다. 물론 자체 콘서트를 두 번이나 했었다. 이후 대학에 들어가서도 INDKY5라는 그룹에서 베이스 주자로 활약했었는데 얼마 전 그때의 용사들이 다시 뭉쳤다. 50대 중반에 학창 시절의 그 멤버들이 다시 모여 연주를 시작했다. 기업을 크게 일구어 성공한 선배가 다른 것은 하나도 안 부러운데 학창 시절에 노는 것을 배우지 못한 것이 크게 후회된다는 이야기를 한 적이 있다. 그래서 1년째 드럼을 배운다고 했다. 한 달에 한 번 연습을 위해 차에서 혼자 운전을 하며 노래 연습을 한다. 졸음운전을 할 겨를이 없다. 차가 막히면 오히려 연습 시간이 늘었다고 즐거워할 판이다. 비록 나이는 50대 중반이 되었지만 35년 전 그때의 기분으로 땀을 흘리고 막걸리 잔을 마주했을 때 기분은 우리를 고스란히 35년 전으로 되돌려 놓는다. 몸이 허락하는 한 함께 즐길 수 있는 또 다른 플랜 B가 될 수 있음을 확신한다. 어릴 때 음악을 했던 것이 황혼기에 접어든 나이에 이리도 즐거움이 될지 그때는 미처 깨닫지 못한 일이다.

1년 전부터는 서울벤처정보대학원대학교 부동산학 박사 과정에 입학하여 공부를 다시 하고 있다. 칠판과 책을 보기 위해 다른 안경을 써야 하는 불편함이 있지만 생소한 학문을 접하면서 내 머리는 또 다른 범주를 만들기 위해 분주하다. 대부분이 50대인 동기들을 보면 그 삶 자체가 아름답다. 함께 공부하는 동기들은 검사, 변호사, 부동산중개사, 감정평가사, 약사, 군인, 기업가 등 다양한 직업으로 인생을 멋지게 살아온 분들이다. 이들이 환갑을 바라보는 나이에 제2의 인생을 준비하고 있는 것이다. 그들에게 박사라는 타이틀이 크게 의미가 있을리 없다. 다만 그 목표를 향해 가는 과정을 아주 재미있게 즐기고 있는 것이 멋있다. 아마도 내 인생에 마지막 학연이 될 그들과의 플랜 B도 기대할 만한 일이 아닐 수 없다.

여러분의 플랜 B는 무엇인가. 어릴 때 즐겁게 놀던 것이 될 수도 있고 자신의 마음을 사로잡았던 것이 될 수도 있다. 적어도 플랜 B만큼은 오로지 내면의 이끌림으로 정하는 것이 좋다. 또한 젊었을 때부터 준비하는 것이 좋다. 앞으로 100년이 될지 120년이 될지 모를 우리의 인생을 위해 지금 부지런히 자신의 울림을 증폭하라. 지금의 삶이 어쩔 수 없는 선택이었다면 그래서 하루하루 무의미하게 살고 있다면 하루 빨리 플랜 B를 실천해보라. 돈을 한 푼 더 버는 것보다, 조금 더 높은 자리를 향해 노력하는 것보다 훨씬 더 값어치 있는 일이 될 것이다.

소유적 인간 vs.
존재적 인간

승자라고 하면 정상에 서 있는 사람을 상상하기 마련이다. 그래서 일반적으로 최고의 대학을 나와야 하고 좋은 기업에 다녀야 하며 남들이 부러워하는 직업을 가지고 있어야 한다고 생각한다. 앞서도 설명을 했지만 그것이 틀린 말은 아니다. 하지만 진정한 승자는 자신의 존재감을 확실하게 자신에게 인정받는 사람이다. 남들이 아무리 부러워하는 자리에 있어도 진정으로 자신에게 인정받지 못한 사람이 승자일수는 없다.

산업사회가 지속되면서 무궁한 발전에 대한 위대한 약속은 많은 사람들의 희망과 믿음이었다. 우리는 많이 가질수록 행복해질 것이라 믿었고 그래서 모든 것은 물질적 소유로 대변되었다. 사람도 금액으로 환산하여 표현하기를 주저하지 않았으며 심지어는 비물질적인 지식이나 학벌 그리고 그림이나 음악과 같은 것도 있는 그대로 즐기기보다는 소유해야 된다고 생각했다. 이러한 의식은 사람을 탐욕스럽게 만들어 끊임없는 소유욕을 자극해왔다.

즐기는 사람을
이길 사람은 없다

'소유적 인간'은 자기가 가진 것에 의존하는 반면, '존재적 인간'은 자신이 존재한다는 것, 자기가 살아 있다는 것, 기탄없이 응답할 용기만 지니면 새로운 무엇이 탄생하리라는 사실에 자신을 맡긴다. 그는 자기가 가진 것을 고수하려고 전전긍긍하느라 거리끼는 일이 없기 때문에 대화에 활기를 가지고 임한다. 그의 활기가 전염되어 대화의 상대방도 흔히 자기중심주의를 극복할 수 있다.

소유적 실존 양식에 젖어 있는 학생들은 오로지 한 가지 목표를 겨눈다. '학습하는 것'을 기억 속에 새기거나 기록을 용의주도하게 보관함으로써 굳게 지키는 것이다. 그들은 새로운 것을 창조하거나 생산할 필요가 없다. 사실상 '소유적 인간'은 자신의 주제에 관한 새로운 사상이나 관념에 맞닥뜨리면 불안해한다.[3]

심리학 교수 팀 케이서Tim Kasser는 '부와 소유의 추구에 매달리는 사람들은 그런 쪽에 그만큼의 관심을 갖지 않은 사람보다 심리적으로 더 행복을 느끼지 못한다'고 한다. 조사를 통해 삶의 일차적 동기가 '돈, 이미지, 명성'인 학생이나 초년생들은 그런 가치에 그다지 관심을 쏟지 않는 사람보다 우울증이 심하고 신체적 질병도 많다는 사실을 밝혀냈다. 또한 더 부정적인 정서를 드러내며 주의력결핍과잉행동장애ADHD를 보이고 강박 관념이 있으며, 혼자 있기를 좋아하고, 소유욕이 강하며, 너그럽지 못하고, 샘이 많고, 남에게 믿음을 주지 못하며, 충동을 억제하지 못하고, 도피 성향이 있거나 지나치게 다른 사람에게 의존적이며, 수동적인 공격 성향을 띠는 것으로 나타났다. 독일, 덴마크, 영국, 인도, 러시아, 루마니아, 호주, 한국에서 행한 연구에서도 모두 비슷한 결과가 보고되고 있다.

그밖에도 많은 연구에서 물질적 가치가 생활의 중심이 될수록 삶의 질은 낮아진다는 사실이 밝혀졌다. 이들 연구에서는 세계적으로 부유한 나라에 속하는 사람들의 평균 수입이 50년 전에 비해 두 배가 되었다지만 그때에 비해 행복해진 것이 없다는 사실도 보여준다. 영국의 경제학자 리처드 레이어드Richard Layard는 그의 『행복, 새로운 과학에서 얻는 교훈』이라는 책에서 평균 연간 개인 수입이 2만 달러가 넘는 나라에서 그 이상의 수입이 행복과 아무런 관련이 없다고 단언한다.[4]

팀 케이서Tim Kaser는 재정적 성공을 무엇보다 중요하게 여기는 10대들의 엄마는, 탄탄한 관계를 형성하고 보다 큰 사회에 공헌하는 것에 큰 가치를 두는 엄마에 비해 양육에 별다른 관심을 갖지 않는다는 것을 밝혀냈다. 그밖에 여러 연구들도 케이서의 연구 결과를 확인해주었다. 심리학 교수 페트리샤 코언Patricia Cohen과 제이콥 코언Jacob Cohen의 연구에 의하면 물질적 가치를 중요하게 여기는 10대의 부모는 소유에 집착하거나 아이를 통제하는 유형으로, 아이가 잘못하면 엄하게 벌을 주거나 아이들에게 적절한 환경을 마련해주지 못하며 아이를 대하는 행동도 종잡을 수 없는 것으로 드러났다. 팀 케이서는 양육을 소홀히 하는 부모 밑에서 자란 아이는 "소비를 통해 행복과 안정감을 찾으라고 유혹하는 광고 메시지에 특히 약점을 보인다"고 주장한다.[5]

누구나 시장에서 각자 천성에 따라 자신의 이익을 추구한다는 애덤 스미스의 분석은 지난 2세기 동안 인간성의 본질을 논할 때 이론의 여지가 없는 요지부동의 결론인 것처럼 받아들여졌다. 따라서 모든 인간이 자신의 이기심을 승화하는 과정에서 사회도 발전한다고 생각했던 것이다. 그러나 우리 사회가 겪고 있는 수많은 문제의 본질은 어쩌면 산업사회가 우리에게 각인시켜 놓은 소유에 대한 환상 때문일지 모른다.

급속한 경제성장의 이면에는 이렇게 소유적 삶에 허덕이고 지친 우리가 있음을 부인할 수 없다. 특히 은퇴를 앞두고 있는 부모 세대들에게는 걱정이 이만저만이 아니다. 일단 늘어난 생명을 유지할 만한 노후 자금이 넉넉하지 않다는 생각에 밤잠을 설친다. 또한 여생을 즐길 수 있는 일을 못 찾고 있다. 그들은 평생 돈 버는 기계처럼 근면 성실하게 일해온 사람들이다. 도대체가 삶 자체를 즐기는 데 매우 서툰 세대이다. 그래서 그들은 모든 것을 소유적 관점에서 바라본다. 따라서 최소한 먹고 살 정도의 돈은 더 벌어야 한다고 생각하지만 그것이 쉬운 일은 아니다. 그런데 여기서 한 가지 의문은 과연 최소한 먹고 살 돈이 얼마인가 하는 점이다. 정말 얼마를 가지면 그들이 만족할 수 있을까. 아마도 그 금액은 사람마다 천차만별일 것이며 결국 절대적 액수가 아닌 상대적 숫자에 불과할 것이다. 다른 사람들과 비슷하다면 상대적 박탈감이 덜할 것이고 그 차이가 심하다면 상대적 박탈감에 시달릴 것이다. 그러므로 절대 액수를 늘리는 것으로는 이 문제를 해결하기 어렵다. 정서적으로 소유욕에서 벗어나 존재적 삶을 살아갈 때 문제를 해결할 수 있을 것이다.

젊은이들에게도 이와 같은 고민은 마찬가지다. 소유의 욕망이 넘치더라도 새로운 기회를 스스로 창조하지 않으면 부모 세대가 만들어놓은 경제의 틀 속에서 그것을 채우기가 쉽지 않다. 오히려 그런 생각에 대해 깊은 회의를 가진 젊은이들이 늘어나고 있다. 내면으로부터의 행복을 추구하며 소유적 삶을 살기보다는 존재적 삶을 살고자 하는 이들이 늘고 있는 것이다. 시간이 갈수록 소유의 환상은 우리 자신은 물론 이 행성의 생물권 자체를 위협하는 일로 외면당하게 될지 모른다.

이경재 씨는 SBS 방송국 의상실 디자이너로 주 5일 근무를 하던 샐러리맨이었다. 그런데 아버지의 병환을 치료하기 위해 강원도 횡성에 들어가 3년 동안 청국장 사업을 하며 지내다가 공부를 더 해보겠다고 입학한 곳이 국민대학교 그린디자인대학원이었다. 그곳에서 공부를 하면서 생각이 완전히 바뀌었다. 패션 디자인을 전공하고도 자신의 일에 대한 확신이 없었던 그녀는 그린디자인을 공부하면서 철학적 사고를 하기 시작한다. 이전에는 트렌트에 맞춰 색상과 소재를 찾고 어떻게 하든 잘나가는 디자인을 하려고 노력했었는데 그린디자인을 공부한 이후에는 산업혁명 이후의 환경 훼손이 인간의 탐욕 때문이라면 이제 자연과 함께하는 디자인을 해야겠다고 생각한 것이다. 최신 트렌드를 연구하는 대신에 환경오염, 지구온난화 등의 문제를 해결하는 데 있어서 디자이너의 역할이 무엇일까라는 생각을 가지고 '잘나가는 옷'보다는 '바른 옷'을 만들기 시작했다. 그녀는 쐐기풀 섬유와 한지 섬유 그리고 옥수수전분 섬유와 같은 자연 소재를 사용한 웨딩드레스를 만든다. 콩기름으로 청첩장을 만들고 뿌리가 살아 있는 식물 부케도 만든다. 그렇게 해서 버리는 것 없는 결혼식이 되도록 노력한다. 이경재 씨 생각에 공감하는 신랑 신부가 늘어나면서 그의 일손도 바빠졌다. 최근에 결혼한 부부는 신혼여행을 '제주 올레 걷기'로 정하고 에코허니문을 다녀오기도 했다. 친환경 드레스와 청첩장, 부케를 사용한 신혼부부가 신혼여행도 친환경으로 치룬 것이다. 그녀는 사회적 기업 ORG의 이사를 맡기도 했다. 그녀는 치열하게 일하는 디자이너에서 자연과 함께 사는 그린디자이너로의 변신에 만족해한다. 비록 경제적으로 과거와 같진 않더라도 자신과 공감하는 친구들이 늘어나고 그들과 지속적인 관계를 유지하는 것만으로 삶의 행복지수는 크게 높아질 것이 분명하다.

이타심,
네트워크의 조건

촘촘하게 연결되는 네트워크 세상으로의 진화 과정에서 소유적 삶이 최고라는 우리의 믿음을 깨는 일들이 갈수록 많아지고 있다. 위키피디아나 리눅스의 성공은 결코 이기심의 승화로 보기 어렵다. 수많은 사람들이 이타심을 발휘한 결과이다.

2005년에 매트·제시카 플래너리Matt & Jessica Flannary 부부에 의해 만들어진 키바www.kiva.org는 아프리카와 남아메리카, 동남아시아 등 전 세계 54개국에서 마이크로 크레디트를 진행 중이다. 세계 각지에서 돈이 필요한 사람들이 키바에 자신의 사연을 소개하면 회원들이 P2P 방식으로 직접 연결하여 돈을 빌려주는 형식이다. 평균적으로 약 300달러 정도의 돈을 빌리고 투자자는 한 계좌에 25달러를 투자한다. 볼리비아의 한 양복점 주인인 프레디는 키바를 통해 빌린 150달러로 부족한 재료를 구입하고 나서 양복점이 활성화될 수 있었다. 이 주인에게 150달러를 투자한 사람은 미국 뉴저지에 사는 엘리였다. 자신의 작은 투자로 프레디의 양복점이 잘되고 있는 데 대해 큰 보람을 느끼는 것은 당연하다. 현재 키바를 통해 사업을 진행 중인 기업가는 44만여 명. 이들에게 전달된 금액은 세계 각지에서 78만 명이 내놓은 1억 7천만 달러나 되고 기업가들의 원금 상환율은 98.95%에 달한다. 키바는 이런 스마트시대의 상징적 서비스이다.

좋은 뜻에 동참하는 전 세계 친구들이 조금씩 나눔을 실천한 결과다. 서로 알지도 못하는 사람들이 서로를 따뜻하게 감싸고 행복하게 만드는 일이 거창한 구호와 거대한 조직이 있어야만 되는 일이 아님이 증명되는 세상이 바로 스마트시대인 것이다. 이런 스마트시대에 자신들만의 이익을 추구하는 기업이나 개인들이 공감을 얻기란 쉬운 일이 아닐 것이다. 그리고 그들의 욕망이 우리 모두의 생물권을 파괴하는 일이 되는 순간, 많은 사람들로부터 비난받게 될 것이다. 지난 산업사회가 닫힌 사회로서 서로 뺏고 빼앗기는 탐욕의 시대였다면 스마트시대는 서로가 공감하는 목적을 위해 조금씩 나누고 공조하는 것이 가능해진 사회다. 그러므로 스마트시대의 진정한 승자는 바로 자신의 존재감을 크게 드러내 공감을 얻고 그로 인해 자신의 행복과 사회에 기여하는 사람들이다.

광장의 광대가 되기를
주저하지 마라

광장에는 늘 많은 사람들이 붐빈다. 그리고 그들은 각자의 관심사를 향해 이리 기웃 저리 기웃거리며 광장을 즐긴다. 여기저기서 다양한 재주꾼들이 사람들을 불러 세운다. 어떤 이는 마술을 하면서, 어떤 이는 그림을 그리며 또는 음악을 연주하며 사람들을 즐겁게 한다. 어떤 이는 관상을 봐주기도 하고 또 어떤 이는 배고픈 사람을 위해 음식을 팔기도 한다. 또 어떤 이는 자신의 주장을 펼치기도 한다. 이들에게 있어 제약이라는 것은 없다. 그저 발 가는 대로 광장을 거닐다 관심이 있거나 의미가 있는 또한 필요하다고 여기는 곳에 잠시 멈춰서 모여 있는 그들과 공감하고 자리를 뜨는 일을 반복하며 광장을 즐긴다.

이런 광장의 광대들은 자유롭긴 하지만 관객에게 인정받기가 여간 어려운 일이 아니다. 그래서 사람들은 화려하고 권위 있는 닫힌 무대에 서길 희망한다. 대학을 가는 이유도 스펙을 쌓는 이유도 이런 닫힌 무대에 서기 위한 노력이다. 좋은 조직에 합류하려고 최선을 다하는 이유도 역시 마찬가지다. 닫힌 무대는 설 수만 있다면 상당한 혜택이 따른다. 문제는 닫힌 무대에 서기 위해서는 실력만 가지고 되는 것이 아니라 각종 필터링 과정을 거쳐야 한다는 점이다. 우리는 그 자리를 차지하기 위해 치열한 삶을 살고 있는지 모른다. 이는 조직에 합류하려는 젊은이들 모두에게 해당되는 말이기도 하다. 앞서 설명한 대로 스펙이라는 것은 닫힌 무대에 서기 위한 필요조건일 뿐이지 충분조건이 아니다. 그럼에도 불구하고 우리는 우선 무대가 제공되어야 실력을 발휘할 수 있기에 이런 필터링을 통과하기 위한 노력이 필요했던 것이다.

그런데 세계가 점점 하나가 되어가고 있다. 그리고 이 사람들은 닫힌 무대가 아니라 직접 세상과 소통하기 시작했다. 이들은 마치 거리의 광대처럼 관객들을 강제적으로 불러들이지 않는다. 그저 자신의 진솔한 실력을 선보일 뿐이다. 그들은 훌륭한 공연장에서 이미 비용을 지불하고 앉아 있는 관객에게 뭔가를 제공하는 것보다도 훨씬 치열한 퍼포먼스를 하지 않으면 안 된다. 그 흔한 선전 포스터도 없으며 경력이나 학력을 알리지도 않는다. 무대와 객석의 경계도 없으며 시작과 끝의 구분도 없다. 오로지 훌륭한 공감을 이뤄냈을 때의 희열을 맛보기 위해 그 자리에 있다. 따라서 그들의 최대 무기는 바로 진정성이다. 그리고 오로지 실력만으로 승부한다. 아니 승부라는 의미를 애초에 내

던져버린 사람들인지 모른다. 그저 있는 그대로 공감하고 그 공감을 통해 삶의 의미를 찾는 사람들이라는 표현이 더 맞을지 모르겠다. 실력이 출중하든 부족하든 상관없이 관객의 내면으로부터 공감을 이끌어내야 그들의 퍼포먼스는 의미가 있다. 그래서 그들은 누가 보든 말든 최선을 다해 자신의 내면에 충실하려고 노력한다.

그런데 이 광장의 파워가 닫힌 무대를 능가하기 시작했다. 따라서 필터링을 통과하기 위해 사용했던 시간과 노력 그리고 경제력을 오로지 실력에 재투자하는 것이 오히려 더 큰 성공에 다가갈 수 있음을 상상하게 된 것이다.

기존 미디어가 아닌 인터넷 방송이나 팟캐스트 등을 통해 사람들과 직접 소통하는 사람들도 늘어나고 있다. 과거에는 미디어를 소유하지 못했던 개인들이 정치, 경제, 시사적 이슈는 물론, 어학, 취업, 실용 등에 걸쳐 다양한 분야에서 자신이 방송의 주체가 되어 기존의 방송보다 더 많은 호응을 얻기도 한다. 기회를 얻기 어려운 닫힌 무대가 아닌 광장의 광대가 되기를 주저하지 않는 것이다. 이는 과거에는 거의 불가능했던 일들이다. 누구든 자신의 방송을 별다른 어려움 없이 열어놓고 자신의 주장이나 전문성을 펼칠 수 있게 된 것이다.

이처럼 여러 분야의 전문가들이 빠르고 긴밀하게 연결되어 마치 블록 쌓기 하듯 일을 하는 것이 일상이 되어 가고 있다. 조직을 갖추기도 전에 일이 먼저 이루어지는 일도 벌어진다. 소셜 네트워크를 통해 같은 생각과 목적을 가진 자들이 그룹을 형성하고 이들이 가진 전문성을 바탕으로 손쉽게 목적을 이루어내는 일이 가능해졌다. 광장 여기저기서 깊은 내공을 가진 진정한 실력자들이 속속 출연하게 될 것이다. 이들은 광장 사람들에게 실력을 인정받고 공감대를 확대하는 사람들이다. 우리는 이런 인재를 열린 인재라고 부르기로 한다. 이들은 열린 조직에서 큰 활약을 보이게 될 것이며 닫힌 조직에서조차도 자리 유지에 급급한 닫힌 인재들에게는 두려운 존재가 될 것이다. 이제 그들의 자리를 이러한 열린 인재들에게 내주어야 할 판이다. 닫힌 조직의 인재만으로는 도저히 거리의 광대들과 같이 내공 있는 열린 인재들의 치열한 퍼포먼스를 당해낼 재간이 없기 때문이다.

스마트시대,
유리알같이 투명한 사회

스마트시대는 과거와 다르게 유리알같이 투명한 사회다. 닫힌 공간에서 자신들만의 기득권 챙기기가 쉽지 않음을 의미한다. 스마트폰이 빠르게 확산되면 굳이 PC를 통하지 않고도 손안에서 평가가 가능해진다. 이것은 기업 활동 자체를 완전히 바꿔놓게 될 것이다. 예를 들어 잘 모르는 지역에 가서 식당을 찾는다고 해보자. 과거 같으면 PC에 앉아 인터넷 검색을 하거나 친구들에게 물어서 미리미리 알고 가는 꼼꼼한 친구들이 아니면 그냥 대강 근처에 있는 식당에 들어갔다가 후회한 경험들이 있을 것이다. 물론 경험적 판단의 기준은 있다. 식당 앞에 차량이 많이 주차되어 있는지 또는 식당 안을 들여다보고 손님이 많음을 확인하는 것도 하나의 방법이다. 하지만 앞으로는 스마트폰으로 식당에 대한 평가를 바로 볼 수 있게 된다. 그리고 그 평점에 따라 선택을 하게될 것이다. 식당 안에서도 서비스에 불만이 있다거나 음식 맛이 좋지 않다면 그 자리에서 스마트폰을 통해 냉혹한 평가를 올리게 될 것이다. 물론 감동적인 맛을 홍보해주는 일도 마다하지 않을 것이다. 이제 식당 주인은 뜨내기손님에게 했던 불친절이 계속해서 영향을 주는 것을 실감하게 될 것이다. 따라서 식당이나 기업도 이제는 그 어떤 일보다도 본질에 더욱 충실해야만 한다. 그것이 곧 마케팅의 지름길이다.

일반적으로 제품Product, 유통Place, 판촉Promotion, 가격Price 등 네 가지 요소를 여하히 잘 조합하여 고객에게 다가가느냐가 마케팅의 핵심이었다. 하지만 공감의 시대에는 이런 여러 가지를 잘하는 것보다 오히려 제공하려는 본질적인 가치에 더욱 충실하는 것이 훨씬 의미 있는 마케팅 전략이 될지 모른다. 따라서 광고나 유통 그리고 판촉 활동도 매우 다르게 진화하게 될 것이다. 과거와 같이 일방적으로 제품을 알리거나 광고하는 것보다는 제품의 질이나 서비스에 집중하면서 모두가 참여하여 함께 만들어나가는 것이 더욱 좋은 결과를 얻을 것이다. 더 이상 소비자를 현란한 광고와 포장으로 슬쩍 속이며 성장을 기대하는 기상천외한 마케팅 전략은 존재하기 어려운 세상이 오고 있는 것이다. 서비스뿐만 아니라 단일 제품들도 QR 코드나 RFID 칩을 활용하여 스마트폰을 통해 꼼꼼하게 체크될 것이다. 제품의 진위 여부부터 유효 기간 등은 물론이고 제품을 사용했던 사람들의 평가 그리고 가격 비교 등 속속들이 드러나는 정보를 바탕으로 선택을 받는다면 진정성 말고 무엇이 더 필요하겠는가. 오로지 실력으로만 승부하는 시대가 성큼성큼 다가오고 있는 것이다.

사람들의 경우에도 과거처럼 한 번의 시험 성적으로 인생이 뒤바뀌는 일은 점점 사라지게 될 것이다. 3년 동안 열심히 공부한 학생이 시험 당일 몸이 아파 낙방을 한다면 얼마나 억울한 일인가. 확실한 것은 시험이라는 평가 시스템이 그다지 현대적이지도 또한 효율적이지도 않다는 점이다. 어릴 때부터 페이스북이나 블로그 등을 통해 자신의 일상을 기록하고 이를 축적하는 과정에서 그 사람의 평가가 이루어질 수도 있을 것이다. 다만 이것이 좀 더 체계화되어 있지 않을 뿐인데 머지않은 장래에 이런 과정에 대한 평가를 보다 효과적으로 할 수 있는 시스템이 개발되리라 믿는다.

스마트폰을 휴대하고 달리기를 하거나 자전거 또는 등산을 하면 자세한 기록을 알려주는 앱[5]도 개발되어 있다. 다시 말해 운동을 한 경로, 시간 등을 GPS 정보를 활용해 지도 위에 그려주는 것이다. 이것이 지속적으로 축적된다면 지구력이나 성실함 등을 정확하게 평가하는 지표가 될 수도 있을 것이다. 한 번의 시험지 평가를 벗어나 장기간에 걸친 입체적인 평가를 통해 지금까지 볼 수 없었던 신뢰성이나 창조력 그리고 꾸준함이나 회복탄력성, 공감 등 다양한 요소들을 평가할 수 있다면 성적에 함몰되어 있던 젊은이들의 다양한 잠재력을 발굴하고 육성할 수 있는 계기가 될 수 있을 것이다.

능력뿐만 아니라 개인의 진정성이나 인간성에 관한 부분도 소셜 네트워크의 발달과 함께 정밀하게 평가될 가능성이 높다. 한 개인의 평가는 많은 지인들을 통해 다양하게 이루어질 수 있다. 물론 내면을 속속들이 파헤쳐 평가하기는 어려울지 모르지만 평판이 좋은 사람과 그렇지 않은 사람은 구분할 수 있다. 어떤 이는 내가 왜 그런 평가를 받아야 하냐고 반문할지 모른다. 하지만 모두가 이런 평가에 노출되어 있는데 자신만 평가를 거부하고 기록 자체가 없다면 그것만으로도 다른 사람들로부터 의심을 받게 될지 모른다.

5

성취는 우리를
행동하게 만든다

: 성취 Achievemenet

우리는 성취를 맛보고 또 다른 성취를 향해 다시 도
전한다. 성취는 결코 물질적, 물리적 기준에 의해
기준이 정해지는 것은 아니며 내면의 잣대에 의해
서만 결정된다. 아무리 좋은 물질적 보상이 이루어
진다고 해도 본인이 그것을 받아들이지 못하면 성
취감은 주어지지 않는다. 그러므로 물질적 보상에
관심을 기울일 것이 아니라 내면의 성취감에 보다
더 많은 관심을 기울여야 한다. 진정한 성취를 맛
보기 위해서라면 굳이 남의 시선에 이끌려 많은 화
려한 포장을 만드는 데 소모할 필요는 없다.

• • •

그 무엇도 성취의 강렬한 욕구를 지닌 사람을 막을 수 없다.
모든 방해물은 그의 성취 능력을 높이는 과정일 뿐이며,
목표에 이르기까지, 그의 힘을 더욱 강인하게 단련시킬 뿐이다.

— 에릭 버터워스 Eric Butterworth

우리는 왜 도전하고
행동하는가?

운전기사가 운행하는 차를 탄 사장이 뒷자리에 앉아 '왜 그길로 가나? 원효대교를 건너 강북강변을 타고 한남대교를 건너 강남으로 가자구' 만약 이런 지시를 했다고 가정하자. 뭐 일상에서 얼마든지 일어날 수 있는 일이다. 그러면서 마음속으로 '저 친구 왜 저렇게 머리가 안 돌아가는 지 몰라, 아니 이 시간대에는 올림픽대로가 막힌다는 것은 상식 아닌가' 라며 직원의 판단미숙에 대해 답답해하며 언짢아 할 수 있다. 그렇다면 운전기사 입장에서는 어떻게 생각할까? '허 참, 내가 스마트폰 등 교통정보를 검색하고 뉴스도 듣고 올림픽대로가 지금 아주 정상적이라는 것을 파악했는데 잘 알지도 못하시고 강북으로 가자고 하시네' 하면서 마음속으로 투덜댈 수 있다. 그렇다고 사장님이 올림픽대로가 좋으니 그리로 가는 게 좋겠다고 이야기할 정도면 꽤 소통이 되는 상사겠지만 아마도 대부분은 그냥 막히던 말던 강북강변을 선택해서 갈 것이다. 왜? 사장님의 지시니까. 아주 작은 일이지만 이런 일이 반복되다 보면 기사는 나중에 어떤 길을 선택할지에 대한 의사결정을 완전히 사장에게 맡기게 된다. 뒷자리에 앉는 사장에게 "어느 길로 갈까요?"라고 묻게 될 것이다.

많은 학생들이 선생님에 의해 또는 부모님에 의해 이렇게 일일이 가라는 길을 따라 달리고 있다. 자신들은 왜 이 공부를 해야 하는지, 무슨 이유로 이 학원을 다녀야 하는 지 별로 고민이 없다. 그저 엄마가 다니라니까 다니고, 선생님이 하라니까 공부를 한다. 이런 학습이 계속되면 어떻게 되겠는가. 사장은 자기 말을 잘 들어주는 기사가 성실하다고 판단할 수 있다. 그리고 자신의 책임하에서 차가 움직이니 기사는 그저 운전만 하면 된다. 그것이 기사에게서 뭔가 중요한 것을 빼앗았다는 생각은 하지 못한다. 사람이 책임을 맡아 스스로 결정을 내리는 과정에서 무거운 책임감과 함께 뿌듯한 즐거움을 느낀다는 것을 생각하지 못한 것이다. 아이들에게 공부하라고 강요하는 순간 그리고 모든 길을 제시하고 그 길을 따라가게 하는 순간 아이들은 스스로 결정하는 즐거움도 책임감도 느낄 수 없으며 그런 훈련을 받을 수조차 없다. 이런 아이들이 설사 학교에서 100점을 받았다고 가슴에서 솟구치는 성취감을 맛볼 수 있을까. 소위 말하는 일류대학에 재학 중인 학생들에게 수업 중에 자신이 지금까지 살면서 가장 크게 성취감을 느낀 적이 있는

지 설문을 해본 적이 있다. 안타깝게도 1/4 정도는 더 좋은 대학에 못 갔다는 이유로 성취감은커녕 열등감을 가지고 있었다. 이들에게 있어서 대학은 아마도 자신이 스스로 선택한 의사결정에 대한 결과이기보다는 누군가에 의해 설정된 목표에 내몰린 결과가 아닌가 싶다.

아주 우수한 대학출신의 직원이 이러저러한 이유로 안내메일을 보냈다. 통장 계좌번호를 안내하면서 입금을 부탁하는 메일이었다. 그런데 계좌번호가 잘못되어 입금이 되지 않았다. 그 직원에게 연락을 했더니 계좌번호를 잘못 보냈다며 다시 보내준다고 했다. 그런데 알고 보니 그 번호마저도 잘못된 번호였다. 다시 그 직원에게 전화를 걸어 통장 번호가 잘못되어 입금이 안 된다고 하자 메일을 잘못 보낸 것을 알고 있다면서 죄송하다고 하는 게 아닌가. 두 번의 실수를 알고도 돈을 받겠다는 곳에서 수정은 해주지 않고 필자의 연락을 기다리고 있었던 것이다. 상식적으로 이해가 가는가? 한 번의 실수 후에 또 한 번의 실수, 더군다나 그 사실을 알고도 바로잡지 않는 이런 직원이 국내 유수의 대학 출신이라면 믿겠는가. 추측컨대 시키는 일에 익숙한 탓에 일을 하기는 했지만 문제가 발생하여 뭔가 수정된 행동을 해야 하는 상황에서 판단을 하기 어려웠던 것이 아닌가 하는 생각이 든다. 이런 일은 우리 주변에서 자주 발견되는 일이다.

미치도록 좋아해야
절정에 이른다

/

많은 사람들은 스스로 선택하는 것이 얼마나 중요한지 잘 모른다. 스스로 선택한 일을 열심히 반복하며 어느 순간 반등을 경험하고 더 나아가 절정감을 맛보는 것이야 말로 인생에 있어서 가장 중요한 에너지가 아닌가 싶다. 남이 시킨 일을 열심히 하면서 절정감을 맛보는 경우가 과연 얼마나 될까. 본인에게 주어진 일을 자신이 선택한 일로 완전히 받아들인 후라면 가능할지 모르겠다.

하다 보니 되더라
꾸준 하니 늘더라
미치도록 좋아 하니 절정이더라
그런 삶이 행복하더라

맞다. 우리는 이런 절정감을 경험했다면 그것이 무엇이든 기억에서 지울 수 없을 것이다. 그리고 그 절정감을 더욱 더 강화하기 위한 노력을 자발적으로 하게 된다. 국회의원이 되고 조기축구대회에 축사를 하러 가서 대뜸 "여러분, 행복하십니까?"라는 질문을 했는데 아주 우렁찬 목소리로 '네!' 라는 대답을 들을 수 있었다. 사실 그 질문을 던지면서 그렇게 우렁찬 대답이 나오리라 기대하지 않았기에 적잖이 놀랐었다. 주말에 새벽부터 운동장에 나와 축구를 하면서 땀을 흘리고 그래서 얻는 절정감 이것이야 말로 인생의 청량제요, 양보할 수 없는 기쁨이요, 행복이기에 그런 우렁찬 대답이 나오지 않았을까.

시간가는 줄 모르고 몰입하게 되는 이런 엘리먼트 상태가 되면 자아실현의 기쁨을 누리고, 에너지가 넘치며, 스스로 존재감을 느끼게 된다고 한다. 다시 말해 행복의 본질을 경험하게 되는 것이다. 이런 엘리먼트 상태는 우리가 흔히 생각하는 돈을 많이 벌어서, 또는 높은 지위에 올라서 얻어지는 것이 결코 아니다. 지속적인 반복수행을 통해 어느 단계에서 반등과 절정을 경험하면서 얻어지는 것이다. 하지만 아마도 많은 사람들이 다음과 같이 살고 있는지 모른다.

해야 하니 하긴 한다
억지로 하니 힘만 든다
어찌할 수 없으니 그냥 버티고 있다
그런 삶이 공허하더라

과연 여러분은 어떤 삶을 살고 있는가. 하루하루 여러분을 이끄는 그 무언가에 시간 가는 줄 모르고 몰입하여 절정감을 경험하며 엘리먼트 상태를 반복하고 있는가. 이런 사람에게 돈의 의미, 자리의 의미는 과연 무엇일까?

'필요'라는 것의
환상

미국의 심리학자 윌리엄 제임스William James는, 자존감Self-esteem이란 자신이 이루어낸 성공의 지수를 높여 키울 수도 있지만 욕망과 같은 허세를 줄여서 키울 수도 있다고 말했다. 지금 우리 사회는 아마도 곧 터질 풍선처럼 허세의 크기가 너무 커서 자존감이 줄어들고 있는 것은 아닌지 모르겠다. 다시 말해 부실한 내용물에 화려한 포장이라는 뜻이다. 자신의 삶에서 허세를 걷어버리면 풍요롭고 내면의 깊이가 드러나는 멋진 승자로서의 아우라를 갖게 됨에도 불구하고 우리는 허세의 위력에 굴복하고 있다.

허세를 깨버리고 진정으로 내면의 이끌림에 만족하는 삶을 살기 위해 필요한 것들을 잘 살펴보면 의외로 별것 없음을 깨닫게 된다. 그것은 매우 놀라운 일이다. 우리가 지금까지 삶의 기준, 행복의 기준으로 여기고 반드시 소유해야 하다고 생각하는 것들을 살펴보자. 집은 반드시 소유해야 한다고 생각하지만 진정으로 소유하고 있는 사람이 얼마나 될까. 은행의 대출을 받아 이자를 물고 있다면 그것은 가격이 오르길 바라는 경제적 이유의 소유이지 진정한 의미의 집은 아니다. 그래도 투자가치가 있다면 좁디좁은 집에서 단 한 번밖에 없는 귀중한 삶의 질을 떨어뜨리는 것도 마다하지 않는다. 좋은 학벌이라는 것도 세상을 살아가는 데 과연 얼마나 의미가 있는지 따져본 적이 별로 없다. 좋은 대학을 나왔지만 기대한 것과는 전혀 다른 삶을 살고 있는 사람들도 흔히 만날 수 있다. 그들은 좋은 대학을 나왔다는 이유 때문에 더 고통스럽게 살고 있기도 하다. 자신의 그릇을 넘치는 경제력 또한 결코 존재적 삶에 큰 역할을 하지 못한다. 오히려 과한 경제력은 상상할 수 없는 고통을 수반하기도 한다. 따라서 좀 더 깊은 성찰을 통하여 진정한 행복을 위해 필요한 것들을 찾아보면 무의미한 소유물들을 많이 발견하게 될 것이다.

닫힌 사회에서는 자리가 주는 파워가 막강했기에 자리를 차지하기 위한 치열한 경쟁이 일상이었다. 그래서 진정한 내면을 감추고 화려한 포장으로 승부하려는 자들이 의외로 많았다. 이런 닫힌 인재들에게는 삶을 근본적으로 성찰하는 것 자체가 고리타분하고 실질적인 이득이 없는 불필요한 일이었을지 모른다. 진정한 삶을 추구하기 위해 대학을 안 가겠다고 선언하는 순간 가족과 친구들과 사회의 따가운 눈총을 이겨낼 수 있는 사람이 과연 얼마나 될까. 남들이 인정하는 직장을 포기한다는 것은 사랑하는 사람과의 이별을 각오해야만 하는 일이 될 수도 있을 텐데, 이를 무릅쓰고 내면의 행복을 추구할 수 있는 용기는 그리 쉽게 나올 수 있는 것이 아니다.

내용과는 상관없는 과한 포장은 소유욕에서 비롯된다. 이런 포장은 내용을 덮어버릴 수 있다. 그리고 부실한 내용일수록 과도한 포장으로 본질을 감추고 싶어 할 수 있다. 화려한 포장으로 자리는 보전할 수 있을지 몰라도 광장에서의 치열한 퍼포먼스는 기대하기 어렵다. 내공은 어쩌다 복권에 당첨되듯 얻어지는 것이 아니다. 갈수록 자리를 지키는 일도 만만치 않아지면서 이들에게는 스트레스 등 각종 질병이 닥칠 위험이 높아진다. 그러므로 지금부터라도 차근차근 다시 만들어야 한다. 비록 지금까지 화려한 포장에 가려져 그 실체를 파악하기 어려웠던 자신의 모습을 되찾아야할 필요가 있다. 그것이 내공을 쌓는 첫걸음이다.

자신을 돌아보고 이런 정서적 피폐함을 달래줄 유일한 탈출구가 바로 종교 활동인지 모른다. 종교 활동 정도라면 가족과 학교, 사회의 응원을 받기 쉬웠을 것이다. 하지만 종교 역시도 갈수록 소유적 삶의 방식을 거부할 수 있는 자신감을 잃어가고 있는 느낌이다. 닫힌 조직의 틀을 벗어나지 못하고 있는 것이다. 종교가 자신들만이 선택받은 자들이라고 생각하는 순간에 하나밖에 없는 지구의 문제를 해결할 수 없게 된다. 선택되지 않은 사람들을 수단과 방법을 가리지 않고 다 자기들 편을 만드는 기적을 이루든가 아니면 지구상에서 사라져야 할 악의 대상으로 몰아세운다. 다른 종교를 가지고 있다고 결혼도 안 하고 서로 만나지도 않는다. 과연 그들이 그토록 사랑하는 신께서 진정으로 그렇게 가르쳤는지 되묻고 싶다. 우주 만물을 만드시고 주제하시는 신께서 그렇게 인간적 소유욕으로 선과 악을 가르고 네 편 내 편을 갈라 세우려 하셨는지 정말 궁금하다. 사실 수많은 전쟁 뒤에는 종교가 있었다. 지금도 그러한 전쟁은 계속되고 있지 않은가. 결국 종교 활동을 통해서도 진정으로 우주 만물과 하나가 되는 자아를 찾기보다는 경제적 이득이나 세속적 소유욕을 추구하는 자신을 위로하는 수단으로 전락해 버리는 것은 아닌지 모르겠다.

한때 한글과컴퓨터 대표이사로 언론에 주목을 받았던 필자도 어느 날 그 화려한 스포트라이트가 꺼진 채 가진 재산을 다 잃고 혼자 덩그러니 남았을 때 '과연 나는 누구일까?' 하는 생각을 수도 없이 했다. 그리고 그 화려한 포장이 다 사라졌을 때 비로소 나를 조금씩 알기 시작했다. 주변에 그렇게 많던 사람들과의 어울림이 다 부질없는 짓이었다는 깨달음도 이즈음이었다. 한글과컴퓨터 대표이사였기 때문에 만나야 했던 수많은 사람들은 포장지가 사라진 나를 찾지 않았다. 그때야 비로소 나와 나의 포장을 구분하기 시작했다. 그리고 정말 내가 존재하는 데 있어서 함께해야 할 것들을 알기 시작했다. 그것은 화려한 포장도 그토록 맹종하던 돈도 아니었다. 자리도 아니었고 권위도 아니었다. 그것은 바로 공감이었다. 진정한 이끌림으로 서로 당겨주는 사랑이었다. 그런 의미에서 가족이 새롭게 태어났고 그런 의미에서 친구 만나는 즐거움이 더했다. 포장을 하지 않아도 아무런 거리낌이 없는 존재감은 나를 참으로 자유롭게 만들었다.

물론 이미 다 사라져버린 것들이지만 내 이력서에 적힌 몇 가지 경력들이 하찮게 보이기 시작했다. 그것이 나에게 주는 의미가 무엇인가? 내가 한글과컴퓨터 대표가 아니었다고 해서 내가 나를 부정할 수는 없다. 그 어떤 포장도 나를 있는 그대로 표현하는 것은 아니었다. 내면으로부터 우러난 나의 모습, 그것이 나를 나답게 만드는 것임을 알게 된 것이다. 그렇다면 지금 그토록 가지려는 것과 달성하려는 것 그리고 빼앗아야 할 것들이 과연 진정한 행복과 기쁨에 꼭 필요한 것인지 다시 한 번 진지하게 되물어야 한다. 사실 진정한 기쁨을 위해 필요한 것은 아무것도 없다. 오로지 내가 기쁘게 되는 것 말고는.

인생의 에너지는
성취다

광저우 아시안 게임 때의 일이다. 다양한 종목에 출전한 선수들이 저마다의 기량을 선보이며 열전을 이어갔다. 이들이 대회에 참가하기 위해 흘렸던 땀을 생각하면 쉽게 볼 일이 아니다. 더구나 그토록 많은 땀을 함께 흘렸지만 대회에 참가하지도 못한 더 많은 수의 선수들이 각국에 있다고 생각해보라. 그들 역시도 한 사람 한 사람 깊이 들여다보면 각자가 자신들 스토리의 주인공으로서 손색이 없을 것이다. 금메달을 따낼 수 있는 사람은 한 사람에 불과하지만 그 자리를 향해 열정을 불사른 수많은 선수들의 좌절과 희열은 그대로 존재한다.

우리는 아직까지도 금메달만을 기억한다. 얼마 전까지만 해도 이와 같은 현상이 더욱 심했다. 은메달, 동메달은 쳐주지도 않았다. 물론 금메달에 주목하는 것은 인지상정이다. 하지만 어떤 시각으로 금메달을 바라보느냐는 매우 다르다. 과정에 대해서는 별 관심도 없이 어떻든 금메달을 받았다고 기뻐하는 모습은 그 깊이가 얕은 접싯물 같다는 생각이다. 좀 더 차분하게 과정을 즐기고 그 결과로서의 금메달에 열광해야 한다. 이번 아시안 게임에서 아무도 주목하지 않은 근대 5종 경기에서 양수진 선수의 개인전 동메달 그리고 양수진, 김은별, 문예린, 최민지 선수가 출전한 단체전에서 은메달을 받은 것도 그런 멋진 성과였다. 실업팀도 없이 고작 20명의 선수가 있는 종목에서 올린 쾌거다. 그들은 무엇 때문에 관심도 없는 이런 종목에 뛰어들었을까. 그것은 바로 우리가 그토록 주목하는 바로 자기 성취감 때문일 것이다. 누가 뭐라 하든지 자신의 땀으로 얻어낼 수 있는 성취, 그것이야말로 무엇과도 바꿀 수 없는 인생의 가장 큰 선물이다. 금메달을 넘어선 인생의 다이아몬드 메달은 다름 아닌 성취감인 것이다.

아시안 게임만 봐도 42개 종목에 476개 메달이 걸려 있다. 그런데 안타깝게도 우리 학생들은 하나의 종목으로 달리기 시합을 하는 형국이다. 얼마 전 대학수능시험이 올해도 어김없이 치러졌다. 당사자는 물론 매년 부모와 가족들의 가슴을 졸이는 이런 단순한 달리기 시합은 대체 언제까지 계속되는 것인지 모르겠다. 그렇게 우리 젊은이들을 한 줄로 세우는 짓은 학생들 개개인에게 성취감을 제공하기는커녕 많은 학생들에게 좌절과 열등감을 주는 일이라고는 생각하지 않는지. 사실 지금 우리 젊은이들에게 진정으로 필요한 것은 무조건 대학에 들여보내는 것이 아니라 어떤 일을 하든지 그들 가슴을 뜨겁게 달구는 성취감을 경험하게 하는 것이다. 맹목적인 대학 입학에 그토록 많은 시간을 투자하는 대신에 진정으로 자신만이 가질 수 있는 성취감을 얻기 위해 투자한다면 아마도 훨씬 윤택하고 즐겁고 보람 있는 삶을 살게 될 것이 틀림없다.

분명한 것은 성취감이라는 것이 특정한 일을 통해서만 얻어지는 것이 아니라는 점이다. 대학 합격이나 안정된 직장에 들어갔을 때만 얻어지는 것이 아니다. 우선 성취감은 자신이 스스로 선택한 일을 할 때 더 강렬하게 느낄 수 있다. 또한 뭔가 자신의 역량이 기대 이상으로 발휘되었을 때 크게 얻어진다. 그것이 금메달이든 은메달이든 상관없이 자신의 목표를 초과했을 때 얻어지는 것이다. 따라서 진정 우리에게 필요한 것이 무엇인지에 대해 곰곰이 생각해볼 필요가 있다. 혹시라도 남들에게 보이기 위해 성취감을 느끼지도 못하는 일을 억지로 하고 있는 것은 아닌지 또는 가장 잘할 수 있고 또 그로 인해 성취감을 크게 느낄 수 있는 일이 있음에도 불구하고 어쩔 수 없이 원치도 않고 하고 싶지도 않은 일을 하고 있는 것은 아닌지. 오리에게 왜 토끼처럼 잘 뛰지 못하냐고 핀잔을 주면서 육지로 데리고 나와 필사적으로 연습시키는 꼴이다. 그렇다고 결코 오리가 토끼가 되지 않는데도 말이다.

물론 사람들은 대중의 선택을 거역할 용기를 갖고 있진 못하다. 사회적으로 고립을 당하지 않기 위해 우리는 서슴없이 자기만의 지각을 무시하곤 한다. 설사 옳지 않은 주장이라도 많은 사람들이 동조한다면 어쩔 수 없이 따라가는 경향이 있음을 많은 학자들이 밝혀낸 것이다. 남들이 과외를 하면 빚을 내서라도 해야 하고 남들이 대기업에 취직을 하니 나도 일단 그렇게 하고 본다. 그러지 않으면 불안해서 견딜 수가 없다. 그러니 대학 진학을 거스르지 못하고 안정된 직장을 선호하는 것도 따지고 보면 이런 인간의 심리적 성향과 무관하지 않다. 그러므로 대학 교육 문제나 일자리 문제를 해결하기 위해서는 상대적 박탈감을 해결하는 것이 무엇보다 중요하다.

대학 교육을 모든 사람의 숙명적 과제로 만들어버린 이 미친 짓을 과감하게 뜯어고쳐야 한다. 시험 방법을 이리 바꾸고 저리 바꾼다고 해결될 문제가 아니다. 1998년 아시아 금융위기 상황 후 혹독한 전쟁을 치르고 구조 조정에 성공한 기업이 지금처럼 글로벌 기업으로 성장하였듯이 대학이나 병원 등도 정부의 간섭을 과감하게 철폐하여 혹독한 글로벌 경쟁을 통한 구조 조정을 해야 한다. 더욱이 이미 세상은 기존의 교육제도에 대한 사망 선고를 내리지 않았는가. 이런 상황에서도 교육 관계자들이 자신들의 기득권을 유지하기 위해 애써 이 낡은 제도를 포기하지 않고 새 제도를 만들지 않는다는 것은 자식들에 대한 기만이다.

하지만 이들이 스스로 변신하는 것은 낙타가 바늘구멍에 들어가는 것보다 어려운 일이 될 것이다. 그래서 역사는 늘 과거가 미래에게 자리를 양보하게 되는 모양이다. 새로운 승자의 조건을 갖춘 열린 인재들이 스스로 자신의 삶을 개척해 나가며 미래를 대비할 때 기존 질서는 힘을 잃게 될 것이다. 벤처 기업가들이 그 어려운 상황을 극복하면서도 아직도 벤처 산업에 종사하며 호시탐탐 재기를 노리는 것도 또한 지난 10여 년 동안 그 어떤 산업에서도 탄생시키지 못했던 부자들을 탄생시킨 역량도 자세히 살펴보면 결국 변하는 세상에 능동적으로 대처했다는 것이 가장 큰 이유이다. 그들은 그런 도전을 통해 남들과는 다른 길에서 성취감을 느꼈고 그 성취감은 또 다른 성취감을 향해 자신을 투자하는 선순환을 만들어낸 것이다.

우리의 삶을 합리적이고
의미 있게 하는 일

성취감에 대한 성찰은 우리 삶을 보다 합리적이고 의미 있고 효율적으로 관리하기 위해서 반드시 필요하다. 여러분들은 지금까지 살아오면서 과연 어떤 일로 성취감을 맛보았는가? 일을 하면서 최선을 다해 일궈낸 결과를 통해 얻을 수 있었던 성취감은 그야말로 인생의 청량제요, 새로운 도전을 위한 또 다른 에너지임에 틀림이 없다. 스포츠 선수들이 오랜 시간 동안 쉼 없이 계속된 지루한 반복 훈련의 결과로 자신이 목표한 결과를 이루어냈을 때 얻게 되는 성취감을 그 어떤 것으로 대신할 수 있겠는가. 인간이라면 이런 성취감을 맛보고 또 다른 성취감을 향해 다시 도전하는 것이 일상이 될 수 있다. 우리는 그것이 무엇이든 상관하지 않고 바로 이 성취감을 맛볼 수 있는 일을 해야 한다. 그것은 지루한 반복을 통해 얻어지는 반전의 기쁨이 될 수도 있고 또한 자신의 역량보다 조금 과하게 설정한 목표를 향해 도전하고 그리고 마침내 이뤄내는 과정에서 얻어질 수도 있다. 그것은 결코 물질적, 물리적 기준에 의해 그 강도가 정해지는 것은 아니며 내면의 잣대에 의해서만 결정된다. 아무리 좋은 물질적 보상이 이루어진다고 해도 본인이 그것을 받아들이지 못하면 성취감은 주어지지 않는다. 그러므로 물질적 보상에 관심을 기울일 것이 아니라 내면의 성취감에 보다 더 많은 관심을 기울여야 한다.

진정한 성취감을 맛보기 위해서라면 굳이 군중 심리에 휩쓸려 많은 시간과 돈을 화려한 포장을 만드는 데 소모할 필요는 없다. 그렇게 하지 않더라도 충분히 내공을 다지고 많은 이에게 사랑을 받으며 자신만의 영역을 구축해나갈 수 있는 시대를 맞이하고 있다. 아마도 주변을 살펴보면 이런 내공의 소유자들을 많이 만날 수 있을 것이다. 우리는 그들을 주목해야 한다. 이 사회가 만들어 놓은 편견에 굴복하지 말고 그들의 압력에 주눅 들지 말고 자신만의 삶을 살아가는 자들이 대중의 편견을 바로잡아야 한다.

사실 우리에게 상대적 박탈감만을 제거할 수 있다면 개인적 비용은 물론이고 사회적으로도 엄청난 비용을 줄일 수 있을 것이며 사회적 스트레스도 획기적으로 줄일 수 있을 것이다. 대신에 다양한 재주를 가진 다양한 사람들이 등장하고 이들의 어울림을 통해 우리는 새로운 일자리를 만들어낼 수 있을 것이며 창조적인 부가가치를 만들어낼 수 있을 것이다. 무엇보다도 각자 자신의 진정한 삶에 좀 더 가깝게 다가갈 수 있다는 점이 우리 사회의 진정성을 높이는 길이 될 것이다.

스스로 깨달아야
제대로 한다

사람마다 다르겠지만 특별히 희열을 느끼는 일이 있다. 누구는 요리를 할 때 그렇고 누구는 공부를 할 때 그럴 것이다. 누구는 운동을 할 때 그렇고 누구는 음악을 연주하며 느낀다. 누구는 너무나 단순하게 반복되는 일을 통해서도 그 과정의 정교함이 더해질수록 성취감을 크게 느끼기도 한다. 그렇다면 과연 어떤 것이 성취감을 더 크게 만드는 것일까. 예를 들어 3,000미터의 산보다 4,000미터의 산이 그 높이만큼 성취감을 더 주는 것일까. 그렇다면 4,000미터보다 8,000미터의 고봉이 더 큰 성취감을 주는 것일까. 엄밀하게 따져본다면 그것은 높이 때문이 아니라 한계를 극복해내는 자신의 모습에서 성취감을 느끼는 것이 아닐까? 장애우가 자신의 한계를 극복하고 1,000미터 정상에 섰을 때의 성취감이 엄홍길 대장이 8천 미터 정상에 섰을 때보다 적다고 이야기할 수 있을까. 또한 국토대장정으로 전국을 힘들게 순례하며 뜨겁게 솟아오르는 성취감을 느낀 대학생들의 그것과는 어떻게 비교될 것인가.

그러므로 객관적 성적이나 물리적 결과는 어찌 보면 별 의미가 없는 것이다. 단지 그것을 받아들이는 내면의 해석이 결국 우리에게 성취감의 크기를 만들어준다. 성취감의 크기를 결정하는 가장 중요한 변수는 그 일에 부여된 의미와 투자된 자신의 땀과 열정 그리고 시간이다. 그것도 지속적으로 반복된 작업을 통해 반전을 경험하면서 다시 내면의 욕구를 자극하고 이를 바탕으로 또 다시 반복을 거듭하는 과정 속에서 얻어진 결과는 마치 은근하면서도 진한 국물 맛 같은 성취감을 우리에게 제공한다.

어떤 이는 퇴근 후에 마라톤 동호회 회원들과 단축 마라톤을 하고 함께 모여 마시는 맥주 맛에 삶의 의욕을 되찾았다고 한다. 또 어떤 이는 동네를 깨끗이 청소하는 자신에게서 뿌듯한 희열을 느끼기도 한다. 사실 등산이나 낚시 등 다양한 활동들은 그 자체로서 재미와 삶의 활력을 주지만 더 나아가 또 다른 의미 있는 도전을 위한 에너지를 제공한다는 측면에서 매우 중요한 활동이다. 그것은 책을 읽든, 노래를 부르든, 기도를 하든 무엇이든 상관없다. 반복적으로 자신을 불러내는 일이 있다는 것만으로도 여러분은 영혼의 이끌림을 이미 체험하고 있는 것이기 때문이다.

그렇다면 우리가 해야 할 일이 분명해지는 것 같다. 어릴 때부터 성취감을 부르는 일을 찾아야 한다. 그것이 무엇이든 상관하지 말아야 한다. 누가 뭐라 하든지 자신에게 가장 진한 감동과 성취감을 가져다주는 일이라면 그것이 어떤 것이든 무슨 상관인가. 굳이 남들 보기에 이러해야 하고 남들 때문에 이 정도는 해야 한다는 포장에 함몰되어 진정한 성취감은 구경도 못해보는 어리석은 삶을 사는 우는 범하지 말았으면 한다.

물론 많은 사람들은 경제적인 문제를 가장 걱정할 것이다. 하지만 허세를 줄이면 우리가 가지고 있는 것이 결코 작은 것이 아님을 깨닫게 될 것이다. 또한 어릴 때부터 지루한 반복을 통해 한 가지 일에서 달인에 경지에 이르게 되면 그 분야에서 누구보다도 오래도록 그 일을 할 수 있는 특권을 누리게 될 것이다. 그리고 과거와는 다르게 광장의 수많은 관객을 스스로 불러 모을 수도 있을 것이다. 요리사가 자격증에 의존하기보다는 진정으로 맛으로 승부해서 자신의 팬을 확보하는 일이 자연스러운 일이 된다는 뜻이다.

그러므로 가정이나 학교 그리고 직장에서도 가장 먼저 고려해야 할 일은 바로 자신에게 주어질 성취감의 강도가 과연 클 것인지 아니면 약할 것인지를 따져보는 일이다. 성취감은 더 큰 성취감을 부른다. 큰 성취감은 자신이 하는 일을 더욱 사랑하게 만들 것이다. 큰 성취감은 이 세상 그 무엇과도 바꿀 수 없는 삶의 보람을 느끼게 해줄 것이다. 이 세상 구석구석에서 이런 뜨거운 삶의 느낌을 가지고 살아가는 수많은 사람들에게 이 사회는 더 큰 박수와 더 큰 격려를 보내야 한다. 그리고 그런 멋진 삶이 바로 우리가 지향해야 하고 배워야 할 삶의 모습임을 가정에서부터 다시 가르쳐야 한다. 학교도 더 이상 기울어질 대로 기울어진 편견을 바로잡고 제자리에서 다시 시작해야 한다. 어느 누구도 대중적 편견을 거스르기 쉽지 않기에 우리 모두가 함께 일어나야 한다. 그렇게 우리 자신의 진정한 삶을 찾아나서야 한다. 그것만이 우리가 사람답게 사는 길이다. 이 세상 그 누구도 대신할 수 없는 나만의 스토리로 나만의 감동을 찾아서 나만의 열정을 불사르며 나만의 세상을 만들어가는 것이다.

그런 멋진 내공의 광대들이 광장에 가득할 때 그 광장은 뜨거운 기운으로 하늘을 찌를 것이다. 그리고 공감은 들불처럼 번져 광장을 춤추게 할 것이다. 그 한가운데 서 있는 멋진 거리의 광대는 그 누구를 위해서가 아니라 자신을 위해서 춤을 춘다. 그리고 내공의 아우라로 주변을 끌어들인다. 이 사람이 바로 스마트시대의 승자인 것이다.

스스로 동기를
부여한다

/

그렇다면 이렇게 진정성을 가진 치열한 퍼포먼스를 통해 자신의 삶을 완성하는 에너지의 근원은 무엇일까. 그것은 한마디로 자발적으로 자신의 꿈을 실현하고자 하는 열망에서 비롯된다. 결코 남의 손에 이끌려

원하지 않은 일을 하는 자에게서 이런 에너지를 찾기 힘들다. 어떻게 하든 성벽 안으로 들어가기만 하면 비교적 안정된 삶을 살 수 있었던 때에는 그저 따라가는 것만으로도 삶을 영위하는 데 부족하지 않았다.

두터운 성벽 안에 안주한 닫힌 인재들은 그 역할이 제한적일 확률이 높다. 그들은 리더가 위임한 일을 처리하는 것이 주요 임무다. 따라서 늘 리더의 생각에 종속적이다. 이것은 계층적으로 아래로 내려가면서 차상급자와의 관계에서도 성립된다. 결국 차상급자의 생각에 종속적이 되며 또한 조직 전체의 뜻과 리더의 생각에도 종속적일 수밖에 없다. 본인이 원하든 원치 않든 잘하든 잘못하든 상관없이 그저 주어진 임무를 훌륭하게 수행해야 할 의무가 있는 것이다. 경중輕重의 차이는 있을지언정 대부분은 종속적인 관계를 유지하게 된다.

이런 문화에 익숙한 사람들은 시켜서 하는 일은 곧잘 하지만 스스로 찾아서 하는 일에는 매우 약하다. 우리 젊은이들 중에는 이렇게 스스로 동기를 부여하는 데 서툰 사람이 의외로 많다. 그들은 어릴 때부터 부모가 정해준 대로 또는 누군가 시키는 대로 하는 데 너무 익숙하다 보니 그럴 수밖에 없다. 스스로 뭔가를 해볼 기회조차 가져본 적이 없을 수도 있다. 뭔가를 해보려고 하면 공부에 방해된다는 이유로 아예 시도도 하기 전에 제지당했을 것이다. 예를 들어 중학교 다니는 자녀가 사업을 하겠다고 나섰다면 과연 부모님들이 어떻게 대처했을까. 아마도 십중팔구 정신 나간 소리한다고 혼을 내거나 아이의 엉뚱한 발상에 기막혀 했을 것이다. "도대체 커서 뭐가 되려고 하라는 공부는 안

하고 엉뚱한 생각만 하냐"고 얼마나 난리를 쳤을까. 하지만 지금 미국에서는 10대들의 창업이 활발하게 이루어지고 있으며 19세 정도면 실리콘밸리에서 성공하는 기업가들이 나올 정도. 창업의 연령대가 매우 낮아지고 있는 것이다.

한 기업 대표는 요즘 신입 사원들 중에는 정말이지 시키는 일도 제대로 못하는 친구들이 많아 미칠 지경이라고 한탄한다. 사실 그들은 그저 스펙이 인생을 살아가는 가장 훌륭한 무기라고만 배웠지 학교나 가정에서 어려운 문제에 대처하고 이를 해결하는 능력을 배울 기회가 별로 없었던 것이다. 따라서 이들이 어려운 문제에 제대로 대처하지 못하는 것은 어쩌면 당연한 일이다. 그리고 그들 스스로 문제를 찾아낸다는 것은 상상도 못할 일이다. 하지만 미래 사회의 인재는 '되는 것을 창조'해야 하는 어려운 과제를 끈질기게 수행할 수 있는 역량과 열정을 가지고 있어야 한다. 그것은 바로 스스로 동기를 부여하고 자기 주도적으로 업무를 추진할 때 강력하게 솟구친다. 어떤 일도 남이 시켜서 하는 일이 자기 주도적으로 하는 일보다 재미있고 좋을 수는 없다. 시키는 일이 좋다고 여기는 사람들도 스스로 선택한 일을 하면서 희열을 체험한다면 아마도 그 차이를 뚜렷이 느낄 수 있을 것이다.

부모님의 강요에 못 이겨 억지로 대학을 간 한 젊은이가 이 세상 태어나 처음으로 자기 스스로 선택한 것이 바로 드럼이었다. 대학 동아리에서 드럼을 연주하면서 짜릿한 전율을 느꼈다고 한다. 그 이후 그는 고교 시절의 수동적 학생에서 벗어나 자신의 삶에 매우 적극적인 청년으로 변했다. 군대를 다녀온 후 창업 동아리 활동을 열심히 하고 직장 생활을 하면서 정부가 지원하는 창업대학원에 진학하여 기업가정신을 공부한 후, 지금은 G20 국가의 유명한 CEO를 만나 기업가정신에 관한 인터뷰를 하는 세계일주여행을 기획하고 열심히 준비 중에 있다. 스스로 선택한 드럼의 비트가 이 젊은이를 완전히 다른 사람으로 만들어버린 것이다. 바로 트위터리안인 송정현(@btools, 기업가정신 세계일주 팀장)의 이야기다.

아마 어린 시절 빗자루를 들고 청소를 하려다가 어머니가 청소하라고 하면 빗자루를 놓았던 경험이 있을 것이다. 가만히 놔두면 그냥 할 텐데 어머니가 시키는 소리를 듣자마자 갑자기 하기 싫어지는 그런 경험 말이다. 항상 교실 뒤에서 엉뚱한 짓이나 하던 사고뭉치 친구가 반장이 되면서 모범생으로 변하는 경험도 있을 것이다. 비록 남의 손에 이끌리긴 했지만 반장이 되고 나서 스스로 잘해보겠다고 마음먹는 순간 사고뭉치 친구도 훌륭한 반장으로 변신이 가능한 것이다.

스스로 동기를 부여하는 것이
창조성의 근원

/

스스로 동기를 부여한다는 말은 창조적이라는 의미도 포함하고 있다. 시키는 일은 제한적이지만 스스로 동기를 부여하는 일은 창조적이다.

하면서 안 되면 이렇게도 해보고 그래도 안 되면 저렇게도 해본다. 왜냐하면 스스로 선택했다는 것은 내면의 이끌림이 있었다는 뜻이고 내면의 이끌림이 있었다는 것은 바로 자신의 삶에 의미를 부여할 수 있는 일이라는 뜻이기 때문에 그렇다. 주도적 인재는 비록 주어진 일이라 할지라도 그 일에 스스로 동기를 부여하여 자기 주도적으로 일처리를 하는 것이 특징이다. 따라서 마지못해 어쩔 수 없이 시키는 일을 하는 사람들이 이런 주도적 인재의 성과를 따라잡을 수 없다.

이렇게 열린 인재들이 마음껏 활동하기에 닫힌 사회는 제한이 많았다. 자신의 핵심 역량과는 상관없는 불필요한 필터링 과정을 거쳐야 했기 때문이다. 많은 경우 이런 자발적 동기 부여가 다른 사람에 의해 묵살되거나 제한되기도 한다. 예를 들어 국회의원의 경우 일반적으로 국민의 입장을 잘 대변하여 민의를 수렴하고 이를 통해 정부를 견제하는 역할을 훌륭히 수행할 사람을 뽑는 것으로 생각하고 있다. 하지만 일단 국회의원 후보가 되기 위해서는 조직과 자금이 필요하고 당의 공천을 받아야 한다. 자발적 정치 참여를 아주 어렵게 만든 것이 지금의 정치체제이기 때문에 정당의 공천을 받지 않고서는 정치 입문이 거의 불가능할 정도이다. 문제는 진정한 실력만으로 공천이 이루어지지 않기 때문에 여기저기서 많은 불협화음이 발생하고 또 거수기 역할도 서슴지 않게 되는 것이다. 기업에서도 진급 과정을 들여다보면 단순하게 업무 성과만으로 이루어지지 않는다. 앞서 언급했지만 충성심이나 인간적 공감대도 필요하며 실제 업무와 상관없는 여러 가지 변수가 그들의 앞길을 막기도 하고 또 필요 이상의 자리에 올려놓기도 한다. 이런 환경적 상황을 무시하고 오로지 자신이 하고자 하는 일에 최선을 다하는 것만으로는 성공하기 어려웠다.

안타깝게도 이런 잘못된 필터링 과정은 우리 사회의 보편적 문화로 자리 잡았다. 선수들을 대학에 보내기 위해 승부를 조작한 쇼트트랙 감독들의 행태는 이런 왜곡이 얼마나 심각한지를 보여주는 하나의 사례다. 그렇게 대학에 간 쇼트트랙 선수들이 과연 진정한 스포츠맨으로서 내면의 만족을 얻을 수 있을까? 그 문제가 있은 후 대회 자체가 없어져버렸다. 노래를 부르기 위한 무대가 필요하다고 해서 노래와는 전혀 상관없는 필터링 과정을 거친다면 행복할리 있겠는가. 교수가 되기 위해 자신의 학술적 업적과는 상관없이 로비와 뇌물 등으로 자리를 차지하게 된다면 드러내지 못하는 자괴감에 학생들 앞에 떳떳하겠는가. 수단과 방법을 가리지 않고서라도 교수가 되겠다고 혈안이 된 자들을 선택한 학교가 과연 성장할 수 있을까. 돈을 개같이 벌어 정승같이 쓰는 것이 과연 옳은 일인가. 자신의 업에 최선을 다하는 것이 아니라 자리를 차지하기 위해 수단과 방법을 가리지 않은 껍데기들이 판치는 상황에서 우리 사회와 개인의 진정한 성장이 이뤄질 수 있겠는가. 우리 사회에는 이렇듯 자리를 차지하는 것 자체가 목표인 사람들이 너무나 많다. 그리고 그들은 과정에서의 비리쯤은 성공을 위한 투자라 생각한다. 오히려 그런 과정을 겪어내지 못하는 자들을 루저라고 우습게볼지 모른다. 이런 미친 세상은 회복이 불가능한 지경에 이르렀다고 해도 과언이 아니다.

다행스럽게도 그런 비합리적인 무대가 점점 관객들의 외면을 받기 시작했다. 또한 그런 무대가 아니라도 얼마든지 자신을 드러낼 무대가 엄청나게 확대되고 있다. 따라서 미래를 위해 또한 진정한 행복을 위해 자신의 꿈에 투자하는 것만으로도 충분히 삶의 의미를 찾고 생활이 가능한 시대로 접어들고 있다. 아니 이제는 그렇게 하지 않으면 한 분야의 내공 있는 전문가로 인정받기 힘들다. 허세와 진정성을 훨씬 정교하게 구분하는 일이 가능해졌기 때문이다. 따라서 아주 작은 동네에서 활약하던 사람들조차 실력만 가지고도 과거보다는 훨씬 큰 공감을 불러일으킬 수 있다. 우리가 포장에 시간을 들이기보다 내면에 더욱 충실해야 하는 이유이기도 하다. 보다 많은 사람들과 공감하길 원한다면 화려한 포장으로 덕지덕지 감싸고 닫힌 무대에 오르기를 바라지 말고 무한한 광장에서 내면의 울림을 강하게 표현하는 퍼포먼스를 시작하라. 그 편이 훨씬 더 빠르게 자신의 삶에 충실할 수 있는 방법이다. 아마도 그렇게 내공을 쌓다보면 닫힌 무대의 초청을 받아들이게 될 것이다. 초청받는 자리와 빼앗는 자리가 결코 같을 수 없다. 진정한 스마트시대의 승자는 자리를 차지하려는 사람이 아니라 자리가 초청하는 사람들이다.

나만의 미래 직업을
상상하라

        화석 연료를 사용했던 지난 2세기에 걸친 산업사회의 영광은 여명 속으로 사라져가고 있다. 따라서 닫힌 조직에서 활약하던 닫힌 인재들의 화려했던 과거도 내공으로 승부하는 열린 인재들에게 자리를 내어주어야 할 판이다. 일자리 또한 과거의 모습과 다르게 새로운 분야에서 창조될 것이 분명하다. 모든 분야에서 세 가지 정도의 특징적 현상이 나타날 것으로 기대되는데, 그 첫 번째는 집단지성에 의한 창조력이 강조될 것이라는 점이고 두 번째는 분산 처리가 일반화되면서 탈脫글로벌화가 전개될 것이라는 점이다. 마지막으로 보다 더 인간적인 공감대가 힘을 발휘하게 될 것이라는 점이다.

    그 첫 번째인 집단지성에 의한 창조력은 앞에서도 많은 사례를 들어 수많은 사람들의 참여가 얼마나 큰 힘을 발휘할 수 있는지 확인할 수 있었다. 이제 부富라는 개념이 단순히 개같이 벌어 정승같이 쓰겠다는 '실물자산의 축적'만으로는 의미가 없으며 공감의 폭이나 경험의 깊이로 평가될 것이다. 크게 공감을 얻은 사람이나 남들과 다른 특별한 경험을 가진 사람이 사회나 조직으로부터 환영받는 인재가 될 것이며 결국 이들에게 자연스럽게 부가 따라가게 될 것이다. 당분간은 제조업 등 대부분의 산업에서 위계질서가 강조되는 닫힌 조직으로도 생존을 유지하겠지만 만약에 어떤 기업이 열린 조직으로의 변신에 성공하여 새로운 방법을 가지고 경쟁을 시작한다면 그 수명을 빠르게 재촉하게 될 것이다. 당장 큰 변화가 없어 보인다고 해서 안정적인 것이 아니라는 사실은 확실하다. 결국 시간의 문제이지 큰 변화의 흐름을 거스를 수는 없는 것이다. 그러므로 새로운 일자리는 바로 미래에 이러한 집단지성의 가능성을 가진 조직이나 역할에서 찾아야 한다. 집단지성이 활성화되면 중간 상인들의 역할이 급격하게 줄어들 것이다. 농수산물의 직거래는 더욱 활성화될 것이며 전 세계적으로 온라인 강의들이 활성화되면 교사들의 지식 전달기능이 약화될 것이다. 또한 어렵게 얻은 자격증을 바탕으로 안정적이던 직업들도 힘들게 되는 것은 마찬가지다. 이미 변호사, 의사, 약사, 교사 등 자격증을 가진 사람들은 과거의 영화를 부러워하는 처지가 되었다. 따라서 모든 것이 『끌리고 쏠리고 들끓다』라는 책 제목처럼 글로벌 광장에 모인 지구촌 사람들이 함께 모이기도 하고 흩어지기도 하면서 일을 하는 상황이 전개되고 있다.

두 번째로 탈脫세계화인데 사실은 전체적인 에너지 재분배나 지식의 공유 등에 있어서 글로벌화는 더욱 가속화될 것이 예상된다. 분산이라는 개념은 촘촘한 네트워크 덕분에 가능해진다. 분산시스템은 컴퓨팅이나 네트워크 그리고 전력망까지 매우 유효한 개념으로 자리 잡았다. 분산컴퓨팅은 외계 생명체의 존재를 밝히려는 과학자들에 의해 처음 시도되었는데 외계 생명체의 신호를 찾아내기 위해서는 엄청난 슈퍼컴퓨터가 필요했지만 사실 접근조차 어려웠다. 그래서 생각한 것이 흩어져 있는 개인용 컴퓨터를 빌려 쓰는 분산컴퓨팅이었다. 그들은 2001년에 참가자를 모집하여 100만 대가 넘는 컴퓨터를 사용할 수 있었다. 그 이후 이런 분산컴퓨팅은 자주 활용되고 있다. 전력망도 이런 분산시스템의 개념이 도입되어 촘촘한 파워그리드를 구축하고 각 빌딩이나 가정 그리고 마을에서 생산하는 소규모 전력을 스마트인터그리드 시스템에 의해 교환할 수 있게 된다. 이렇게 되면 인간이 생산하는 에너지의 30%에서 40%를 소비하는 빌딩이 발전소의 역할도 함께하게 된다. 자체 전력을 사용하고 난 후의 잉여 전력을 언제든 판매할 수 있게 되는 것이다. 전력을 분산하여 생산하고 정밀하게 재분배할 수 있게 함으로써 에너지 부족 문제를 해결할 수 있을 것으로 기대하고 있다. 이와 관련된 인력은 앞으로도 상당히 많이 필요하게 될 것이다. 친환경 기술이나 대체에너지 개발 등이 그것이다. 과거처럼 대규모 발전소나 원전을 짓는 것이 아니라 뒷마당에 작은 발전 시설을 설치해 태양열을 활용한다거나 풍력, 수력 등 다양한 에너지원의 개발이 인류가 필요로 하는 기술이 될 것이다.

전력뿐만 아니라 식량이나 기타 재화도 경제적, 정치적 환경이 변해 국제교역으로 수급하는 것이 아니라 가까운 곳, 즉 같은 동네의 도심 농이 키운 작물 등이 장기간 수송하기 위해 방부제 처리된 제품보다 인기를 얻게 될 것이다. 지역적 친근성은 더욱 확대되어 마치 모래시계처럼 중간자의 역할은 축소되고 위쪽에는 국제기구가 있어서 기후변화, 국제 범죄, 질병 등을 맡고 아래쪽에는 지방정부가 위치하여 토지세, 건물세, 수도세 등 삶 가까이에 존재하는 세금을 거두게 될 것이다. 중앙정부는 영향력이 약화되는데 관세나 법인세 등이 자유무역협정으로 소멸되거나 다국적기업화로 원활히 거두지 못하게 될 것이기 때문이다.[1] 나아가 네트워크의 발달로 생산자와 소비자가 직거래하는 사례가 급속하게 늘어날 것이다. 더욱이 단순한 식거래가 아니라 생산자이면서 소비자요, 소비자이면서 생산자인 형태로 그 구분이 불명확해질 확률이 높고 생각이나 행동을 함께할 수 있는 매우 높은 친근성을 가진 소집단으로 세분화되면서 이들과 긴밀하게 연계되는 많은 소집단과의 네트워크를 형성하는 생활이 예상된다. 예를 들어 한 마을에 동호인들이 집단 거주하면서 농수산물은 농촌과 직거래를 하고 나머지 일상에 필요한 것들도 자급자족하거나 직거래 방식을 취하는 것이다. 심지어는 전력까지도 마을에서 생산을 하여 잉여 전력은 스마트전력그리드를 통해 팔고 공동의 이익을 취할 수도 있을 것이다.

또한 기술의 발달은 우리의 상상을 초월할 것이 예상된다. 일본에서는 대기권 밖에서 태양열 발전을 하는 위성을 띄워 그렇게 생산된 전력을 무선으로 지구로 보내는 프로젝트를 진행 중에 있다. 전기의 무선송신은 이미 2008년 미국의 한 기업에 의해 하와이의 두 개 섬 사이 148km를 가로질러 이루어진 사례가 있을 정도다. 이미 IBM은 인간 두뇌와 같은 속도의 연산을 수행할 수 있는 컴퓨터를 2011년까지 출시하겠다고 단언했다. 유전 암호들이 밝혀져, 산소 대신 수소를 방출하는 식물과 같은 새로운 형태의 생물이 창조될 날도 멀지 않았다. 화학물질을 이용한 실험을 통한 합성염색체도 개발되고 있다. 나노 기술은 언젠가는 원자 단위에서 손상된 세포들을 복원시킬 것이며, 동맥 내부를 돌아다니는 나노봇nanobots이 플라크와 병원균, 암세포를 박멸해줄 것이다. 나노 기술이 가져올 생명연장 효과는 인터넷만큼이나 세상을 놀라게 할 것이다.[2]

　마지막으로 이러한 기술의 발달로 인간이 기능적으로 수행하던 일들을 누군가 대신해주면서 보다 인간적인 공감을 필요로 하는 직업에 대한 수요는 더욱 커질 것으로 예상되는데, 예를 들어 간호사나 노인복지관련 일에 종사하는 사람들과 같은 경우이다. 또한 기존의 학교나 교사와 같은 역할은 사라지더라도 다른 의미의 교육산업은 더욱 활성화될 것이 예상된다. 인터넷 강의가 확대되면서 집에서 공부하는 아이들이 늘고 있는데 이미 미국에서는 10%의 학생이 홈스쿨로 공부하고 있다. 교사는 아동 교육에 있어서 미래에도 변함없이 중요한 역할을 하게 되는데 바로 리더십, 팀워크, 멀티 플레이어, 창의적, 분석적 사고, 문제해결 능력, 의사소통 능력 등에서는 여전히 교사가 큰 역할을 하게 될 것이다. 교육의 주된 목표는 어떻게 정보를 찾는지, 그 정보가 정확하고 좋은 정보인지, 그 정보를 가지고 무엇을 만들 수 있는지를 가르치게 될 것이다.[3]

30년 전 세너제이 주립대학교 교수였던 존 스펄링John Sperling은 대학 교육이 사이버 원격 대학으로 진화할 것임을 세계미래회의에서 설파했지만, 당시 믿는 사람은 거의 없었다. 그 뒤 스펄링 교수는 미국 최초의 사이버대학인 피닉스대학교를 설립, 현재 20만 명의 학생과 1만 7,000명의 교수가 활동하는 대형 온라인대학으로 키웠다. 이 대학교에는 100여 개의 학사과정, 200여 개의 러닝센터에서 학사, 석사 학위, 자격증, 평생교육점수 획득 프로그램, 개인 시간제 프로그램, 기업인 및 일반인 신지식습득 프로그램 등이 갖추어져 있다. 피닉스대학교의 교육 목표는 전문가로서의 자신감과 가치를 가르치는 것이다. 이를 위해 이 대학 학생들은 일반 대학의 교육과정 이외에도 분석적 사고와 문제해결 능력을 배운다. 또 모든 사물의 이론이나 실제를 명확하고 비판적으로 판단하는 능력도 익힌다.[4]

우리 주변을 조금만 관심 있게 돌아보면 이미 미래에 대한 희망보다는 변화의 압력을 못 이겨 힘들어하는 일자리를 쉽게 발견할 수 있는데 그런 일자리 중 상당수는 지금까지 모든 사람들에게 선망의 대상이 되었던 일자리라는 점이다. 그래서 그들은 애써 일자리가 사라져가는 것을 인정하지 않는다. 그것은 생존의 문제이기도 하기 때문에 더욱 그렇다. 하지만 같은 업종이라도 시대의 변화에 잘 적응하여 혁신적으로 새롭게 태어나는 경우도 심심치 않게 찾을 수 있다. 사양 산업이라던 신발공장들이 첨단으로 재무장하여 다시 살아난다거나 대규모를 지향하던 기업들도 허세를 과감하게 벗어던지고 스몰 자이언츠가 되어 세계적인 강소기업으로 거듭 태어나는 경우가 바로 그것이다.

6

세라형 인재가
미래의 주인이다

스마트시대는 진정성이 무엇보다 강조되는 사회
다. 자신만의 스토리가 중요한 사회다. 그렇다면
우선 학교, 기업, 공공기관부터 이런 인재를 발굴
하고 육성할 수 있도록 새로운 커뮤니티, 새로운
생태계를 조성하는 노력을 시작하여야 한다. 새로
운 인재가 활약할 수 있도록 새로운 생태계 인프라
가 조성되지 않으면 결코 선진 대한민국을 이끌 인
재가 자라날 수 없다. 따라서 작은 단위의 커뮤니
티부터 기업이나 공공기관들까지 이런 새로운 마
음가짐으로 새로운 시대를 준비하는 국민운동이
벌어져야 한다.

• • •

무모한 기대로 시작하지 않으면
무모한 기대를 뛰어넘는 성공을 거둘 수 없다.

— 랠프 채럴 Ralph Charell

세라형 인재를 키우기 위한 정책
: 정치 아젠다

지금까지 스마트시대를 사는 승자의 조건에 대해 중요한 키워드를 제시했다. 이 책의 내용은 나의 삶을 통해 얻은 경험이고 깨달음이다. 결코 경제적이거나 소유적 삶에서 얻을 수 없었던 행복을 찾아가는 나의 고백이다. 사회가 주목하지 않았지만 이미 현명하게도 이런 삶을 살고 계신 분들이 많으리라 생각한다. 하지만 또 다른 대다수는 자신의 의지만으로는 도저히 거역할 수 없는 거대한 사회적 압력에 여전히 숨 막혀 하며 하루하루를 살고 있을 것이다. 그들에게는 의미 있는 삶을 시작조차 할 수 없을 만큼 현실의 벽이 높다. 그것은 너무도 강력해서 개인이 감당하기엔 역부족이다. 그렇다고 이렇게 고착화되어가는 사회를 그냥 바라보고만 있을 수는 없다. 한 인간의 내면이나 그의 자존감은 눈길조차 주지 않고 아파트 평수와 차 배

기량, 명문대 졸업장과 각종 자격증만으로 평가받는 세상은 결코 정상일 수 없다. 어떤 식으로든 이런 왜곡은 바로잡아야 한다.

아마도 과거와 같은 형태의 인재보다 앞서 밝힌 바와 같이 세라형 인재에 대한 사회적 요구는 점점 더 커질 것이다. 물론 공부를 잘하는 인재는 여전히 우리 사회에서 중요한 역할을 할 것임은 믿어 의심치 않는다. 왜냐하면 공부를 잘한다는 것은 살아가면서 해야 할 여러 가지 일 중에 아주 중요한 하나를 잘했다는 것이고 그것은 자신의 '엘리먼트'를 갖게 되었다는 의미일 수 있기 때문이다. 물론 공부 잘하는 사람이 모두 다 엘리먼트를 경험했을 것이라는 말은 결코 아니다. 부모나 사회의 압력에 못 이겨 억지로 공부를 잘해 원치 않는 직업을 선택하고 평생 만족하지 못하며 살면서도 그런 사실을 고백하지 못하는 사람도 분명 있지 않을까.

그렇다면 세라형 인재는 본인만 열심히 하면 될 수 있는 것일까? 예를 들어 우리 공기업이나 대기업에서 여전히 스펙을 중요하게 고려한다면, 또한 학교나 성적이 그 어떤 기준보다도 우선하여 각종 혜택이나 지원에 활용된다면 세라형 인재들이 설 자리는 지금처럼 지극히 제한적일 수밖에 없을 것이다.

스마트시대에 맞는
새로운 인재

/

새로운 시대가 원하는 인재를 육성하고, 그들이 미래의 대한민국을 이끌어갈 수 있도록 이제 우리 세대가 역사적 책무를 다해야 한다. 우리 역시 찌들게 가난했던 역사를 떠맡았던 선배 세대들의 눈물겨운 노력 끝에 문맹률은 제로에 가까운 국가가 되었고, 학구열에 불타는 산업전사들을 키워 세계 10위권의 경제대국을 만들지 않았던가. 그렇다면 이제 우리 세대에게 주어진 사명은 스마트시대를 리드해나갈 세라형 인재를 육성하고 그들로 하여금 행복한 국민이 만드는 스마트 대한민국을 건설하게 해야 한다는 것이다. 그리고 이 새로운 대한민국이 현재 지구촌이 당면하고 있는 산적한 문제들을 주도적으로 해결하는 리더국가로서의 비전을 갖고 그것을 앞장서서 추진한다면 얼마나 좋을까. 이제 더 이상 경제발전이라는 비전만으로는 우리 사회를 이끄는 추동력이 될 수 없다고 생각한다.

그러려면, 스마트시대에 맞는 법과 제도 그리고 교육시스템, 채용시스템 등 사회전반의 개혁적 조치가 필요하다. 나아가 국민 한 사람 한 사람, 각자의 행복에 대한 기준도 새롭게 정립하여야 한다. 과거처럼 물질적인 풍요만이 행복의 척도가 되는 세상이 아니라, 내면으로부터 솟구치는 행복을 우리 국민 모두가 추구할 때 우리는 새로운 시대, 진정한 선진국으로 도약할 수 있다고 확신한다. 필자는 이처럼 새로운 시대로 진입하기 위해서는 현재 우리 사회가 끙끙 앓고 있는 얽히고설킨 문제들을 풀어야 하며, 이를 위해서는 몇 가지 단계를 거쳐 체계적으로 개혁해야 한다고 생각해왔다.

첫째는 국가가 제시하는 인재에 대한 새로운 정의가 필요하다.

우리 사회에 통념이 되어 있는 좋은 대학을 우수한 성적으로 졸업한 학생만이 우수한 인재가 아니라는 선언이 필요하다. 비보이도, 학교를 다니지 않은 훌륭한 요리사도 국가가 인정하는 인재가 될 수 있어야 한다. 이를 위해 법과 제도의 손질을 통해 학교를 다니지 않거나 성적과는 무관하게 다양한 재능을 가진 인재들도 국가 장학금이나 지원금 등을 체계적으로 받을 수 있도록 해야 하고 또한 그 비중을 늘려야 한다. 학교성적이 안 좋다는 것은 한 사람이 가진 수많은 재능 중에 몇 가지를 못하는 것일 뿐이라는 점에 대해 사회적 공감대가 필요하며 그에 따른 세심한 정책으로 다양한 분야에서 세라형 인재를 육성해야 한다.

둘째는 구인기업들의 채용시스템을 획기적으로 바꿔야 한다.

세라형 인재를 받아들일 수 있는 새로운 채용시스템을 도입하여 스펙이 지금처럼 중요한 비중을 차지하는 것을 획기적으로 줄여야 한다. 특히 우리 사회 대부분의 채용시스템은 일단 스펙으로 1차변별을 하기 때문에 각자의 재능보다 스펙을 우선할 수밖에 없다. 그로 인해 우리 사회는 매우 불필요한 사회적 비용을 천문학적으로 지불하고 있다. 사실 1차 선발에 스펙을 볼 수밖에 없는 이유는 많은 지원자 중에 일부를 선택하는 데 있어서 별다른 방법을 찾지 못했기 때문이다. 하지만 스펙만으로는 인성이나 리더십, 성실성 등을 파악하기란 사실상 쉽지 않다. 그래서 2, 3차 과정에서 심층면접을 통해 선발하고 있는 것이다. 사실 1차 선발에서 인성이나 성실성, 리더십, 기업가정신 등을 파악할 수 있다면 그리고 대규모 지원자 중 저비용을 들여 효과적으로 변별할 수 있다면 그런 방법을 마다할 기업은 없다고 본다. 이렇게 되면 사교육비 문제나 스펙을 쌓기 위해 들이는 비용을 현저하게 줄일 수 있음은 분명하다.

셋째는 교육시스템의 점진적 변화이다.

산업화시대를 거쳐 수십 년째 지속되어온 교육시스템이 하루아침에 바뀌지는 않을 것이다. 어쩌면 하루아침에 교육시스템을 개혁하는 것은 상당한 사회적 혼란이 발생할 가능성이 높은 것도 사실이다. 하지만 기업이 원하는 인재상이 바뀌고, 그런 인재를 평가하는 방법이 바뀐다면, 자연스럽게 교육당국도 커리큘럼을 바꾸고 새로운 인재를 육성하는 데 앞장서리라 믿는다. 무엇보다 교육당국이 추진해야 할 일은 사회인으로 또한 대한민국 국민으로 반드시 필요한 교육과정을 제외한 나머지 부분에 대해서는 각 학교들이 자율적인 교육이 이뤄지도록 해야 한다고 생각한다. 모든 학생에게 일률적으로 가르쳐야 할 과목은 영어나 수학이 아니다. 대한민국에 태어나 애국, 애족, 애민을 하는 데 꼭 필요한 소양을 기르는 과목이면 족할 것이다. 예를 들어 국사나 사회, 생활법률, 재무관리를 비롯해 엘리먼트를 찾아주기 위한 스포츠나 다양한 취미활동 등을 더욱 강화 할 필요가 있다고 본다. 영어, 수학은 꼭 필요한 학생에 한해서 선택적으로 가르치면 된다.

넷째로 정부가 더 이상 국가발전에 치중하기보다는 국민 행복에 중점을 두는 정책을 펼쳐야 한다.

국민 행복에 중점을 두려면 모든 것이 세세하게 달라져야 한다. 그러기 위해서는 국민 개개인의 행복에 대한 기준이 사회적 분위기에 의해 획일적으로 결정되는 일은 없어야 한다. 그보다는 각자의 엘리먼트를 강화할 수 있는 기회를 제공하기 위한 다양한 방법을 강구해야 한다. 일률적으로 영어 수학을 가르치는 일도, 한 가지 시험으로 전국의 같은 나이의 학생을 평가하는 일도 사라져야 할 일이다. 그것이 일부에게 행복을 제공할 수 있을지 몰라도 많은 학생에게 불행을 줄 확률이 높기 때문이다. 모두는 아니더라도 가능한 다수가 행복할 수 있는 정책이 되어야 한다면 반드시 다양성을 제공하는 교육시스템이 되어야 한다. 비록 판잣집이라도 자신의 집을 가지고 있는 사람에게 개발을 명분으로 보상금 쥐어주고 내쫓는 일은 우리 사회에 더 이상 일어나서는 안 된다. 차라리 임대주택을 짓는 것보다 판잣집에서 살 수 있도록 주거비용을 지원해주는 것이 그분들께 더 큰 행복이 될 수 있기 때문이다. 이처럼 국민 한 사람 한 사람의 행복에 초점을 맞춘 정책이 세밀하게 수립되어 추진된다면 그것이 바로 선진국형 정부가 되는 길이 아닐까 생각한다.

마지막으로 스마트시대에 맞는 국민의식 전환이 필요하다. 이를 위해서는 범국민적인 사회교육을 전개할 필요가 있다. 스마트시대는 진정성이 무엇보다 강조되는 사회다. 자신만의 스토리가 중요한 사회다. 그렇다면 우선 학교, 기업, 공공기관부터 이런 인재를 발굴하고 육성할 수 있도록 새로운 커뮤니티, 새로운 생태계를 조성하는 노력을 시작하여야 한다. 새로운 인재가 활약할 수 있도록 새로운 생태계 인프라가 조성되지 않으면 결코 선진 대한민국을 이끌 인재가 자라날 수 없다. 따라서 작은 단위의 커뮤니티부터 기업이나 공공기관들까지 이런 새로운 마음가짐으로 새로운 시대를 준비하는 국민운동이 벌어져야 한다. 과거 산업화 시대를 이끈 '새마을운동'이 농경사회를 산업사회로 업그레이드시켰듯이, 산업사회를 스마트사회로 발전시키기 위한 '새마음운동' 또는 '스마트운동' 같은 운동도 필요할 것이다.

세대 간의 갈등도 수직적인 관계를 뛰어넘어 서로가 서로에게 멘토가 되어준다는 생각으로 접근할 필요가 있다. 어르신들은 젊은이들을 가르쳐야 할 대상이 아니라 오히려 자신들을 미래로 인도하는 멘토로 인정하고 소통한다면 훨씬 더 가까워질 수 있을 것이다. 또한 젊은이들도 오랜 삶을 통해 지혜를 가진 어르신들을 멘토로 모시고 삶의 지혜를 얻어야 한다. 아마도 이런 노력들이 현실이 된다면 우리는 머지않아 그토록 우리의 발목을 잡고 힘들게 했던 사교육 문제, 일자리 문제, 자살이나 학교 폭력 문제 등 산적해 있는 문제들이 해결될 수 있을 것이라고 믿는다.

인재에 대한 통념을
바꾸자

성적이 우수한 사람은 머리에 지식을 담는 일에 뛰어난 사람일 가능성이 높다. 물론 무언가를 하는 데 있어서 어느 정도의 지식이 필요한 것은 사실이다. 하지만 지식이 많다고 해서 어떤 일을 반드시 잘할 수 있는 것은 아니다. 영어점수가 낮아도 회화는 잘할 수 있다. 하지만 영어점수가 높다고 반드시 회화를 잘하는 것은 아니다. 단지 상대적으로 잘할 가능성이 높을 뿐이다. 특히, 만약 영어시험에 대비해 모범답안 맞추기에만 집중해 노력했다면 더더욱 그럴 것이다. 축구를 배우는 데 관련 서적을 다 뒤져 시험을 보고 합격했다고 축구를 잘할 수 있는 것은 아니다. 하지만 현실에서는 수많은 역량을 시험만으로 측정하곤 한다. 그리고 시험에 대한 환상이 너무 지나쳐 마치 그것이 한 인간의 모든 것을 대변하는 듯이 착각하고 있다. 그러다 보니 사회 각 분야에서 훌륭한 인재가 될 수 있는 사람들마저도 스펙이 안 좋다는 이유로 따가운 시선을 감내해야 하는 어처구니없는 사회가 되고 말았다. 비보이가 국가 장학금을 받을 수 있는 가능성은 거의 제로다. 왜냐하면 세계적으로 우리 문화의 우수성을 알리는 훌륭한 젊은이들이라고 해도 성적이 시원치 않다면 장학금은커녕 지원금도 받을 길이 없다. 요리를 아주 잘하는 훌륭한 요리사도 만약에 가방끈이 짧거나 성적이 안 좋다면 어떤 대접을 받겠는가. 실력을 확실하게 인정받기 전에는 정말 어려운 삶을 살아갈 수밖에 없다. 이런 스펙 위주의 사회풍토는 사회 각 분야에 필요한 인재를 적재적소에 배분하지 못하는 이중고를 겪고 있다. 스펙 쌓기는 개인은 물론, 가정에도 심지어는 스펙 쌓기에 종착역인 조직에도 그다지 효과적이지 않은 방법임을 인정해야 한다. 가계의 부담은 말할 것도 없고 사회적 부담 역시 천문학적이다.

　이른바 좋은 학교를 나왔다는 것은 단지 그 시기에 공부를 잘했다는 의미 그 이상 이하도 아니다. 더군다나 그 학교 졸업생들이 반드시 끈끈한 우정을 쌓아 서로 긴밀하게 협조하고 필요한 인적네트워크를 구성하는 것 또한 아니다. 오히려 사회성이 충만한 재능을 가진 사람들이 그런 일은 더 잘한다. 이런 재능을 가진 자들이야말로 어떤 환경에서도 조직의 중심에서 활약한다. 흔히 얘기하는 좋은 학교에 다녔다는 이유만으로 자신의 인생이 달라지는 게 아니라는 뜻이다. 따라서 우리 사회는 개인에 대한 각자 다른 역량을 관심 있게 들여다보고 그 역량을 육성할 필요가 있다. 그것이 바로 세라다. 이 세라형 인간 즉, 스마트시대의 인재는 자발적으로 어떤 분야에 끊임없이 도전하는 과정을 통해 행복을 추구하는 '엘리먼트'를 가지고 있는 자들이며, 이제는 이들을 어떻게 변별하여 찾아낼 수 있을 지를 연구하고 고민해야 한다. 그리고 그런 인재에 대한 지원과 육성시책을 만들어야 한다.

이와 같은 문제를 연구하고 법과 제도로 해결해 보고자 19대 국회에 '미래인재육성포럼(미인포럼)'이라는 연구단체를 결성하였다. 필자가 대표를 맡고 새누리당 강은희 의원이 책임연구위원을, 그리고 남경필(새누리당), 김영환(민주통합당), 노웅래(민주통합당), 김회선(새누리당), 민현주(새누리당), 이재영(새누리당), 이현재(새누리당), 함진규(새누리당) 의원이 정회원으로 참여하고 있다. 우리는 많은 전문가들의 협조를 받아 우리 사회에 새로운 인재상을 제시하고 그에 따른 각종 지원책을 연구해 필요하면 법과 제도로 이를 실천해가고자 한다. 앞으로 국회 미인포럼은 기능과 성적도 중요하지만 열정과 엘리먼트, 리더십과 성실성 등 지금까지 시험으로 평가하기 어려웠던 개개인의 특징을 좀 더 세심하게 들여다보고, 이를 장려하고 육성하려는 노력을 할 것이다.

비록 작은 시작에 불과하지만 우리의 희망은 사회 각계각층에서 인재에 대한 통념을 바꾸고 자라나는 초, 중, 고교 학생들에게 희망을 제시해, 일찍부터 자기가 하고 싶은 일에 도전하여 엘리먼트를 경험할 수 있도록, 그래서 그 어떤 것보다도 자신이 하고 있는 일을 사랑하고 소중히 여기며 그것을 통해 삶의 행복을 찾는 인재들이 많아지도록 하고 싶다. 그런 인재들은 상대를 헐뜯고 비난하기보다는 상대를 인정하고 존중하며 융합하고 협력하는 일에 익숙하기에 우리 사회가 창조적인 스마트사회로 진입할 수 있는 초석이 되리라 확신한다.

　얼마 전 어떤 TV 프로그램에 8세에 미용사 자격증을 딴 초등학교 4학년 학생이 출연하여 자신의 미용기술을 뽐낸 적이 있다. 알고 보니 언니는 9세에 미용사 자격증을 받았고 부모님 모두 미용사였다. 그러니까 가족 모두가 미용사인 셈이다. 자, 우리 사회는 이런 친구를 어떻게 바라볼 것인가? '공부는 안하고 어릴 때부터 저게 뭐야?', '아니 부모가 정신나갔지, 애를 좋은 대학에 보낼 생각은 안하고 …' 등이 상상되는 반응이다. 한편으로는 '야, 대단하네 어린 나이에' 하는 반응도 있을 것인데, 필자는 당연히 후자의 감동을 공유했다. 그 친구는 이미 미용사고 아마 40세가 되면 이미 30년 넘는 경력자가 될 것이다. 이쯤되면 웬만한 사람이 범접할 수 없는 최고의 기술을 구사하고 있을지 모른다. 물론 그 과정에서 '엘리먼트'를 경험했다면 다른 일을 하는 데 있어서도 최선을 다할 확률이 높다. 왜냐하면 성취의 잣대 즉, 행복의 잣대가 내면에 있기 때문이다. 사실 우리 사회에는 각 분야에 이런 인재가 필요하다. 그렇다면 국가는 이런 인재를 위해 어떤 격려와 지원을 해주고 있을까? 만약 이 친구가 좀 더 높은 미용기술을 익히기 위해 경제적 도움을 받고자 한다면 국가가 지원해줄 수 있는 방법이 있을까? 현재로선 특별한 방법이 없다. 왜 영어공부는 국가가 지원을 해주고, 미용기술 연마는 국가가 소홀히 하는 것일까? 그 이유는 간단하다. 우리 사회가 가진 인재에 대한 막연한 정의 때문이다. 국가가 인재에 대한 정의를 바꾸고 그에 따른 정책을 만든다면 아마도 대학입시, 사교육 등 수 많은 문제를 해결할 수 있을 것이다. 이런 인재를 육성하는 교육시스템을 만들어야 한다. 학교에 학원도 자발적으로 배우겠다는 학생들로 넘쳐난다면 가르치는 선생님이나 배우는 학생 모두의 적극적인 참여가 가능해지고 이로 인해 즐겁고 열정적인 분위기가 살아나게 될 것이다. 부모님들은 굳이 불필요하게 자식들의 토익점수 올리겠다고 학원비를 지출하는 일이 없어질 것이다. 학생들은 하루하루 자신이 배우고자 하는 공부를 하며 즐거워할 것이고 함께 배우는 친구들과 우정을 나누고 땀 흘리며 행복해할 것이다. 이를 통해 학교폭력, 자살 문제도 자연스럽게 줄어들 것으로 기대한다. 내가 꿈꾸는 대한민국은 모든 이가 자신의 엘리먼트를 발견할 수 있도록 도와주는 교육시스템을 갖추고 세라형 인재를 육성하는 나라다. 그래서 우리가 상상하지도 못하는 새로운 직업과 일자리가 창조되고 그 일을 통해 진심으로 행복해하는 국민을 만날 수 있는 사회다.

스마트 채용 시스템을
도입하자

지금까지 논의된 세라형 인재, 다시 말해 자신의 꿈을 실현하며 삶을 얼마나 의미 있게 살고 있는지, 또한 주변사람들과는 좋은 관계를 유지하며 그 관계 속에서 능력을 발휘하고 있는지, 또한 회복탄력성이 얼마나 강한지 등을 파악하는 데 몇 시간의 시험만으로는 거의 불가능하다. 학창시절에 그토록 힘들게 얻어낸 성적이라는 것은 머릿속에 주어진 지식을 얼마나 많이, 그리고 정확하게 담고 있는가를 평가하는 방법에 불과하다. 여러 가지 질문을 통해 그런 지식을 정확하게 이해하고 있는지를 파악하는 방법으로도 쓰이고 있지만 이것은 아주 단편적인 방법이다. 시험 당시의 몸 상태에 따라 성적의 편차가 생길 수도 있으며, 정답만을 외워 시험이 갖는 본질적 의미의 평가보다는 단순히 시험을 위한 시험이 될 우려도 있다. 이미 수많은 시험들은 출제자의 의도와는 다르게 시험을 위한 시험이 되어버렸다. 그럼에도 우리 사회는 여전히 이 시험 성적이 마치 한 사람의 능력을 정확하게 파악하고 있다는 거대한 편견에 사로 잡혀 있다. 여전히 우리 주변에서는 높은 IQ를 자랑하는 사람을 심심치 않게 볼 수 있다. 하지만 IQ검사는 인간의 다양한 지능을 반영하지 못하는 것은 물론이고, IQ가 높은 사람 중에 약 20%만이 사회적 성공을 거두고, 학습능력과의 관계도 40% 정도에 불과할 뿐이다.

사실 기업이나 조직에서 필요한 인재는 성적이 좋은 사람이 아니다. 인간성이나 사회성, 문제해결 능력 등이 우수한 사람을 뽑고 싶어 한다. 또한 많은 기업 역시도 잘 준비된 스펙을 더 이상 신뢰하기 어렵다고 판단하고, 더욱 정밀한 판단 기준을 도입하기도 한다. 그럼에도 아직까지는 대부분의 기업들이 1차 선발과정에서 스펙을 활용할 수밖에 없는 것이 큰 문제이다.

한 대기업이 100명을 뽑는데 1만 명이 지원을 했다고 가정해보자. 우선 심층면접 등을 통해서 선발을 하려면 1만 명을 다 볼 수 없기 때문에 1차 선발 대상자를 300명 정도 선발한다. 그러면 9,700명은 서류심사에서 떨어지게 된다. 문제는 바로 이 과정에서 청년들이 그토록 시간과 돈을 투자해서 만든 스펙이 사용된다는 점이다. 어느 학교 출신인지가 중요한 기준이 될 것이고, 성적 또한 중요한 변수가 될 것이다. 그렇다고 인사담당자가 만 명이나 되는 지원자의 자기소개서를 자세하게 읽을 것이라고는 상상하기도 힘들다. 그들은 일단 스펙을 토대로 기계적인 방법으로 300명을 추려낼 것이다. 그런 다음에야 좀 더 시간을 가지고 자기소개서든 면접이든 심층적으로 하여 100명을 선발할 것이다. 서류에서 떨어진 9,700명은 인간성, 사회성, 회복탄력성 등을 검증받을 기회조차도 갖지 못하게 된다.

단지 1차 선발에 필요한 스펙을 쌓기 위해 많은 시간과 돈을 투자한 청년들 그리고 부모님들의 노력을 생각해보면 정말 어처구니가 없는 일이다. 학교는 학교대로 취업률을 높이겠다고 별의 별 방법을 다 동원해 취업교육을 시키고 있다. 또한 기업은 기업대로 상투적인 방법으로 좋은 스펙의 인재를 채용해서 그다지 만족하지 못하고 재교육에 또 다른 투자를 하고 있다. 이처럼 이중 삼중의 사회적 비용을 지불하고 있지만 누구 하나 만족하는 사람이 없는 아주 형편없는 시스템이다.

다행스럽게도 이런 고비용의 불합리한 시스템을 해결할 방법이 보이고 있다. 1차 선발에서 굳이 스펙에 의존하지 않고 대상자의 꿈과 희망 그리고 인성 등을 파악할 수만 있다면 9,700명에게 토익점수나 수많은 스펙을 요구하지 않아도 된다. 학교 교육이 스펙의 공장 역할에서 세라형 인재 개발로 자연스럽게 전환한다면 우리가 원하는 결과를 얻어낼 수 있을 것이다. 다행스럽게도 세상은 스마트시대로 빠르게 진입하면서 이러한 문제에 대한 해결의 실마리가 보이고 있다.

스펙을 대신할 인성과
리더십 검증 시스템

/

사람을 평가하기 위해 오랫동안 면밀하게 관찰하는 것 이상으로 좋은 방법은 없다. 사람은 겪어봐야 안다고 하는 옛말이 괜히 있지는 않은 것 같다. 스마트시대는 우리의 일상을 소셜 네트워크를 통해 다른 사람들과 공유하는 데 익숙한 사회다. 이미 트위터나 페이스북 등을 통해 시시각각으로 자신의 생각을 여러 사람과 공유하고 그 과정에서 상호 의견을 교환하기도 하며 자신의 주장을 펼치기도 한다. 중요한 것은 이런 행위들은 인터넷상에 데이터로 축적되고 이러한 오랜 시간의 흔적을 분석하게 되면 그 사람의 관심분야나 열정 그리고 리더십 같은 것을 파악할 수 있게 된다. 빅 데이터를 통해 방대한 자료를 분석함으로써 우리가 지금까지 얻을 수 없었던 다양한 결과를 도출해낼 수 있음을 의미하는 것이다. 페이스북이나 트위터에 친구가 많은 사람이 그 친구들과의 관계 그리고 올리는 글의 내용 또한 친구들의 반응 등을 면밀하게 분석하게 되면 대상자가 어떤 분야에 관심을 가지고 있는지, 그 정도는 어떠한지, 친구들과의 관계는 끈끈한지, 리더십은 있는 지 등을 파악할 수 있다는 의미다.

최근에 몇몇 기업이 모여 49일 동안 주어진 미션을 수행하는 것만으로 채용을 해보겠다며 스마트 채용 공모전을 개최했다. 신청자들은 이름과 나이만을 등록하고 일체의 자신에 관한 정보는 입력하지 않은 채 온라인으로 제공되는 미션을 매일 실행하고 그 결과를 다시 온라인으로 보고 하는 형식으로 49일 동안 자신의 꿈과 희망 그리고 열정을 표현하도록 했다. 그 과정을 관찰해서 인재를 찾아보겠다는 시도였다. 좀 더 자세하게 설명하면 참가자들에게 자신의 꿈이 무엇인지, 그리고 그 꿈을 실천하기 위해서 하고 있는 책읽기나 수업 그리고 일상적인 활동 등에 관한 질문에 답을 하도록 한다. 또한 함께 참여한 참가자와 채팅 등을 통해 그룹을 만들고 실제로 만나서 공동의 미션을 수행하고 그 결과나 팀원들에 대한 상호 평가를 요구하기도 한다. 이런 과정을 분석하여 성실하게 임하는지, 창의적인지, 상호평가는 어떠한지 등을 파악할 수 있다. 이런 방법으로 1차 선발을 하게 되면 스펙이 무의미해진다. 다시 말해 우리가 그토록 시간과 돈을 투자하는 스펙 쌓기를 더 이상 하지 않아도 된다는 의미가 되기도 한다. 그것은 교육개혁의 한 단초가 될 수 있다고 믿는다.

기업은 성실한 직원도, 창조적인 직원도 각각 필요하다. 모든 직원이 토익점수가 만점일 필요는 없다. 이제 시험 성적표만으로 평가하는 천편일률적이고, 비인간적인 스펙 위주의 채용방식은 사라질 때가 됐다. 스마트 평가 시스템은 우리 모두가 서로 다르다는 사실을 인정하고, 그 다름을 발견해 각자의 색깔에 맞는 일자리를 찾아주자는 데 그 의미가 있다. 어느 누구도 모자라거나 '루저'가 될 이유는 없으며, 단지 그 사람에게 맞는 일자리가 주어지지 않았을 뿐임을 일깨워주는 데 의의가 있다. 물론 온라인을 통해서 파악하는 것이라 다소 오차가 있을 수 있겠지만 그래도 수많은 대상자 중에서 소수를 선발하는 방법으로는 스펙으로 평가하는 것보다는 훨씬 유용하리라 기대한다. 이와 같은 스마트 채용공모 시스템이 발전하게 되면 대학이나 고등학교의 수업으로 접목될 가능성이 높다. 왜냐하면 이미 젊은이들은 소셜 네트워크에 익숙해져 있고 이러한 소셜 네트워크는 사람들의 성향이나 관심사 그리고 열정이나 리더십 등을 어느 정도 파악하는 데 상당한 도움을 줄 수 있을 것으로 예상되기 때문이다.

하루하루 삶의 흔적들을 모아서 그 사람을 평가하게 되면 결국 그 사람이 가장 좋아하는 일, 또 관심 있는 일을 파악할 수 있다. 이것이 학생들의 성적표가 된다면 지금과 같은 시험은 아마 사라지게 될지 모른다. 어릴 때부터 자신의 엘리먼트를 발견하게 해주는 교육 그리고 평가 방법은 앞으로도 계속 주목받는 테마가 될 것이고 이런 시스템의 발전은 우리로 하여금 가장 행복한 일자리를 찾을 수 있게 만들어줄 것으로 믿는다.

연세대학교 융합비즈니스센터장인 장석호 교수는 어린 아이들이 내면에 가지고 있는 잠재역량을 영상촬영을 통해 장기적으로 관찰하여 파악하는 연구를 하고 있다. 최근 기술에 따르면 스마트폰에 달려 있는 카메라 정도만 가지면 사람을 촬영하여 맥박이나 혈압, 머리진동 등을 측정해 대상자의 잠재 역량이나 감정/수행요소를 측정할 수 있다고 한다. 예를 들어 어린 아이들에게 음악을 들려주었을 때 반응 정도가 큰 아이들이 있을 수 있다. 하지만 똑같은 아이가 그림에는 전혀 반응하지 않을 수 있다. 이처럼 장기간에 걸쳐 잠재 역량 진단을 하기 위해 기획된 특별한 자극 (놀이, 체험, 학습 등) 에 반응하는 데이터를 축적하여 이것을 분석하게 되면 아이들의 재능과 관심사 등을 파악할 수 있게 되는 것이다. 장석호 교수는 내년에 몇 개의 시범 유치원에 이런 시설을 갖추고 아이들의 재능과 관심사를 파악하는 연구를 실증적으로 할 계획이다. 부모님이나 선생님의 관찰내용과 이러한 시스템에 의한 데이터를 토대로 상급학교에 가서 진로지도를 받고 자신이 가장 좋아하고 재능 있는 분야로 계속 커나갈 수 있도록 도와주고 더 나아가 기업체들도 이렇게 해당 분야에서 재능과 열정을 가진 대상자를 채용할 수 있게 된다면 그야말로 스마트시대의 교육이자 채용방법이라고 말할 수 있을 것이다.

스포츠 선수들이나 예술을 하는 친구들은 어릴 때부터 반복적으로 훈련을 하며 자신이 원하는 길을 간다. 그래서 그들은 10대 또는 20대 초반에 세계적인 스타가 되기도 한다. 하지만 대부분의 젊은이들은 스펙을 쌓기 위해 20대를 보내고 어렵게 취업 관문을 통과한 이후에야 역량 쌓기에 돌입한다. 기업이나 학교에서 세계적인 스타가 나오지 않는 이유다. 그러므로 우리 젊은이들 모두가 10대부터 자신의 꿈을 향해 바로 돌입할 수 있는 제도를 만드는 것이 중요하다.

산업시대 교육의
종말을 고한다

"지금의 교육시스템이 과연 스마트시대의 인재를 육성하는 데 효율적이고 바람직한가?"라는 질문에 "그렇다."라고 대답하는 사람이 얼마나 될까? 지금처럼 영어와 수학을 강조하는 수업이 전국적으로 그리고 천편일률적으로 시행되어 모든 학생이 소중한 시간을 투자해서 얻는 것이 진정 무엇인가. 특정한 몇 개 과목만을 강조하여 우리는 엄청난 비용을 지불하고 있지만 그 효과에 대해서는 그다지 아는 바가 없다. 수십 년 전부터 그렇게 많은 시간과 돈을 영어에 투자했지만 일부 영어를 활용하는 사람들을 제외하고는 대부분이 영어를 사용하지 않는다. 그럼에도 그토록 영어에 많은 시간과 돈을 투자해야 하는지 그 이유를 모르겠다. 이렇듯 영어, 수학을 제외한 나머지 과목들에 대한 차별은 우리 사회가 아주 편협한 잣대로 젊은이들을 한 줄로 세워 많은 학생을 루저로 만드는 역효과를 만들어내고 있음을 반증하는 것이다.

또 한 가지 중요한 것은 인간을 평가하는 방식이 너무도 단편적이고 제한적이어서 한 사람을 제대로 평가하지 못함에도 그것을 너무나 맹종하고 있다는 것이다. 3년간의 학창생활을 단 몇 시간의 시험을 통해 평가한다는 것이 난센스라고 생각하지 않는가. 이제 우리가 학생들에게서 파악하고 키워주어야 할 것은 영어, 수학이 아니라 '엘리먼트'를 찾아주는 일이다. 세라형 인재가 되기 위한 깨달음을 가질 수 있도록 도와주는 길이다. 그것을 추구하는 과정에서 음악가가 되든 미술가가 되든 공학도가 되든 변호사가 되든 그것은 각자 알아서 할 일이다. 영어를 잘하든 일어를 잘하든 국가가 나서서 관리할 이유가 대체 무엇인가. 따라서 국가 교육시스템은 다음과 같이 개혁되어야 한다고 생각한다.

첫째, 의무교육은 각자의 '엘리먼트'를 찾아주고 이 사회의 일원으로서 반드시 갖춰야 할 기본 소양을 갖추도록 하는 것으로 만족해야 한다. 교사는 지식을 전달하고 가르치는 역할에서 벗어나야 한다. 학생과 멘토를 연결해주고 학생들의 '엘리먼트'를 찾아주는 데 필요한 조언자요, 가이드 역할을 수행하는 것이 더 중요하다고 생각한다. 수많은 멘토들과 학생들을 연결해주고 멘토로부터 살아 있는 경험을 공유할 수 있는 기회를 제공해주는 역할, 이것이 바로 교사의 바람직한 역할이 아닐까.

학교는 그런 일을 해주는 곳이 되어야 한다. 다양한 경험을 가진 수

많은 멘토 풀을 데이터베이스화하여 개별 학생들에게 필요한 멘토를 연결시켜주고 수업의 기회를 마련해주는 일이 무엇보다 중요한 역할이고, 이 역할을 교사들이 해야 한다고 생각한다. 지금처럼 일률적으로 배워야 할 것을 정해 가르치는 교과 과정은 스마트시대에 결코 도움이 되는 시스템이 아니다. 평가는 학생들의 일상을 가능한 한 자세하게 기록하고 축적하여 빅데이터 분석을 통해 개인별 엘리먼트를 파악할 수 있을 것이며, 열정이나 리더십 등을 파악할 수 있을 것이다. 사람은 모두가 다르고 따라서 매우 주관적으로 판단되어져야 한다. 마치 공장에서 생산되는 공산품처럼 기준에 부합하는 지를 평가하는 것은 가급적 삼가야 한다.

그럼에도 의무교육 기간에 모두에게 반드시 가르쳐야 할 것들은 많다. 이 나라의 국민으로서, 또한 이 사회의 일원으로서 갖춰야 할 국가관, 역사, 기본상식, 법률상식, 문화 예술에 대한 이해, 인간관계, 재무관리, 생활법률 같은 것들일 것이다. 사실 살아가는 데 있어서 재무관리를 어릴 때부터 배우고 생활화하였다면 지금처럼 많은 사람들이 빚에 시달리지 않았을 것이다. 법률상식이 좀 더 많았다면 우발적 범죄나 무지에 의한 범죄를 방지 할 수 있었을 것이다. 인간관계를 보다 원활하게 만들 수 있는 훈련이 되어 있다면 지금보다는 훨씬 품위 있는 사회가 되어 있지 않겠는가.

둘째, 대학 중 상당부분은 기업과 연계되어 맞춤식 교육이 이루어져야 한다. 의무교육기간에 자신의 엘리먼트를 찾고 세라형 인재로서 갖취야할 기본적 소양을 갖췄다면, 진정으로 자신이 하고 싶은 일을 찾아 보다 전문적인 지식과 기술을 배우려는 의지를 가진 학생들이 각자 자신의 전공을 향해 대학을 가도록 해야 한다. 대학은 기업들과 연계하여 직업과 연계된 전문지식을 익히고 바로 실무에 뛰어들 수 있게 해주어야 한다. 따라서 기업과 대학은 아주 긴밀하게 협조하여야 하고 기업이 필요로 하는 인력개발 업무를 대학이 맡아야 한다. 그렇게 되면 기업의 신입사원 교육을 학교과정으로 만들 수 있다. 학교는 취업에 적합한 과정을 학교에 만들고 졸업생들의 취업률을 제고할 수 있다. 1977년부터 학생을 받기 시작한 인하전문대학의 항공운항과는 현재 엄청난 경쟁률을 뚫어야 합격될 수 있고 또 2년 교육을 마치기 도전에 항공사의 승무원으로서 대부분 취업이 이루어진다. 최근에 매우 유명해 진 대구의 영진전문대학도 거의 100%의 취업률을 자랑한다. 나는 우리나라 대학의 2/3는 이런 직업교육이 병행되어 사회가 요구하는 인력을 양성하는 형태로 개혁되어야 한다고 생각한다.

그렇다고 학문과 연구 중심의 대학이 무시되어서는 안 된다. 다만 모든 대학이 그럴 필요는 없다는 말이다. 교육정책을 입안하고 이를 집행하는 정부기관은 이런 사회적 변화에 능동적으로 대처해주길 간절히 바란다. 이제 더 이상 대학의 정원부터 교수 처우까지 일일이 간섭하는 일은 가급적 지양하고 학교별 전문성 강화 및 다양성이 살아날 수 있도록 대학 자율에 맡겨야 한다. 아마도 오랜 기간 막강한 기득권을 행사하던 교육당국이 이를 내려놓기가 만만치 않을 것이다. 하지만 이것은 우리 미래를 위해 더 이상 미룰 수 없는 시급한 과제요, 반드시 해야 하는 혁명적 과제임을 우리 모두 이해하고 나서야 할 때라고 생각한다. 결코 버틴다고 기존의 기득권이 오래 가지 않을 것임을 인식해야 할 것이다. 더욱이 그런 방식으로 미래의 인재를 육성하기 어렵다는 사실 또한 깊이 새겨야 할 것이다.

스마트 산업혁명, 일자리를 준비하자

/

새로운 인재를 육성해야 하는 이유는 세상의 변화에 능동적으로 대처하기 위해서이다. 그들이 해야 할 일은 기성세대가 하는 일과는 분명 다른 일이 될 것이다. 따라서 그들이 꿈꾸는 세상을 만들기 위한 새로운 산업이 함께 창조되어야 한다. 닭이 먼저냐 달걀이 먼저냐의 논쟁거리일 수 있지만 스마트교육과 새로운 일자리 창출을 위한 스마트 산업혁명은 동시에 추진되어야 한다. 다시 말해 스마트 산업혁명을 추진하기 위해서는 스마트한 인재가 필요하게 될 것이고 스마트한 인재가 있어야 스마트한 산업혁명이 이루어질 수 있기 때문이다.

지금의 시대변화는 가히 혁명적이라고 말할 수 있다. 하지만 안타깝게도 교육제도와 마찬가지로 정부조직 또한 산업시대의 성공 DNA를 견고하게 갖추고 있어 이들이 과연 스마트시대에 맞게 변화한다는 것이 가능할까 하는 우려가 있다. 그렇지만 정부가 앞서 변화하느냐 아니면 시대의 변화 끝에 마지못해 끌려가느냐에 따라 우리나라의 향후 100년을 좌우할 것이 분명하다. 다행스럽게도 다른 나라 정부보다는 훨씬 빠르고 능동적으로 변신해온 것이 우리나라 정부다. 일례로 우리나라 전자정부 수준은 세계 1위다. 다른 나라에서 살아본 사람이라면 우리 정부의 효율은 어떤 나라에도 뒤처지지 않는다는 사실을 쉽게 알 수 있을 것이다. 다시 벤처정신으로 뛰어야 할 때가 된 것 같다. 지금까지의 생각과 행동을 180도 바꿔야 할지 모른다. 아니 모든 것을 리셋하고 처음부터 다시 시작한다는 마음가짐이 필요할지도 모르겠다. 새로운 일자리 창출은 이런 근본적인 혁명적 변화를 준비하고 추진하는 가운데 창조될 수 있다.

지금까지 살펴봤듯이 스마트시대는 인터넷과 스마트폰의 기반하에 촉발된 새로운 산업과 새로운 문화가 창조하는 시대다. 그 과정에서 상당한 부침(?)이 진행되었고 새로운 스타가 탄생하였으며 과거에는 상상조차 할 수 없었던 비즈니스 모델이 계속해서 만들어지고 있다. 하지만 이것은 ICT Information & communication Technology 분야에 국한되고 산업 전반으로 확산되어 폭발적인 변화를 추동하는 데는 역부족인 감이 없지 않았다. 세계적인 미래학자인 제러미 리프킨은 이런 점을 지적하면서 에너지와 통신기술이 잘 접목될 때 산업혁명이 촉발된다고 주장한다.

산업시대는 수직적이고 중앙집중식의 조직형태와 에너지공급형태가 잘 맞아 떨어졌었는데 인터넷의 발달과 스마트환경이 조성되면서 커뮤니케이션은 수평적이고 분산적인 형태로 발전했지만 에너지 공급체계는 아직도 중앙집중식이어서 산업혁명을 촉발하지 못하고 있다는 것이다. 따라서 이제 에너지의 분산화가 이루어지면 3차 산업혁명이 이루어지면서 스마트시대로의 완전한 진입이 가능하리라 예상했다. 지금까지의 에너지 공급은 거대한 발전소에서 생산하여 일방적으로 공급하는 형태였다. 따라서 화석연료 문제, 지구온난화 문제 등 많은 문제가 발생하고 있지만 지금과 같은 중앙집중식 공급체계를 가지고는 해결이 불가능해 보인다. 하지만 인터넷처럼 에너지의 생산과 교환을 분산해서 하게 된다면 우리는 아주 작은 발전소를 수도 없이 많이 보게 될 것이고 이 과정에서 거의 무한한 태양광 에너지, 지구 안의 숨어 있는 지열에너지 등 천연에너지를 활용하는 아주 장기적인 비전을 실천할 수 있을 것이다.

이를테면, 스마트그리드 시스템의 정착을 전제로 모든 건물들이 '미니발전소' 형태로 리모델링을 해서 각각의 건물이 자급자족해 쓰고 남은 전력을 사고팔 수 있도록 한다면 우리 사회의 혁명적 변화를 가져올 것이다. 친환경 조립식 주택, 자가발전시설 등이 갖추어진 간이주택 등 도시에 집중된 인구가 에너지 자급과 통신의 발달을 바탕으로 전원田園으로 이주하기 쉽게 된다면, 앞으로 많은 예산이 투자되는 도시 인프라 건설보다는 분산된 공동체를 위한 건설수요가 촉발 될 수 도 있다. 도로를 가득 메운 자동차들도 일종의 작은 화력발전소다. 운행 중에 얻은 전력을 잘 저장해두었다가 스마트그리드를 활용해 판매가 이루어진다면 어떻겠는가.

　미국에서 녹색 에너지에 의존하는 완전 전기 및 수소 연료전지 자동차의 전체 전기 저장 능력은 현존하는 미국 전력 그리드 전체의 네 배에 달한다고 한다. 이러한 자동차들의 25%만 전기의 가격이 적절한 시간대에 에너지를 스마트 그리드 연결하여 되판다고 가정해도 미국 내 모든 전통적인 중앙 집중형 발전소를 대체할 수 있다. 화석연료 대신에 지구촌이 요구하는 친환경에너지 개발도 단순하게 에너지 개발 차원의 접근이 아니라, 스마트 그리드를 통한 에너지의 분산 발전 및 교환이라는 아직까지 인류가 가져보지 않은 새로운 인프라 구축에 선도적으로 나서게 되면, 그것 또한 대규모의 일자리는 물론 상상할 수 없는 부가가치를 가져오게 될 것이다.

　또한 눈에 보이지는 않지만 엄청난 부가가치를 창출할 수 있는 소프트웨어, 문화산업 등도 국가 기간산업 차원에서 적극적인 투자가 이루어져야 한다. 앞에서도 말했듯이 우리나라 전자정부시스템은 세계 최고 수준이다. 이러한 시스템을 수출한다면 엄청난 부가가치를 창출해 냈을지도 모를 일이다. 하지만 안타깝게도 이런 시스템을 설계단계부터 체계적으로 상품화를 하겠다고 개발한 것이 아니어서 수출을 하려면 상당한 보완이 필요할 것으로 보인다. 기간산업으로 인식하고 국가적 생태계를 조성하여 기획 단계부터 수출을 전제로 설계, 모듈화, 품질관리, 인력관리, 핵심기술개발, 영업 등 각각의 분야가 유기적으로 협력할 수 있도록 하고 개발에 임했다면 투자액의 수십 배 이상의 부가가치를 창조했을지 모른다. 영업만 하더라도 정부관련 소프트웨어가 제품만 좋다고 바로 판매가 되는 것이 아니다. 따라서 초기부터 대상 국가와 사전 교감을 통해 그들 나라에서의 절차, 다시 말해 정부 입안, 국회 승인 등의 과정을 거쳐야 하니 빨라도 수 년 간의 작업이 필요할 것이다. 이러한 준비가 없었으니 제품이 아무리 좋다한들 팔릴 리가 있겠는가? 또한 이러한 장기프로젝트를 개별 기업이 영업을 하기에도 역부족이기 때문에 특정 국가 기관에서 우리의 지적재산 등의 해외 수출을 전담할 수 있도록 사전에 준비할 필요가 있는 것이다.

스마트정부의 또 다른 모습을 상상해보자. 정부의 고객은 국민이다. 따라서 국민 개개인과 법인 전체에 대한 고객지향적 관리시스템 즉, 흔히 말하는 CRM Customer Relation Management를 채택하는 것은 기술적으로 그다지 어려운 일이 아니다. 모집 대상을 다 해봐야 5,000만의 국민과 500만 정도의 법인이면 된다. 이 정도 데이터 처리는 지금의 ICT Information and Communications Technology 기술로도 큰 어려움이 없다. 정부는 국민에게 직접적인 복지혜택을 제공하는 일종의 '복지통장'을 지급해 모든 거래를 일원화하게 되면, 다양한 분석을 통해 계층별, 이해 관계자별로 맞춤형 복지혜택을 제공할 수 있다. 아마도 이런 인프라가

구축된다면 전 세계에서 가장 훌륭한 맞춤형 복지시스템을 갖춘 나라가 될 수 있을지 모른다. 상상하기 어렵다면 카드회사의 정교한 고객 맞춤형 포인트 제도와 비교해보면 금방 알 수 있을 것이다. 이런 인프라를 구축하는 것을 단순하게 그 목적으로만 활용하는 것이 아니라, 이런 빅데이터를 선별적으로 기업들에게 제공하여 더 다양한 서비스를 만들 수 있도록 독려하고, 부가가치를 만들어 앞서 언급한 대로 해외 수출을 위한 체계적이고 장기적인 도전을 조직적으로 추진한다면 앞으로 창조될 창조 될 일자리 또한 의미있어 질 것으로 보인다. 기존의 예산만 심사숙고하여 사용하기만 해도 지금 우리가 상상하는 수 배 내지 수십 배, 아니 그보다 더 큰 부가가치를 우리에게 가져다줄 수 있다. 기업이나 문화예술계에도 이미 많이 활용되고 있는 개념인 원소스 멀티 유즈One Source Multi Use의 좋은 예일 것이다. 정부라고 마다할 이유가 없다.

다시 한 번 강조하지만 이런 '스마트 산업혁명'에 대비한 눈에 보이지 않는 상상력과 정교한 설계 그리고 부가가치 창출을 위한 조직과 그것을 감당할 세라형 인재 육성 등 모든 것이 오케스트라의 아름다운 하모니처럼 조화롭게 잘 추진되어야 한다. 당연히 정부는 지휘자로서의 역할에 충실해야 하며, 이 멋진 예술 작품을 창조하는 아티스트가 되어야 한다. 아마도 독자 여러분께선 지금까지의 무미건조한 정부의 모습에서 스마트하고 예술적인 정부를 상상할 수 있으리라 생각한다. 지금의 모든 조직은 이렇게 스마트하고 문화적이고 상상력이 풍부한

예술가적 조직으로 변신해야 한다. 왜 동일한 재료를 사용했음에도 브랜드에 따라 엄청나게 비싼 돈을 기꺼이 지불하게 되는지 이해해야 한다. 그래야 우리 청년들의 일자리가 창조될 수 있다. 지금처럼 마치 베풀듯 돈을 대주고, 세금혜택을 주고, 공장을 지어주는 방법으로는 아까운 세금만을 낭비하게 될 뿐이다. 설사 일시적으로 일자리가 만들어진다 하더라도 지속되기는 어려울 것이다.

국민이 행복한
시대를 열자

/

지금까지는 국가의 발전을 위해 국민의 많은 희생이 있었던 것이 사실이다. 하지만 따지고 보면 그때는 희생이라고 생각하는 것 자체가 사치스러운 일이었을지 모른다. 정말 없어서 굶어야 했고, 살기 위해 일을 해야 했다. 삶의 질을 따지기 전에 생존의 문제였던 것이다. 지금 생각해보면 도저히 이해되지 않은 일들도 그때는 그럴 수밖에 없었다. 시대상황이 그러했던 것이다. 하지만 2만 달러 시대를 살아가는 청춘들에게 그때의 정신으로 근면하고 성실하게 주말도 없이 일을 하며 열심히 살라고 주문하는 것은 지금의 시대정신과 맞지 않는 일이다. 지금의 청년은 적어도 정말 없어서 굶고 살아야 하는 세대는 아니다. 일을 하고 싶어도 일자리가 없어서 못하는 것이 아니다. 남들보다 열악한 것 같고 남들보다 수입이 적다고 생각되어 문제가 되는 것이다. 더욱이 일자리 자체가 사라지고 새롭게 태어나는 대변혁의 시대이기도 하다. 그렇다고 아무 일이나 닥치는 대로 하라고 주문하는 것도 결코 시대정신이 아니다. 각자 자신의 삶을 중요하고 풍요롭게 그리고 행복하게 가꾸고 살아야 할 만큼 우리 사회는 경제적으로 또한 사회적으로 상당히 성숙했다고 볼 수 있다. 찌들게 가난한 집안의 가장이 어렵게 돈을 벌며 자식 중에 누구는 대학을 보내고 누구는 공장으로 보내야만 했던 그 시절, 당시 너무나 흔했던 이런 사연들은 가족 간의 아름다운 희생이요, 사랑이었다. 하지만 지금 이런 일이 벌어진다면 아마도 자신이 왜 이런 불공평한 대우를 받아야 하느냐며 부모에게 대들지나 않으면 다행일 것이다. 가난했던 가정이 경제적으로 형편이 나아져 과거를 되돌아보며 서로를 보듬어주고 자신을 위해 희생한 형제들에게 도움을 주는 가족이 있는가 하면, 자신이 성공한 것은 오직 자신의 능력 때문이라고 가난한 형제들을 무시하는 가족들의 이야기도 주변에서 심심치 않게 볼 수 있었다. 그때 그 시절, 돌이켜보면 수많은 드라마의 소재였던 이런 가족사들이 지금도 우리 주변에 아름답거나 때론 안타까운 이야기가 되어 켜켜이 쌓여 있다.

어느 가족이 단란하고 행복하게 살게 될지는 설명할 필요가 없다. 지금 우리 사회는 어찌 보면 꼭 이런 가정을 닮아 있다. 이제 성공한 형이 형제들을 보듬어줄 수 있을 만큼 형의 경제력이 커졌다. 여기서 형은 소위 대기업일수도, 지금의 오피니언 리더들일수도, 권력을 향유한 권력자일수도 있다. 이제는 형이 희생한 형제들을 위해 보다 많은 양보와 배려가 필요할 때다. 물론 희생당했던 형제들이 형의 도움만을 바라며 사는 것도 자신을 위해서 이롭지 못하다. 우선은 자신의 삶에 대해 스스로 책임질 수밖에 없다는 것을 깨닫고, 자신만의 삶을 개척하며 살아가는 것이, 내 삶을 행복하고 진지하게 살아가는 정도_{正道}가 아닐까 싶다. 1989년 한국천주교평신도협의회에서 벌였던 '내 탓이요' 운동은 그래서 의미가 있는 운동이었다. 우리 모두가 남 탓을 해봐야 결국 남는 것은 아무것도 없다는 것이다. 모든 것이 크던 작던 내 탓으로 돌릴 때 우리는 자신의 마음을 다스리게 되고 새로운 프레임을 갖게 되며 그로 인해 기존의 세상을 한 순간에 완전히 다른 세상으로 만들 수 있는 기적 같은 삶을 살 수 있게 되는 것이다.

어떤 시대, 어떤 상황에서도 행복한 사람과 불행한 사람은 동시에 존재했다는 사실을 믿는다면, 우리는 각자 지금 이 순간에 불행한 사람이 될지, 아니면 행복한 사람이 될지 결정하면 되는 일이다. 사회가 아무리 발전한다 해도 스스로 자신을 불행하다고 믿는 순간 세상은 불행한 것이 되기 때문이다. 따라서 이제는 정부의 정책도 개인의 행복에 맞춰 세심하게 펼쳐져야 한다. 그리고 그렇게 되기 위해서는 우리들 개개인의 행복에 대한 기준이 새롭게 정의되어야 하고, 끊임없는 성찰을 통해 이것이 확고하게 만들어질 수 있도록 돕는 것이 정부가 해야 할 최우선 과제라고 생각한다. 각자가 자신의 행복 잣대를 제대로 설정하고 그것을 실천하는 가운데 행복을 찾을 수 있는 사회, 나는 그런 사회가 선진사회라고 생각한다.

다른 사람에게 피해를 주지 않는 한, 개인이 할 수 있는 그 어떤 것도 통제받지 않은 사회, 얼마나 멋진 일인가. 선진국이라는 곳을 여행하다 보면 이런 분위기를 느낀다. 서로가 서로의 행복을 인정하고 공감하며 박수쳐주고 설사 공감하지 못하더라도 최소한 피해를 주지 않기에 있는 그대로 받아들여주고 인정해주는 사회. 판잣집에 살든, 대저택에 살든 그들의 행복 크기는 물질의 많고 적음과 상관없이 행복할 수 있음을 믿는 사회가 되어야 한다. 사실이 그러하다. 결코 돈이 많고 높은 지위에 있다고 행복한 것이 아니라는 사실을 깨닫는 사회가 되어야 한다. 그러기 위해서는 '행복이 무엇인지, 내가 왜 사는지, 오늘을 행복하게 사는 방법은 무엇인지'를 끊임없이 되묻고 성찰하는 시간을 갖고 훈련해야 한다. 어떤 상황에서도 행복을 찾을 수 있는 훈련이 된 자들은 그런 하루하루를 쌓아 행복한 삶을 살 수 있다.

디지털 네이티브를
양성하자

　　　지금까지의 인류 역사를 보면 성벽에 갇혀 탐욕스
럽게 자신들의 배를 불리는 것이 최선이라고 생각하는 사람들에 의해
갈등과 투쟁이 계속되어왔다. 심지어는 일부 종교마저도 그들의 닫힌
생각에서 한 치도 벗어나지 못하고 자신들만이 신으로부터 특별한 대
접을 받는 대상이라고 생각했다. 이것은 지금도 많은 사람들의 머리를
꽉 채우고 있는 신념이요, 앞으로도 오랜 시간 동안 이것을 최선이라
고 생각하고 살아가는 사람들이 존재할 것이다. 아마 눈앞에서 함께
살고 있는 지구가 더 이상 작동이 불가능하여 모두가 함께 종말을 맞
이하는 그 순간까지도 자신만 살겠다고 안간힘을 쓰는 자들을 만날 수
있을 것이다. 이렇게 화석같이 단단하게 신념이 되어버린 생각들을 깨
부수는 일이 결코 쉬운 일은 아니다. 하지만 인류는 이제야 비로소 그

것이 얼마나 부질없는 짓인지 또한 그것이 얼마나 미개하고 우둔한 짓인지를 깨닫기 시작했다. 지난 수십 년 동안 인류가 만들어낸 이 멋진 소통의 인프라는 적어도 인류가 하나 될 수 있다는 가능성을 열어놓은 것이다. 100조 개의 신경세포가 모여 신경세포에는 없는 마음이라는 것이 생겨나듯이, 0과 1의 디지털이 모여 엄청난 일을 창조해내듯이 이제 모든 인간이 하나로 연결되어 상상할 수 없었던 집단지성을 만들어내고 있다.

이제 우리에게는 이 세상 누구보다도 더 멋지고 의미 있는 상상력을 발휘할 수 있는 기회가 주어졌다. 우리는 부지런하다. 그리고 우리는 똑똑하며 내가 아닌 우리를 생각할 줄 안다. 문제는 우리라는 개념을 어디까지 확장하느냐의 문제만 남는다. 우리는 우리라는 범주 안에 지구를 품어낼 수 있는 큰 가슴을 가진 국민이다. 어쩌면 그것이 우리에게 주어진 숙명인지도 모르겠다. 이미 이런 역할을 주도한 스승들은 여기저기서 만날 수 있다. 일찍이 '세계일화世界一花', 즉 우주는 하나의 꽃과 같다는 만공 스님의 뜻을 받들어 1966년 일본 신주쿠 홍법원을 시작으로 32개국에서 120여 개 국제 선원을 개설하는 등 우리나라 선불교를 세계에 알리고 있는 숭산 스님(74·화계사 조실)의 해외 포교는 35년이 넘게 이어지고 있다. UN의 중심에 반기문 사무총장이 있으며 많은 젊은이들이 UN에서 일하려고 노력하고 있다. 국내의 한 커피 전문점이 시도한 해외 커피 농장 자원봉사자 모집에 1만 명이 넘는 젊은이들이 몰려 화제가 되기도 했다. 아마도 인구에 비해 해외 거주자가 우리나라처럼 많은 나라도 찾아보기 힘들 것이다. 대략 167개국에 700만 명 정도가 해외에서 살고 있는데 대단한 네트워크가 아닐 수 없다. 이토록 많은 우리나라 국민이 지구촌 구석구석에서 자신의 영역을 구축해가고 있다. 우리나라 국민 특유의 강인한 생활력과 친화력 없이는 불가능했을 일이다.

이제 좀 더 다른 차원의 상상력으로 병들어가고 있는 지구를 살리고 인류가 진정으로 하나가 되는 데 큰 역할을 하는 국가와 국민이 된다는 것은 생각만 해도 가슴 뛰는 일이다. 우리는 그렇게 할 수 있는 역량이 있다. 이 세상 그 어떤 국민보다도 잘할 수 있다고 확신한다. 그것을 깨닫고 받아들이고 노력하는 일만 남았다. 그것은 우리 개개인에게도 삶의 의미를 달리 정의하는 일이 될 것이다. 적어도 나 혼자 잘 먹고 잘 살겠다고 발버둥치는 자들을 머쓱하게 만들 수 있는 따뜻한 가슴을 가진 사람들이 바로 우리들이기 때문이다. 백범 김구선생께서 "인류가 현재 불행한 근본 원인은 인의仁義가 부족하고 자비가 부족하고 사랑이 부족한 때문이다. … 나는 우리나라가 남의 것을 모방하는 나라가 되지 말고, 이러한 높고 새로운 문화의 근원이 되고 목표가 되고 모범이 되기를 원한다. 그래서 진정한 세계의 평화가 우리나라에서, 우리나라로 말미암아 세계에 실현되기를 원한다"고 하신 말씀은 지금도 유효하다. 아니 지금이 이를 실천할 적기인지 모르겠다. 그것은 단군의 건국이념인 홍익인간弘益人間을 실천하는 길이기도 하다.

우리 사회의 시대적 변혁을 주도했던 세대들은 대략 20, 30대에 그 역할이 주어졌을 때였다. 몇 번의 사회적 대변혁을 주도했던 세대 역시 젊은 혈기로 이를 실현했다. 가장 최근에 시대를 앞서갔던 자들이 벤처기업가들이었다면 이들 역시도 30대 초반의 젊은이들이었다. 이제 모바일로 대변되는 스마트시대를 주도하는 세대는 과연 누가 될 것인가. 그들 역시도 지금 20대 전후의 '디지털 네이티브'들이 주인공이 될 것임은 의심할 여지가 없다.

다만 이들에게는 그 전 세대들보다 훨씬 큰 장해물이 존재한다. 그것은 다름 아닌 부모 세대의 성공이다. 그들은 그들 나름대로 최선을 다해 인생을 살아왔고 또 그 어떤 세대보다도 뛰어난 성과를 일궈낸 세대다. 그들의 피와 땀이 어린 시대적 성과에 대해 한없는 존경과 칭찬이 아깝지 않다. 그들은 진정으로 무에서 유를 창조했고, 자식들에게 가난을 대물림하지 않았으며, 적어도 이 지구촌을 도울 수 있는 자신감을 갖게 해준 분들이기 때문이다. 일본의 전후 세대도 2차 대전 후 세계 2위의 경제 대국을 만든 세대다. 하지만 그들의 그늘에 가려져 지금 일본의 젊은이들에게는 그다지 큰 의욕이나 성공에 대한 에너지를 엿보기가 힘든 것은 아닌지 모르겠다. 마찬가지로 우리의 젊은이들도 부모 세대의 성공에 가려 그들의 열정을 발휘하지 못하는 결과를 초래하고 있는 것은 아닌지 심히 걱정이다. 만약 그렇게 된다면 젊은 세대들은 물론이고, 부모 세대들에게도 결코 아무런 도움이 되지 못한다. 결국 총체적으로 내리막길을 내달리는 꼴이 된다.

디지털 네이티브가
주도하는 대한민국

/

이젠 새로운 세상에 태어난 디지털 네이티브들이 주도하는 대한민국이 시작되어야 한다. 아이러니하게도 이는 부모 세대에게 어쩌면 마지막 남겨진 중요한 미션임에 틀림없다. 비록 한평생 이룬 성과에 박수 받고 후배들에게 나를 따르라고 외치고 싶지만 상황이 그리되지 못한 아쉬움은 분명 있을 것이다. 하지만 이들이 누구인가. 바로 우리 자식들이요, 우리의 미래를 이어갈 다음 주자들이다. 이들이 자신의 역량을 마음껏 불사를 수 있는 희망과 용기와 격려가 필요하다. 필요하다면 쌩쌩 달려야 할 그들을 위해 기꺼이 다리가 되어주어야 돼야 한다. 이것이 부모 세대의 숙명임은 자명하다. 만약 그런 역할을 훌륭하게 수행한다면 일본과는 다르게 우리 젊은이들이 지구촌을 이끄는 리더가될 수 있을 것이라 확신한다. 그렇다면 지금 디지털 세대는 과연 어떤 방식으로 자신들을 승자로 만들 수 있을까.

바로 글로벌 리더가 되는 길이다. 이젠 어떤 분야에서도 자신의 노력 여하에 따라 세계적인 영향력을 가진 스타로의 등극이 가능한 시대가 되었다. 이미 그런 사례를 우리 주변에서 어렵지 않게 볼 수 있기도 하다. 따라서 글로벌 리더가 되기 위한 노력은 그 어떤 시대보다도 쉽게 가능해졌다. 하지만 이 기회를 혼자 독불장군처럼 이루려 하다가는 넓은 백사장에 모래알보다도 못한 처지가 되는 허무한 결과만이 자신을 기다릴지 모른다. 따라서 서로가 작은 힘이라도 보태서 눈에 띄는 모래성을 쌓아야 한다. 사회적 기업이나 사회적 운동도 그 좋은 예가 될 수 있다. 해외 자원봉사도 혼자하기보다는 조직적으로 글로벌하게 활동하는 것을 적극 장려한다. 그렇게 무엇을 하더라도 지구촌의 미래를 위해 일조하는 리더가 되는 길을 택하는 젊은이가 많아질 때 우리는 공감의 중심에 서게 될 것이다.

무엇보다 이런 일은 모두에게 바람직한 일이다. 우리 젊은이들이 넓은 가슴과 뜨거운 열정 그리고 스마트한 머리로 지구촌의 많은 사람들과 함께 지구를 구하는 일에 적극 나서는 것은 개인적인 기쁨보다 훨씬 큰 우리의 희망이 될 것이다. 대한민국의 젊은이여, 머리로, 몸으로, 가슴으로, 행하며 사랑받는 글로벌 리더가 되어 크게 일어서라.

도전하는 20대,
대한민국을 뒤바꾸다

최근 우리 젊은이들의 활약상을 유심히 살펴보자. 10대, 20대의 젊은 선수들의 활약은 한마디로 눈부시다. 이미 골프에서는 미국 LPGA, 일본의 JLPGA에서 우리 선수들의 활약이 경계의 대상이 되었다. 세계 랭킹 1위에 신지애 선수가 올라 있고 미국 LPGA 선수의 약 25%가 한국 선수들로 구성될 정도로 그 영향력이 커졌다. 1998년 박세리 선수가 IMF 위기로 시름에 빠져있던 국민들에게 US 오픈 우승으로 희망을 주었을 때 그 장면을 지켜보며 골프를 시작한 10세 전후의 아이들, 일명 박세리 키즈Kids가 10년 만에 세상을 놀라게 하고 있는 것이다. 일본의 JLPGA에서는 일본 선수들의 우승이 16회인데 반해 한국 선수들의 우승이 14회에 달한다. U-17 여자 축구대표팀은 월드컵 사상 첫 우승컵을 안았고 박지성, 김연아 선수 등 이루 헤아릴 수 없는 선수들이 세계적으로 그 활동 범위를 확대하고 있다. 우리나라에는 동호인도 많지 않은 스포츠클라이밍의 세계 1위 선수인 김자인, 2012년 대한산악연맹을 빛낸 50인에 선정되기도 했는데, 그녀 역시 1988년생이다. 여기서 한 가지 의문이 드는 것은 왜 하필 스포츠 선수들만이 세계적으로 그 활동 범위를 확대하는가 하는 점이다. 비보이와 같이 우리 사회에서 그다지 대접받지 못하던 젊은이들이 세상을 주름잡고 있긴 하다. 하지만 우리가 그토록 많은 시간을 투자한 스펙 좋은 인재들이 택한 정부나 대학 그리고 법조계나 의료계 그리고 기업 등에서는 왜 이런 세계적인 스타들을 찾아보기 힘든 것일까. 그 이유는 무엇일까?

만약 대부분의 젊은이들이 어릴 때부터 자신의 꿈에 도전해서 10년 이상 피땀을 흘리며 열정을 쏟아 부었다면 지금쯤 우리나라는 어떻게 되어 있겠는가. 많은 젊은이들이 밤잠을 설쳐가며 자신의 엘리먼트를 강화하기 위한 노력을 하고 있는 모습을 상상해보라. 어쩔 수 없이 처절한 마음으로 도서관에서 입시 시험공부 아니면 취직시험공부를 하는 젊은이들이 많은 것보다 훨씬 더 활력 있는 대한민국이 될 것 같은 생각이 안 드는가.

또 다른 이유는 우리가 룰 크리에이터로서 세계적으로 통하는 멋진 룰을 창조하는 데 실패하고 있기 때문일지 모른다. 스포츠는 세계적으로 통용되는 룰을 가지고 있지만 다른 분야에서는 우리에게만 통용되는 룰을 가지고 그런 잣대로 세상을 바라보고 있으니 세계적인 스타가 나올 리 만무하다. 결코 역량이 없어서가 아니라 단단하게 고착화된 생각 때문이다. 태권도만 보더라도 전 세계적으로 180개국에 3,400만 명이 즐기는 스포츠다. 전 세계적으로 사범이 5만 명이나 되며 6만여 개의 도장이 산재해 있다. 이런 대단한 자원을 확보하고 있으면서도 프로대회 하나 창설하지 못하는 룰 크리에이터로서의 부실한 능력을 만천하에 드러내고 있다. 태권도인들만의 리그로는 결코 글로벌 스타를 만들어내지 못한다. 대중의 사랑을 받는 태권도로 거듭 태어나기 위해서는 역사학자, 예술가, 무대 기획자 등 다양한 전문가들이 함께 참여하여 진정으로 일반인들이 열광할 수 있는 룰을 창조해야 되는 것은 당연하다. 그럼에도 불구하고 우리는 밥그릇 싸움에 이 큰 기회를 놓치고 있다.

우리 사회가 가지고 있는 고정된 시각으로는 결코 새로운 것에 도전하는 미친놈들을 받아들이기 어렵다. 언제까지 화석 같은 인재를 우수한 인재로 앞세워 변해가는 세상을 바라만 보고 있을 지 답답하기만 하다. 2010년 미국 ABC 방송이 정한 세계에서 가장 영향력 있는 억만 장자 중에 한 사람인 마크 저커버그는 1984년생이다. 마이크로소프트의 빌 게이츠나 구글의 창업자들 그리고 애플의 스티브 잡스와 같은 수많은 벤처 기업가들의 창업 시기를 보면 대개 20대이다. 최근에는 10대들의 창업도 눈부시게 많아졌다. 우리나라도 예외가 아니어서 30대 초반에 벤처 창업을 했던 넥슨홀딩스의 김정주 대표, 엔씨소프트의 김택진 대표, NHN의 이해진 대표 등 수많은 벤처창업가들이 세상의 변화를 주도했었다. 그리고 그들 중에는 감히 상상할 수도 없는 부자들이 되어 있기도 하다. 하지만 이렇게 세상의 변화에 앞서가는 자들은 그 이상의 대가를 지불해야 했다. 많은 사람들이 실패의 고통 속에 시달려야 했고 앞서간 사람들의 그런 실패를 지켜보던 후배들은 안정된 자리를 찾아 숨어드는 경우도 부쩍 늘었다. 사실 페이스북과 같은 개념의 최초 서비스는 우리나라의 싸이월드, 아이러브스쿨 같은 서비스였다고 해도 과언이 아니다. 세계 최초의 인터넷 전화는 새롬기술의 오상수 대표가 만들었던 다이얼패드라는 회사였다. 벤처기업 디지털캐스트는 지난 1997년 세계 최초로 디지털 파일로 음악을 재생하는 MP3플레이어 원천기술을 개발했지만, 특허권을 유지하지 못하고 해외에 특허기술을 넘기고 말았다. 만약 특허권을 유시했다면 2005년부터 5년간 약 27억 달러의 로열티 수익을 거둘 수도 있었다고 한다. 안타까운 일이다. MP3라는 새로운 기기를 창조해낸 것도 애플이 아닌 우리나라의 아이리버iRiver의 양덕준 대표의 작품이었다. 이 외에도 무수히 많은 벤처 기업가들이 새로운 시도를 감행했고, 어느 정도 성과를 만들어내기도 했지만 우리 사회는 그들을 받아줄 만큼 큰 그릇이 못되었다. 안타깝게도 세계 최초는 할 수 있었지만 세계 최고는 되지 못했다. 통탄할 일이다.

새로운 인재를
주목하자

이제 새로운 인재들을 다시 주목해야 한다. 그들은 인류 역사상 자신들의 부모보다 똑똑한 첫 번째 세대다. 그들은 그들의 세상을 부모로부터 안내받을 수 없는 세대임을 의미한다. 그들의 미래를 부모가 알려주지 못한다. 그들의 미래는 오로지 그들 스스로 찾아나서야 한다. 그럼에도 우리 부모 세대는 마치 그들의 미래를 안내할 수 있다고 착각한다. 이런 생각은 우리에게 닥친 많은 문제를 해결하지 못하고 답습하는 이유가 되기도 한다.

지금의 20대는 부모 세대와 사고하는 방식도, 소통의 범위도 또한 사고의 폭도 다른 인류다. 이들을 옥죄고 협박하고 제한하는 것만 없다면 그렇다는 이야기다. 하지만 안타깝게도 이들이 기존의 고정 관념에 고착화되어가고 있으며 가진 역량을 펼쳐보지도 못한 채 좌절하고 불안해한다. 왜 우리는 이들에게 과감하게 미래의 방향타를 맡기지 못할까. 적어도 어디로 가는지, 어떻게 가야 할지에 대해 왜 그들에 말에 귀 기울이지 않는가. 미국이라는 사회가 유지되는 이유 중에 하나는 다양한 천재들을 받아주고 인정했기 때문이다. 그것은 지금의 고정 관념을 깨부숴야 하는 일이고 어떤 경우에는 지금의 생각을 완전히 뒤바꿔야 하는 일이며 더 무서운 것은 자신의 자리와 기득권을 완전히 포기해야 하는 일이기도 하다. 그런 일이 저항 없이 순조롭게 이루어질 수는 없다. 다만 적어도 그들의 잠재력을 읽고 도와주고 키워주는 사회적 지원 세력이 엄연히 존재한다는 점이 다른 점이다. 이런 세력이 더욱 크게 자리 잡게 되면 그 사회는 변혁을 할 것이다. 그리고 다른 어떤 조직보다도 앞장서게 될 것이다. 그것이 역사의 순환이다.

우리에게는 아직 그런 지원 세력이 부족하다. 충충시하 화석 같은 인재들이 그것을 거부하고 있다. 그래서 20대는 주의가 산만하고 게임밖에 모르며 하라는 공부는 제대로 하지 않는 나약한 존재로 치부해버린다. 그 위세에 짓눌려 숨도 제대로 못 쉴 판이다. 통탄할 일이 아닐수 없다. 그렇다고 현실 탓만 하고 있기엔 젊은이들의 삶이 너무도 귀중하기에 결코 주저앉지 말기를 간절히 바랄 뿐이다. 지금이라도 미래를 살피고 미래를 향해 도전하라. 부모 세대를 원망할 시간이 없다. 그들은 그들 삶을 훌륭하게 이뤄온 분들이다. 그들의 환상을 깨려하지말고 보여주어야 한다. 진정으로 여러분들이 그들을 감동시킬 만큼 힘차게 나서야 한다. 그것은 가능한 일이다. 누구의 도움 없이도 자신에게 승자가 되는 길은 어려운 일이 아니다. 그것이 곧 글로벌 리더로 이어질 수 있음을 믿어라. 그것은 사실이다. 적어도 10년을 미친 듯 투자하면 여러분 내면의 울림은 전 세계로 퍼져나갈 수 있다. 한 발을 내딛을 수 있다면 못 올라 갈 산이 어디 있겠는가. 사회와 부모를 벗어나 홀로 길을 나서라. 그리고 거리의 멋진 광대가 되라. 자유로운 삶을 만끽하는 순간 결코 다시 돌아오진 않을 것이다. 그것이 진정 승자가 되는 길이기 때문이다.

우리 모두는
행복할 권리가 있다

행복한 국민이 행복한 국가를 만든다.

그것이 선진국이겠지요.

많은 사람이 행복한 삶을 살 수 있도록 최선을 다해보겠습니다.

정말 하루아침에 저는 전혀 엉뚱한 길로 접어들었습니다.

한컴 CEO가 될 때도 졸지에 일이 벌어졌는데 이번에도 그렇게 되었네요.

하지만 제가 생각하는 것은 변하지 않습니다.

단지 그것을 위한 방법이 좀 변한 것뿐이라고 생각합니다.

세상은 하루가 다르게 변하고 있는데,

우리 교육이, 우리 정치가 그대로라면 희망이 없겠지요.

특히 교육은 바뀌어야 합니다.

새로운 인재가 육성되어야 새로운 미래가 열립니다.

또한 새로운 일자리는 새로운 가치에 의해 창조되어야 합니다.

벤처산업이 중요한 이유입니다.

그런 일을 하기 위해
흔쾌히 험한 도전을 해보기로 했습니다.

제게 좌우이념 대결은 의미가 없습니다.
대한민국의 미래를 위해 우리 모두는 하나가 되어야 한다고 생각합니다.
적어도 한 배를 타고 있다는 동질감이 우리 마음 밑바탕에 있어야 한다고
봅니다.

한 배를 탄 사람들끼리 서로 욕하고 싸우는 꼴은 더 이상 보기 싫습니다.
단지 미래를 위해 필요한 사람이 선택되어져 마음껏 일을 할 수 있기를
바랄 뿐입니다.

저에게 그런 기회가 주어진다면 최선을 다할 생각입니다.

2012년 3월 18일 정치인으로서 첫발을 내디디며 블로그에 올린 글
이다. 그 이후 선거가 끝날 때까지 하루도 거르지 않고 정치초짜일기
를 써나갔더랬다. 앞으로도 틈틈이 정치일기를 써나갈 생각이다. 사실
이 책은 필자의 30여 년 남짓의 사회생활 전반에 걸쳐 경험한 도전과
성공 그리고 실패의 경험 속에서 얻은 지혜다. 블로그의 글처럼 처음
과 같이 항상 영원히 가고 싶다. 하지만 누구도 예측하기 힘든 미래를
향해 필자의 생각을 펼친다는 것은 여전히 조심스럽다. 특히 국회의원
이라는 공인의 신분 때문에 더욱 더 조심스럽다.

이제 남은 것은 실천이라고 생각한다. 사실 그동안 나는 사회운동이나 비즈니스 차원에서 이런 변화를 모색해보려고 했었다. 한글과컴퓨터 CEO 시절도 따지고 보면 우리 사회에 인터넷이라는 신기술과 문화를 보급하는 데 역할을 했던 것이었기에 이번에도 비즈니스를 통해 이런 사회적 변화에 일조할 수 있으리라 기대했던 것이다.

하지만 원래 내 길이 아닌 줄 알았던 국회의원이 되었다. 어쩌면 국회에서 입법을 통해서나 정부를 견제하는 가운데, 지금 우리 사회를 보다 나은 미래로 만드는 작은 밀알의 역할을 할 수 있지 않을까 기대되는 것 또한 사실이다. 아무리 돌이켜봐도 하늘의 뜻이 아니었다면 이렇게 빠르게 내 신분을 변화시키지는 못했다는 생각이 들기 때문이다. 여러모로 부족하고 힘들겠지만 의정활동을 통해 우리 정부와 사회가 우리의 미래를 얼마나 철저하게 준비하고 있는지를 깊이 따져볼 생각이다. 나아가 우리 사회가 지금보다 훨씬 더 나은 미래로 성큼성큼 나아갈 수 있게 최선을 다할 생각이다.

빠르게 변해가는 작금의 시간을 놓치고 방심하다가는 새롭게 재편되는 국제질서에 미아가 될지 모른다. 만약 이것이 현실이 되었을 때 과연 우리 후세들은 어떤 미래를 맞이하게 될까? 이젠 소모적인 당리당략의 정치적 이슈로 더 이상 시간을 허비할 때가 아니다. 청년들의 일자리 문제부터 베이비붐 세대의 노후문제, 나아가 기후변화와 화석연료의 고갈로 인한 에너지 문제 등 이젠 지구촌의 산적한 문제들을 우리 모두가 힘을 합쳐 해결해나가야 한다. 이런 일들이 말꼬리 잡기나 하고, 세세한 논쟁거리에 집착하여 정치적 이슈나 만들어 자신들의 입지를 공고히 해서 알량한 권력을 누려보겠다는 생각으로는 결코 해결될 문제가 아니다. 여야 할 것이 없이 이런 행동만을 일삼는 한 공멸의 길로 갈 것임에 틀림없다.

최근 젊은 층의 정치성향은 완전히 다른 방식으로 형성되어 있는데, 그것은 좌파 대 우파의 문제라기보다는 중앙집권적이고 권위적이냐 아니면, 분산적이고 협업적이냐 하는 문제가 되었다. 인터넷 소통으로 사회성의 많은 부분을 형성한 최근 세대는 세상을 나눌 때 하향식이며 폐쇄적이고 소유권 중심의 사고방식을 가졌는가 아니면, 수평적이며 투명하고 개방된 사고방식을 가졌는가로 구분하고 있는 것이다. 이런 사고방식의 변혁은 '21세기 정치 프로세스'를 근본적으로 바꾸어놓을 것이다.

아무쪼록 새로운 세상을 향해 우리 모두 나서길 바라마지 않는다. 그 누구도 상대를 비난하고 욕하는 것은 쉽다. 하지만 실패를 무릅쓰며 새로운 것을 창조하고, 도전에 도전을 거듭해 희망찬 미래를 구현하는 것은 너무나도 어려운 일이다. 대안 없이 비판만을 일삼는 자들에게는 결코 이런 미래는 없을 것이다. 이제 진정 우리의 미래를 걱정하며, 지금보다 나은 미래를 희망하는 세라형 리더들이 일어나야 한다.

어떤 분야에서건 꾸준히 노력하고, 그래서 미친 듯이 절정을 경험하며, 그 감동을 모두에게 나눠주는 공감의 시대를 열어야 한다. 작은 행복에 만족하며 그것이 모여 세상이 변해가는 큰 감동을 함께 나눌 수 있어야 한다. 산업사회가 공룡의 시대였다면, 스마트시대는 개미의 시대임을 명심해야 한다.

시간이 별로 없다. 자신을 공룡이라고 생각하던 사람들이 갑자기 개미가 될 리는 만무하다. 하지만 우리 모두는 개미처럼 꾸준히 서로 협동하고, 집단지성을 만들어 공룡의 비효율을 이겨내야 한다. 그리고 어느 나라보다도 우리가 빨리 그것을 해내야 한다. 적어도 우리야말로 이 지구촌 문제를 풀어낼 멋진 DNA를 가진 민족임을 우리 후손들에게 알려야 한다. 그들로 하여금 이런 멋지고 의미 있는 삶을 꿈꾸게 해야 한다. 그래야 행복해질 수 있다. 그래야 하루하루 삶의 의미가 축적될 수 있다. 그래야 멋진 대한민국이 될 수 있다.

마지막으로 이 책을 출간하기 위해 애써주신 많은 분들에게 감사하고 싶다. 국회의원이 되기 전부터 출간을 협의해왔던 샘앤파커스의 박시형 대표님 이하 김형필 팀장을 비롯한 관계자 여러분께 감사드린다. 선거 때부터 나를 열심히 도와주고 있는 우리 보좌진 김기호 보좌관, 이경동 보좌관, 강병구 비서관, 이종태 비서관, 김종갑 비서, 이근영 비서, 이상은 비서, 이종인, 김규환, 김민수, 강용수, 안소해에게도 고마움을 전한다. 또한 책 내용에 따끔한 충고를 아끼지 않았던 최민섭 교수, 이성훈 부사장께도 깊이 감사드린다. 항상 어렵고 힘들어도 늘 내 편이 되어 용기를 주는 사랑하는 아내와 두 딸 안나, 혜나 그리고 사위 정슬기를 비롯한 가족, 특히 평생 용기를 주시는 어머니께도 고마움을 전한다. 마지막으로 부족한 필자에게 힘을 주고 큰일을 하게 해주신 분당 구민 여러분과 저를 아껴주시는 여러분들께 마음으로부터의 감사를 드린다.

Part1. 당신은 세라형 인재인가?

1 www.doctorsnews.com(2010년 3월 26일자), '대한민국 의사 여러분, 지금 행복하십니까?', 최승원 기자.

2 닐스 플레깅, 『언리더십』, 흐름출판 p29~32

3 미국에서는 갚을 능력(소득)을 면밀하게 따지지 않고 과다하게 대출을 해주는 것은 채무자의 집이나 재산을 빼앗겠다는 것으로 간주하여 '약탈적 대출Predatory Lending'이라 부르는데, 이 같은 일을 불법 행위로 보고 있다.

4 노컷뉴스(2011년 9월 8일자), "1일 평균 42.6명 자살 OECD 1위… 한국 '자살 공화국' 불명예", 권민철 기자

5 국민일보(2010년 5월 4일자), "청소년이 매긴 행복점수, 평균 65점 불과 … OECD 중 꼴찌", 김경택 기자.

6 디지털타임즈(2010년 3월 28일자), "신입 사원 스펙보다, 인성보고 뽑는다", 박지성 기자.

7 중앙일보(2010년 10월 5일자), "신입 사원 99% '입사해보니 딴판 … 이직 고민 중'", 김기환 기자.

8 클레이셔키, 『끌리고 쏠리고 들끓다』, 초판(갤리온, 2009), p.125.

9 윤종록, 『호모디지쿠스로 진화하라』, 초판(생각의 나무, 2009), p.162.

10 박영숙, 『유엔미래보고서2』, 초판(교보문고, 2010), pp.41~42.

Part2. 당신만의 스토리로 승부하라 : 스토리Story

1 스마트폰에서 사용되는 프로그램을 일컫는 용어. 애플사는 앱스토어AppStore를 개설하고 수십만 개의 애플리케이션을 아이폰으로 다운로드 받아 사용할 수 있도록 하였다. 이후 다른 스마트폰 사업자나 통신 사업자들은 앞 다투어 앱스토어를 개설하고 다양한 앱 개발에 나서게 되었다.

2 2011년 한국통신사업자연합회, 방송통신위원회 발표자료.

3 그레고리 번스, 『상식파괴자』, 초판(비즈니스맵, 2010), p.19.

4 그레고리 번스, 『상식파괴자』, 초판(비즈니스맵, 2010), p.62.

5 유영만, http://twtkr.olleh.com/view.php?long_id=LDCaA

6   유영만, 『상상하여? 창조하라!』, 초판(위즈덤하우스, 2008), p.48, p.51.

Part3. 공감하는 사람이 승부에 강하다 : 공감Empathy

1   트위터에 자신이 팔로잉Following하는 사람들이 올리는 트윗Tweet이 게시되는 화면을 말한다. 이 화면에 시시각각으로 팔로잉하는 사람들의 트윗이 올라오는 것을 읽으며 필요하면 마크를 하고 멘션을 한다.

2   닐스 플레깅, 『언리더십』, 흐름출판 p.110

3   Wikipedia:www.wikipedia.org

4   Local Motors:www.local-motors.com

5   Book Excerpt:Macrowikinomics (Part 3), businessweek, Oct 5. 2010.

6   제러미 리프킨, 『공감의 시대』, 초판(민음사, 2010), p.116.

7   스튜어트 브라운, 『즐거움의 발견, 플레이』, 초판(흐름출판, 2010), p.54.

8   김정태, 『스토리가 스펙을 이긴다』, 초판(갤리온, 2010), pp.38~39.

9   http://on.ted.com/n4UP

10   그레고리 번스, 『상식파괴자』, 초판(비즈니스맵, 2010), p.225.

11   클라라 샤이, 『페이스북 시대』, 초판(한빛미디어, 2010), pp.84~85.

12   김중태, http://www.dal.kr/blog/001687.html, 2008.

Part4. 시련에 강한 인재에게 정년은 없다 : 회복탄력성Resilience

1   이민화, 『호모 모빌리언스』, 초판(북콘서트, 2012). p.39.

2   존 니콜슨, 『더 높이 튀어오르는 공처럼』, 초판(오푸스, 2010), pp.28~34.

3   에리히 프롬, 『소유냐 존재냐』, 초판(까치, 2003), p.49, p.56.

4   제러미 리프킨, 『공감의 시대』, 초판(민음사, 2010), pp.620~621.

5   대표적인 앱으로 endomondo가 있다.

Part5. 성취는 우리를 행동하게 만든다 : 성취Achievement

1   박영숙, 제롬 글렌, 데드 고든, 『유엔미래보고서2』, 초판(교보문고, 2010), p.34.

2   앞의 책, p.16.

3   앞의 책, p.119.

4   앞의 책, p.122.

SERA